Spezielle Arbeits- und Ingenieurpsychologie in Einzeldarstellungen

Band 3

Herausgegeben von Winfried Hacker

Bärbel Matern

Psychologische Arbeitsanalyse

Mit 66 Abbildungen und 21 Tabellen

Springer-Verlag
Berlin Heidelberg New York Tokyo
1984

Bärbel Matern
Technische Universität Dresden
Sektion Arbeitswissenschaften
Bereich Psychologie
Mommsenstraße 13
DDR-8027 Dresden

Lizenzausgabe für den Springer-Verlag Berlin Heidelberg NewYork Tokyo
Vertrieb in allen nichtsozialistischen Ländern

ISBN 978-3-642-87998-2 ISBN 978-3-642-87997-5 (eBook)
DOI 10.1007/978-3-642-87997-5

CIP-Kurztitelaufnahme der Deutschen Bibliothek
Matern, Bärbel:
Psychologische Arbeitsanalyse Bärbel Matern. — Berlin; Heidelberg;
New York; Tokyo: Springer 1984.
(Spezielle Arbeits- und Ingenieurpsychologie in Einzeldarstellungen; Bd. 3)
ISBN 978-3-642-87998-2

NE: GT

Softcover reprint of the hardcover 1st edition 1984
DDR-1080 Berlin, Postfach 1216

Inhaltsverzeichnis

Vorbemerkung zum Aufbau der Reihe

Der vorliegende Text ist Bestandteil einer Reihe zur Speziellen Arbeits- und Ingenieurpsychologie. Diese Reihe baut auf Grundlagen auf, welche die Allgemeine Arbeits- und Ingenieurpsychologie bereitstellt.

Die Spezielle Arbeits- und Ingenieurpsychologie umfaßt folgende Gebiete:

— Methodik psychologischer Arbeitsuntersuchungen [Bd. 3]

— psychologische Grundlagen der Arbeitsgestaltung:

- psychologische Bewertung von Arbeitsgestaltungsmaßnahmen [Bd. 1 und 2],
- psychologische Grundlagen der Gestaltung von Arbeitsmitteln,
- psychologische Grundlagen der Arbeitsorganisation (Organisationspsychologie),
- psychologische Grundlagen der Gestaltung allgemeiner Arbeitsbedingungen;

— Ausbildung und Feststellung beruflicher psychischer Leistungsvoraussetzungen:

- industrielle Lernpsychologie
- lernprozeßbezogene Prüfung psychischer Leistungsvoraussetzungen (Psychodiagnostik im Arbeitsprozeß)

Einleitung

Keine Wissenschaft kann wirkungsvoller sein, als es die Beschaffenheit ihrer Methoden erlaubt.

Die Art der erforderlichen Methoden bestimmen der Gegenstand und die Zielstellungen der Befassung mit ihm. Die Arbeitspsychologie einschließlich ihrer organisations- und ingenieurpsychologischen Teilgebiete benötigt Methoden zur Analyse, Bewertung und Gestaltung der psychischen Aspekte von Produktions-, insbesondere Arbeitsprozessen mit ihren Bedingungen und Auswirkungen.

Die arbeitspsychologischen Methoden nutzen die Methoden der gesamten Psychologie. Daher baut die arbeitspsychologische Methodenausbildung auf der allgemeinen psychologischen Methodenausbildung auf. Das gilt sowohl für die Datenerfassungsmethoden wie Beobachtung, Befragung und Datenerhebung als auch für die Untersuchungsplanungsmethoden quasi-experimenteller, experimenteller und korrelativer Art.

So verfährt auch dieser Band der Lehrtexte zur Arbeits- und Ingenieurpsychologie: Er setzt die Kenntnis und Beherrschung der allgemeinen psychologischen Methodik voraus und bietet Differenzierungen für arbeitspsychologische Anliegen. Der Leser hat also weder ein Lehrbuch zur Befragung noch zur Untersuchungsplanung vor sich. Der Band stellt auch nicht allgemeine methodologische Prinzipien dar, etwa zum Problem des Schlusses vom beobachtbaren Verhalten auf psychologische Vorgänge, Repräsentationen oder Eigenschaften. Ebensowenig werden Wiederabdrucke von Handbüchern arbeitspsychologischer Verfahren vorgelegt.

Schwerpunkt dieser Darstellung ist vielmehr eine *psychologische Analysemethodik industrieller Arbeitstätigkeiten*, die der Ableitung von *Gestaltungsmaßnahmen* dient. Analysemethoden werden also unter praktischen Gestaltungsaspekten dargelegt. Umfang und Vertiefungsgrad zielen auf eine arbeitspsychologische Methoden*einführung*.

Im Vordergrund stehen die Analyse und Bewertung von Aufträgen mit ihren Ausführungsbedingungen und psychologischen Arbeitsstudien, die mit gesprächsweisem Erfragen verknüpft sind. Das sind die arbeitspsychologischen Varianten der Datenanalyse, Beobachtung und Exploration.

Das dargestellte generelle Vorgehen folgt der *Vier-Stufen-Methodik* mit den hypothesengeleitet schrittweise einengenden Untersuchungsschritten

— Analyse des Auftrags bzw. der selbst gestellten Aufgabe mit den Ausführungsbedingungen
— Arbeitstags(Schicht)aufnahme als explorationsgestützte Beobachtung
— eingehende Tätigkeitsstudie für ausgewählte Teiltätigkeiten
— erforderlichenfalls feldexperimentelle Feinanalyseschritte.

Beziehungen zu nichtpsychologischen Untersuchungsaspekten und -mitteln werden unter anderem deshalb hergestellt, um breite Grundlagen zu bieten für eine effektive

Gemeinschaftsarbeit bei der Arbeitsanalyse und -gestaltung mit den jeweiligen Arbeitstätigen sowie Konstrukteuren, Technologen oder Arbeitsmedizinern, beispielsweise in Neuerer- oder WAO-Kollektiven (Kollektiven zur wissenschaftlichen Organisation der Arbeit).

W. HACKER

Vorwort

Die Forderung nach der Gestaltung beeinträchtigungsfreier und persönlichkeitsfördernder Arbeitstätigkeiten verlangt, bedingt durch die rasche Entwicklung von Technik und Technologie, in immer kürzeren Abständen arbeitsgestalterische Lösungen. Langfristig ist diesem Problem nur zu begegnen durch das Aufdecken von Zusammenhängen zwischen Eigenschaften von Arbeitsaufträgen und Ausführungsbedingungen und deren Auswirkungen auf Tätigkeiten und zwischen Eigenschaften von Tätigkeiten und deren Auswirkungen auf Personen. Dafür werden Analysemethoden benötigt, die in der Industrie anwendbar sind.

Dieser Band hat das Anliegen, einen Überblick über Methoden der psychologischen Arbeitsanalyse zu geben. Aufbauend auf HACKERS Konzeption der psychischen Regulation von Arbeitstätigkeiten werden psychologische Arbeitsanalysemethoden begründet. Einzelverfahren mit speziellen Zielstellungen, die Urteile über Tätigkeiten überwiegend auf der Basis von Selbst- oder Fremdeinstufungen verarbeiten, erfahren eine knappe Einordnung. Den Schwerpunkt des Bandes bilden die an anderem Ort nicht geschlossen dargestellten Methoden der psychologischen Auftrags- und Bedingungsanalyse, der psychologischen Tätigkeitsanalyse und experimentelle Analyseprozeduren an Auftragssimulationen als Hilfsmittel der Untersuchung psychischer Regulationsgrundlagen.

Für viele Anregungen und Diskussionen, die das Entstehen dieses Bandes förderten, möchte ich mich an dieser Stelle bedanken.

Mein besonders herzlicher Dank gilt Herrn PROF. DR. WINFRIED HACKER. Er fand Zeit für die Durchsicht der Manuskripte der einzelnen Kapitel und gab in nachfolgenden Gesprächen erste Rückmeldungen, Hinweise, Kritiken, die mir sehr halfen, das Gesamtmanuskript abzuschließen.

Für Anregungen, insbesondere zum 2. Kapitel, danke ich Herrn DR. PETER RICHTER.

Mein Dank gebührt auch den Gutachtern dieses Bandes, Herrn PROF. DR. WALTER MÄDER, Herrn DR. KLAUS-PETER TIMPE und Herrn DR. WOLFGANG BACHMANN. Mit vielen nützlichen Hinweisen, um deren Berücksichtigung ich mich bei der Überarbeitung bemüht habe, trugen sie wesentlich zur Präzisierung des Anliegens dieses Bandes bei.

Dresden, im August 1982 BÄRBEL MATERN

1. Psychologische Arbeitsanalyse: Anliegen, Inhalte, Verfahrensüberblick

1.1. Anliegen der psychologischen Arbeitsanalyse

Psychologische Arbeitsanalysen bereiten die Anwendung psychologischen Wissens in der Industrie vor. Die Anwendung kann auf verschiedene Weise geschehen. Wichtige Möglichkeiten sind die Projektierung bzw. Veränderung von Tätigkeiten und deren Bedingungen, die Entwicklung von Leistungsvoraussetzungen beim Menschen durch Trainingsverfahren, das Bereitstellen von Gesichtspunkten für die Auswahl von Personen für bestimmte Arbeitstätigkeiten (Eignung) sowie das Bereitstellen von Gesichtspunkten für die Auswahl von Arbeitsmitteln und Technologien.

Zunehmend sind solche Anwendungen von dem Bestreben geleitet, mit Hilfe der Psychologie Arbeitstätigkeiten zu entwickeln, die effektiv, gesundheits- und persönlichkeitsfördernd sind (vgl. Hacker 1974, Ulich u. a. 1973, Ulich und Frei 1980, Volpert, Luoborzs und Muster 1981). Dieser hohe Anspruch ist um so eher zu realisieren, je zeitiger psychologisches Wissen in die Gestaltung von Arbeitstätigkeiten eingebracht wird. Dafür existieren im Projektierungsstadium mehr Freiheitsgrade als in nachträglichen Korrekturen bestehender Arbeitstätigkeiten. Weiterhin bestehen für diesen Anspruch eher Verwirklichungschancen, wenn ein Beitrag zur Arbeitsgestaltung angestrebt wird, als bei Anliegen der Berufsberatung und dafür erforderlichen Eignungsermittlungen. Dieser Band hat Arbeitsanalysemethoden zum Inhalt, die Gestaltungen der Arbeit und ihrer Bedingungen sowie die Entwicklung der Leistungsvoraussetzungen der Arbeitenden durch Ausbildung und Training vorbereiten helfen. Eignungsermittlung und Berufsberatung sind nur soweit berücksichtigt, wie durch Tätigkeitsanalysen Voraussetzungen für die Ermittlung der Anforderungen geleistet werden. Dagegen wird der Schluß auf erforderliche Eigenschaften hier nicht geleistet. Grund dafür ist nicht nur der vergleichsweise geringe Beitrag, den diese Maßnahmen zur Realisierung positiver Auswirkungen der Arbeit auf die Menschen leisten. Die noch so geschickte Zuteilung von Personen zu Arbeitstätigkeiten vergrößert weder den Anteil von Arbeitstätigkeiten, die positive Auswirkungen auf die Menschen erwarten lassen, noch verringert sie den Anteil der Tätigkeiten, bei denen negative Auswirkungen wahrscheinlich sind. Das erklärt auch die zunehmende Zurückhaltung bei der Anwendung von Eignungsuntersuchungen. Sie drückt sich z. B. in Überlegungen von Haire aus. Er kalkuliert, daß die durch Ausbildung erzielbaren Leistungsverbesserungen acht- bis zehnmal größer sein würden als die durch Auslese erreichbaren (zit. nach Hacker 1973, S. 13). Einen zurückhaltenden Trend im Umgang mit Eignungstests demonstriert auch ein Test-Gesetz, das in den USA verabschiedet wurde und noch strengere Regeln für die Validierung vorschreibt. Es wird verlangt, daß Validierungen für spezielle Berufe vorgenommen, daß lokale Faktoren der Zusammensetzung der Bevölkerungsgruppen berücksichtigt werden müssen und daß Testnormen zu keiner Benachteiligung für Minderheiten oder Frauen führen dürfen. Diese Forderungen bedingen, daß die Kosten für die Entwicklung von Tests sehr hoch werden. Daraus folgt eine starke Reduzierung der Anwendung von Tests für die Auswahl von Beschäftigten (RESNICK und RESNICK 1982).

Psychologische Arbeitsanalysen, mit deren Ergebnissen Gestaltungen der Arbeit, ihrer Bedingungen, ihrer Organisation, der Leistungsvoraussetzungen der Arbeitenden begründet und entwickelt werden sollen, müssen eine Aufklärung der psychischen Regulation leisten. Für diese Anwendungen der Analyseergebnisse besteht die allgemeine Vorgehensweise in der Optimierung der psychischen Regulationsvorgänge und dem Bereitstellen ihrer Voraussetzungen. Dies kann auf verschiedene Weise realisiert werden. Arbeitstätigkeiten werden bereits im Stadium der Projektierung von Produktionssystemen mit ihren Anlagen, Maschinen, Technologien und Programmen festgelegt. Die bewußte Konzipierung neuer Produktionssysteme nicht nur nach technologisch-technischen Erkenntnissen, sondern gleichzeitig nach Forderungen der psychologischen Bestgestaltung von Arbeitstätigkeiten, sowie die Organisation von Produktionssystemen werden zukünftig den Hauptweg der Anwendung arbeitspsychologischen Wissens darstellen. Tätigkeiten und mit ihnen das Niveau und die Voraussetzungen ihrer psychischen Regulation sind auch durch die Gestaltung von Erzeugnissen beeinflußbar. Erzeugnisse können zum Beispiel so gefertigt werden, daß ihre Herstellung Arbeitstätigkeiten erfordert, die vollständige Tätigkeitsstrukturen aufweisen, eine sichere Signalaufnahme ermöglichen, in bestimmtem Umfang Entwurfs- und Ausführungsoperationen verlangen, deren Ergebnis kontrollierbar ist, daß diese Arbeitstätigkeiten teilweise kooperativ durchgeführt werden usw. Die Einflußnahme auf die Arbeitsteilung zwischen den Menschen und die Einflußnahme auf ihre Leistungsvoraussetzungen sind weitere Möglichkeiten der Konzipierung bzw. Veränderung von Arbeitstätigkeiten. Alle Maßnahmen der psychologischen Arbeitsgestaltung erfordern die Analyse und Bewertung bestehender Tätigkeiten, um diese entweder selbst besser zu gestalten, um diese Erkenntnisse zu nutzen für die Neuprojektierung analoger Tätigkeiten oder um Bausteine für die Erarbeitung von Gestaltungsvorschriften zusammenzutragen. Die psychologische Arbeitsanalyse stellt das Methodeninventar zum Gewinnen und Bewerten von Analyseergebnissen für gegebene Lösungen, also den Ist-Zustand dar.

Gegenstand der psychologischen Arbeitsanalyse sind Arbeitstätigkeiten als Teil des Produktionsprozesses, der seinerseits durch die Produktionsverhältnisse bestimmt ist. Arbeitstätigkeiten sind durch den Produktionsprozeß determiniert. Aus ihm ergeben sich ihre Ziele und Bedingungen. Die technologisch-technische Konzipierung von Produktionsprozessen sichert nicht automatisch die befriedigende Gestaltung der in ihnen notwendigen Arbeitstätigkeiten. Ihre Bestgestaltung erfordert es, auch von den Eigenschaften und psychischen Leistungsvoraussetzungen des Menschen auszugehen und Bedingungen für deren Entwicklung und Förderung zu gestalten.

Die Arbeit ist die wichtigste Sphäre des gesellschaftlichen Lebens. Dieser Bedeutung entsprechen Forderungen, die Arbeit so zu gestalten, daß sie auch vom einzelnen als sinnvolle Arbeit erlebt wird und so einen entscheidenden Beitrag für die allseitige Entwicklung der Persönlichkeit bei zugleich hoher Effektivität der Produktion leisten kann (vgl. HACKER 1978, ULICH und FREI 1980, ULICH 1981, HACKMAN und OLDHAM 1974). Die produktive Arbeit kann jedem einzelnen Gelegenheit bieten, „seine sämtlichen Fähigkeiten, körperliche wie geistige, nach allen Richtungen hin auszubilden und zu betätigen" (ENGELS 1962, S. 274). Die Realisierung dieser Forderungen setzt Kenntnisse über die Auswirkungen von Arbeitstätigkeiten auf den Menschen, auf seine Einstellungen, sein Wissen und Können, seine Ermüdung, auf seine Entwicklung, auf sein Freizeitverhalten voraus. Psychologische Arbeitsanalysen können diese Kenntnisse bereitstellen, indem sie Arbeitstätigkeiten in ihren durch den Produktionsprozeß mit seinen Arbeitsmitteln und Technologien gegebenen Bedingungen analysieren und bewerten.

Die Gestaltung von Arbeitstätigkeiten durch das Auslegen von Arbeitsplätzen, Arbeitsmitteln und Technologien sind seit Jahren keine Aufgabe mehr, die nur oder schwerpunktmäßig von den Technikern zu leisten ist. Sie erfordert das Engagement vieler Disziplinen. Die wissenschaftlich-technische Revolution führte zu großen qualitativen Veränderungen in den Arbeitstätigkeiten, für deren Optimierung traditionelle Formen der Arbeitsgestaltung und Arbeitsorganisation nicht genügen. „Die wissenschaftlich-technische Revolution stellte die psychologische Wissenschaft vor eine Reihe neuer Aufgaben. Das brachte auch eine Reihe neuer Richtungen in der Psychologie hervor ... Die Erforschung der menschlichen Faktoren ... und die Anwendung entsprechender Erkenntnisse (darunter vor allem über die Gesetzmäßigkeiten der psychischen Tätigkeit des Menschen) in der gesellschaftlichen Praxis wird zur wichtigsten Bedingung der Lösung vieler Aufgaben" (LOMOW 1978, S. 5f.).

Die allgemeine Strategie des Bewältigens der komplizierten Aufgaben, die die gegenwärtige Entwicklung von Technik und Technologie für die Projektierung und Gestaltung von Produktions- und Arbeitsprozessen stellt, ist unbestritten. Sie ist ausgedrückt in der Forderung, Technik und Technologie so auszulegen, daß eine Entwicklung und Förderung des Menschen in der Arbeit ermöglicht wird (vgl. SINGLETON 1974, SINTSCHENKO, MUNIPOW und SMOLJAN 1976, ILO 1979, HACKER 1980, NICK 1981).

Erhebliche Probleme bereitet jedoch die Umsetzung dieser Forderung. Es bestehen Erkenntnislücken gerade im Hinblick auf Empfehlungen oder gar Vorschriften für eine psychologisch begründete Projektierung von Tätigkeiten. LOMOW geht auf diese Disproportionen in der Psychologie ein und betont, daß „Untersuchungen von Prozessen der psychischen Regulation des Verhaltens und der Tätigkeit noch ungenügend entwickelt" sind (1978, S. 21). Genaue Vorstellungen über die psychologischen Strukturen vieler Arten von Arbeitstätigkeiten fehlen noch (SMOLJAN und SOLNZEWA 1978). Die Wurzeln dieser Lücken bestehen nicht nur in einer ungenügenden Orientierung der psychologischen Grundlagenforschung an den Problemen, die durch die technische Entwicklung entstehen, sondern sind auch zu erklären durch eine nur mangelhafte Rezeption dieser Probleme durch die Psychologie. Diese ist mit bedingt durch ein Defizit psychologischer Methoden für die Analyse, Bewertung und Gestaltung von Arbeitstätigkeiten. Verglichen mit anderen Gebieten der Psychologie, zum Beispiel der kognitiven Psychologie oder der Psychodiagnostik, ist der Methodenbestand für die psychologische Arbeitsanalyse dürftig und nicht systematisch entwickelt und dargestellt. Dennoch ist in jüngster Zeit eine große Aktivität auf diesem Gebiet zu verzeichnen (vgl. ULICH und FREI 1981, FRIELING 1975, 1978, HACKMAN und OLDHAM 1974, FREI 1977, HOYOS 1977, HACKER 1980, WOLFF und WOLFF 1980).

In diesem Band wird versucht, eine Übersicht über vorhandene Methoden zu geben, die Methodik der Tätigkeitsanalyse speziell für Anliegen der Bewertung und Gestaltung systematisch darzustellen sowie Nutzungsmöglichkeiten experimenteller Methoden zu kennzeichnen. Gleichzeitig ist beabsichtigt, mit dieser Übersicht Nichtpsychologen, insbesondere Technikern, eine Einführung in psychologische Methoden der Arbeitsanalyse zu geben, um somit einen kleinen Beitrag zu leisten für die so dringend verbesserungsbedürftige Kommunikation zwischen Psychologen und Technikern. Die Aussage FEGERS (1977), der Kenntnisstand über psychologische Theorien sei bei Technikern günstigenfalls verzerrt, meist nicht vorhanden, und die Psychologen würden zu wenig tun, dies zu ändern, gilt sicher auch für die psychologischen Methoden der Arbeitsanalyse.

1.2. Für psychologische Anliegen in der Industrie erforderliche Inhalte der Arbeitsanalyse

Beim Gestalten in der Industrie, sowohl der projektierenden als auch der korrigierenden Arbeitsgestaltung, bei der Absicht, Qualifikations- oder Trainingsprogramme zu entwickeln, arbeitsorganisatorische Veränderungen im Sinne der Arbeitsteilung und -kombination zu entwerfen oder über die Berufsberatung und -lenkung darauf Einfluß zu nehmen, daß jeder Werktätige einen Arbeitsplatz erhält, der es ihm ermöglicht, beeinträchtigungsfrei und produktiv tätig zu sein und sich als Persönlichkeit weiterzuentwickeln, genügt es nicht, vom Arbeitsprozeß auszugehen. Die Analyse muß beim Produktionsprozeß beginnen. Durch die Funktionen eines Produktionsprozesses im Rahmen des gesellschaftlichen Reproduktionsprozesses und durch sein technisch-technologisches Niveau sind die Rahmenbedingungen für Arbeitstätigkeiten gegeben. Mit letzterem ist die Funktionsteilung zwischen Mensch und Maschine bzw. Anlage festgelegt.
Der Arbeitsprozeß hat immer zugleich zwei Funktionen. Er schafft Werte und er ist auch ein Prozeß der Selbstveränderung des Menschen (vgl. MARX 1962, ENGELS 1962). Die historische Entwicklung der Produktionsverhältnisse und Produktivkräfte beweist die Wechselwirkung zwischen Arbeitsprozeß und Persönlichkeitseigenschaften. „Diese Wechselwirkungen liegen auf mehreren Ebenen vor. Sie betreffen einerseits die durch die Produktionsverhältnisse bestimmten unmittelbaren Einflüsse der Arbeits- und Lebensbedingungen auf die Persönlichkeit und deren Möglichkeiten der mitverantwortenden Gestaltungen dieser Bedingungen. Beispielsweise ist zu denken an die persönlichkeitsformende Wirkung der Einheit von Produzenten und Eigentümern durch die Teilnahme an Planung und Leitung, an eine Automatisierung, durch die neue Bedingungen der schöpferischen Arbeit geschaffen werden, oder an die Entwicklung von sozialen Eigenschaften wie Hilfsbereitschaft für Leistungsschwächere oder Kollektivität auf der Grundlage der wachsenden Übereinstimmung der Interessen von Individuum und Gesellschaft" (HACKER 1980, S. 367/368). „Daher erweisen sich die psychologischen Konsequenzen der wissenschaftlich-technischen Revolution, die objektiv die Intellektualisierung der menschlichen Arbeit, die Vereinigung von geistiger und praktischer Tätigkeit in der Arbeit bewirkt, als nicht von der Automatisierung der Technik an sich, sondern als von jenem Gesellschaftssystem abhängig, in dem diese Technik funktioniert" (LEONTJEW 1979, S. 50). Als zweite Ebene kennzeichnet HACKER den Tatbestand, „daß die epochalen Menschenbilder als Grundlagen der Erziehung und Bewertung sowie der Persönlichkeitstheorie und Diagnostik die Abbildungen des Arbeitsprozesses und seiner Produktionsverhältnisse sind (HIEBSCH 1960, SCHMIDT 1960), die Rückwirkungen auf die Persönlichkeitsentwicklung gewinnen" (1980, S. 368).

Auf die dritte Ebene der Wechselwirkung, nämlich die zwischen Arbeitsprozeß und Persönlichkeit innerhalb der gleichen Produktionsverhältnisse, beziehen sich die folgenden Ausführungen. Bei ihrer Analyse und Berücksichtigung für die persönlichkeitsfördernde Gestaltung von Arbeitstätigkeiten ist in Rechnung zu stellen, „daß verschiedene Arbeitstätigkeiten unterschiedliche persönlichkeitsformende Potenzen besitzen und verschiedene Persönlichkeiten diese unterschiedlich bewältigen" (HACKER 1980, S. 368). Arbeitsaufträge eines Produktionsprozesses und deren Bedingungen wirken nicht im Sinne einer Ursache-Wirkungskette auf den Menschen. Sie werden an den inneren Bedingungen gebrochen (RUBINSTEIN 1958) und sind damit unterschiedlich je nach Fähigkeiten, Ansprüchen, Lebensinteressen (vgl. FÜRSTENBERG 1979, ULICH 1980, ULICH und FREI 1980, WENDRICH 1980). Diese Unterschiede werden beispielsweise in hohen Leistungsspannweiten sichtbar (vgl. NEUBERT 1972, SKELL 1972, HACKER 1973, QUAAS, GRAFF und POHL 1975, HACKER, RÜHLE und SCHNEIDER 1975). „Eine Arbeitsweise, die den Handlungsspielraum umfassender nutzt, führt zu höheren Leistungen ohne meßbar höhere Belastung (QUAAS, GRAFF und POHL 1975, HERMANN, NAUMANN und HACKER 1973, HACKER, RÜHLE und SCHNEIDER 1975) und trägt zur Persönlichkeitsentwicklung mehr bei" (HACKER 1980, S. 391). Das bedeutet, Vorhersagen über die Auswirkungen von Arbeitstätigkeiten und deren Bedingungen auf den Menschen erfordern den Bezug auf die mit diesen Arbeitstätigkeiten beschäftigten Menschen. Die Vorhersagen hängen auch davon ab, wie diese ihre Tätigkeit und deren Bedingungen erleben, wie sie sie bewerten, wie sie aufgrund solchen Erlebens motiviert werden, die Möglichkeiten ihrer Tätigkeiten zum Lernen, zur Mitgestaltung des Arbeitsprozesses zu nutzen oder unbeachtet zulassen. Es ist eine Grundweisheit, daß alle Veränderungen immer auch durch die Köpfe der Menschen hindurch müssen. Dies gilt im besonderen Maße für alle Anliegen der Arbeitsgestaltung, der Entwicklung von Qualifizierungs- und Trainingsprogrammen bis hin zu Fragen der Berufsberatung und -lenkung und der Entscheidung älterer Werktätiger für neue Arbeits- bzw. Berufsaufgaben. Aus diesem Tatbestand folgt nicht nur, daß psychologische Arbeitsanalyse und -gestaltung nur gemeinsam mit den betroffenen Menschen erfolgen können. Das ist in der DDR im Arbeitsgesetzbuch (1980, §§ 71, 72, 74) gesetzlich verankert. Die Subjektrolle der Werktätigen bei der Arbeitsanalyse ist eine unverzichtbare Voraussetzung jeder Untersuchung (vgl. auch HACKER 1980, NEUBERT und TOMCZYK 1981, ULICH 1980). Aus dem Erläuterten folgt auch, daß verschiedene Inhalte im Rahmen psychologischer Arbeitsanalysen zu erfassen sind, nämlich

1. der Produktionsprozeß mit den in ihm enthaltenen Arbeitsaufträgen an den Menschen und deren Bedingungen, d. h. die objektive Arbeitssituation,
2. das Erleben und Bewerten dieser Situation durch die Menschen und
3. die Quellen dieser Bewertungen. Das sind die Art der Übernahme gesellschaftlicher Normen, die Interessen, Bedürfnisse, Ansprüche, Fähigkeiten.

Vorhersagen über die Auswirkung von Arbeitstätigkeiten auf den Menschen, Erklärungen für eingetretene Wirkungen und natürlich auch die Ableitung und Begründung weiterer Veränderungen erfordern Daten aus allen drei Bereichen. Die Beschränkung auf eine Datengruppe genügt nicht. Im Extremfall kann eine objektiv begründbare Verbesserung der Arbeitsmittelgestaltung oder ein objektiv gutes Trainingsverfahren nicht zu den erwarteten positiven Auswirkungen führen, weil die Beschäftigten die spezielle Arbeitstätigkeit als nicht wichtig oder sogar sinnlos erleben.

Umgekehrt ist auch die Vernachlässigung objektiver Daten problematisch. Die Beschränkung auf Erlebensdaten erschwert oder verhindert die für die Einführung vieler Veränderungsmaßnahmen, insbesondere solcher der projektierenden Arbeitsgestaltung, notwendige Kooperation mit Technikern, weil diese Angaben über Eigenschaften der Arbeitstätigkeiten in Form von Merkmalen und Funktionsweisen der Arbeitsmittel und als Forderungen an die Technologie benötigen.

1.3. Abhängigkeit psychologischer Tätigkeitsanalyse von Tätigkeitsklasse und Anliegen

Zu den Verfahren der psychologischen Arbeitsanalyse gehören sehr unterschiedliche Methoden. Sie verbindet das Anliegen, Hilfsmittel bei der psychologischen Bestgestaltung von Arbeitstätigkeiten und ihren Bedingungen, bei der Entwicklung und Kontrolle von Leistungsvoraussetzungen, bei der Organisation von Produktionssystemen zu sein. Dafür müssen Methoden unterschiedliche Funktionen erfüllen. Voraussetzung einer jeden Gestaltung ist die Analyse und Bewertung. Die psychologische Analyse von Arbeitstätigkeiten muß ausgehen von einer Analyse des Produktionsprozesses, seines technisch-technologischen Niveaus, seiner Organisation. Dies ist notwendig, weil der Produktionsprozeß den Arbeitsprozeß determiniert und dessen Determinationsfaktoren bekannt sein müssen für das Ableiten von Gestaltungsvorschlägen, die Veränderungen der Arbeitstätigkeit oder ihrer Bedingungen betreffen können.

Art und Umfang der beabsichtigten Gestaltung haben Rückwirkungen auf die zu wählenden Analyse- und Bewertungsmethoden und ein Bezug auf die Gestaltungsrichtung ist unerläßlich. Von dieser hängt es ab, wie grob oder wie differenziert eine Arbeitstätigkeit untersucht werden muß.

Vorbereitungen der projektierenden Arbeitsgestaltung erfordern die differenziertesten Analysen. Zugänge bieten Analysen an vergleichbaren Tätigkeiten bestehender Technologien und auch die Analyse der geplanten Mensch-Maschine-Funktionsverteilung, der Inhalte von Arbeitsaufträgen, der Freiheitsgrade und Kooperationsmöglichkeiten bei ihrer Bewältigung anhand von Projektierungsunterlagen. Das ermöglicht eine Bewertung geplanter Tätigkeiten und auch Variantenvergleiche, die zu begründeten Empfehlungen für die Arbeitsmittelgestaltung, insbesondere ihrer bedien- und anzeigenmäßigen Auslegung führen, zur Gestaltung von Technologien und Erzeugnissen und/oder zur Gestaltung der Software für die Durchführung des Informationsangebots an den Menschen. Im Projektierungsstadium wird mit der Festlegung der Mensch-Maschine-Funktionsteilung der Handlungsspielraum für die Arbeitstätigkeiten vorgegeben. Damit ist auch für alle möglichen Maßnahmen der korrektiven Arbeitsgestaltung der Rahmen abgesteckt und deshalb kommt es bei der projektiven Arbeitsgestaltung darauf an, die Voraussetzungen für eine dynamische (ULICH), nämlich auf die Weiterentwicklung der Arbeitssysteme gerichtete Arbeitsgestaltung zu schaffen, Voraussetzungen für unterschiedliche Arbeitsweisen zu sichern, also möglichst Freiheitsgrade von der Qualität der Ziel- und Teilzielbildung und der Weg- und Mittelwahl für den Menschen zu belassen. Die Entwicklung von Einarbeitungshilfen und -programmen, von Trainingskurven für die Aus- und Weiterbildung setzt ebenfalls psychologische Arbeitsanalysen voraus. Deren Schwerpunkte sind jedoch nicht völlig identisch mit denen der ersten Anliegengruppe. Bei der projektiven Arbeitsgestaltung müssen Analysen zu einer detaillierten Kenntnis des Produktionsprozesses führen, weil Gestaltungsvorschläge in technischen Begriffen begründet und exakt auf Abschnitte im Produktionsprozeß bezogen sein müssen. Für die Vorbereitung von Einarbeitungs- und Trainingsverfahren ist die Einordnung der Arbeitstätigkeit in den Produktionsprozeß die Voraussetzung. Analyseschwerpunkte sind daher die Palette der Bewältigungsmethoden der Arbeitsaufträge, die dafür relevanten Signale und Kriterien.

Sollen Maßnahmen der Arbeitsteilung und -kombination vorbereitet werden, d. h., soll die Verteilung der Arbeit an die Menschen optimiert werden, so bleiben die einzelnen Arbeitsaufträge unverändert und brauchen deshalb auch nicht einer Feinanalyse unterzogen zu werden. Analysegegenstände sind hier die Freiheitsgrade der Organisierbarkeit und Integrierbarkeit einzelner Aufträge zu Tätigkeiten und die Potenzen einzelner Arbeitsaufträge für die Beanspruchung und Persönlichkeitsentwicklung der Menschen.

Noch andere Akzente für die Analyse entstehen, wenn Informationen für die Berufsberatung und -lenkung oder -eignung zu gewinnen sind. Generell gilt: Unterschiedliche Anliegen bedingen unterschiedliche Analyseschwerpunkte und eine unterschiedliche Analysefeinheit. Das ist wesentlich darauf zurückzuführen, daß für unterschiedliche Anliegen erforderliche Analyseergebnisse ganz verschiedene Bewertungen und Erklärungen begründen müssen. Für Maßnahmen der projektierenden Arbeitsgestaltung sind mit Arbeitsanalysedaten Tätigkeitsbewertungen nach allen vier Bewertungsebenen zu leisten, nämlich bezüglich der Ausführbarkeit, der Schädigungslosigkeit, der Beeinträchtigungsfreiheit und der Persönlichkeitsförderung. Ein Beurteilungsschwerpunkt ist zweifellos die kognitive Ausführbarkeit, weil im Projektierungsstadium über die Mensch-Maschine-Funktionsteilung entschieden werden muß und damit die Bedingungen für die kognitive Ausführbarkeit festgelegt werden. Natürlich werden auch die Rahmenbedingungen für die Beanspruchung und Persönlichkeitsentwicklung gesetzt. Doch bleibt hier noch ein vergleichsweise großer Spielraum, dessen Art der Nutzung von arbeitsorganisatorischen und trainingspsychologischen Begleitmaßnahmen abhängt. Hingegen ist an einmal mißachteten Grenzen der kognitiven Ausführbarkeit durch solche Maßnahmen nicht sehr viel zu ändern, sondern im wesentlichen nur durch eine Einflußnahme auf die Mensch-Maschine-Funktionsteilung. Die Begründung für ihre Auslegung benötigt Erklärungen auf der Ebene der Prozesse, die sich bei der Ausführung einzelner Arbeitshandlungen abspielen. Das erfordert eine hohe Analysefeinheit, nämlich Untersuchungen von Informationsaufnahme- und Verarbeitungsprozessen.

Für alle anderen arbeitspsychologischen Anliegen ist die Analyse und Beurteilung der Ausführbarkeit kein Problem mehr. Sie muß gegeben sein. Eine Ausnahme liegt dann vor, wenn bei vorbereitenden Untersuchungen für die Entwicklung von Trainingsverfahren oder die Planung der Arbeitsteilung und -kombination Ausführbarkeitsmängel festgestellt werden, so daß eine Realisierung der beabsichtigten Anliegen verhindert und die vorherige Beseitigung der Ausführbarkeitsmängel gefordert ist.

Die Entwicklung von Trainingsverfahren und arbeitsorganisatorischen Gestaltungsmaßnahmen setzt Tätigkeitsbewertungen hinsichtlich der Beeinträchtigungsfreiheit und Persönlichkeitsförderung voraus. Analysen mit dem Ziel, Bewertungen bezüglich der Beeinträchtigungsfreiheit vorzunehmen, betreffen die Ebene Individuum — Arbeitstätigkeit, nicht aber die Ebene einzelner kognitiver Prozesse. Daraus folgt eine andere

Korngröße der Analyseeinheiten. Und wenn es um die Beurteilung der Persönlichkeitsförderung geht, beziehen sich Erklärungen auf die Relationen zwischen Persönlichkeit und Tätigkeit.

Je nachdem auf welcher Ebene Erklärungskonzepte begründet werden sollen, folgen unterschiedliche Forderungen an die Feinheit der Analyseeinheiten, an die Analysemethoden. Weiterhin ist der Analyseinhalt abhängig von der Tätigkeitsklasse. Er unterscheidet sich, je nachdem ob Montage- oder Büroarbeit untersucht wird, ob Bedientätigkeiten oder Steuer- und Überwachungstätigkeiten der Gegenstand sind (s. Tab. 1). Diese Abhängigkeit bedeutet nicht, daß jede Tätigkeitsklasse ihre spezifischen Methoden hat oder daß für Anliegen der Tätigkeitsprojektierung grundsätzlich andere Methoden einzusetzen sind als für das Entwickeln der Leistungsvoraussetzungen der Werktätigen mit Trainingsverfahren. Sie bedeutet vielmehr, daß die Methoden entsprechend der Tätigkeitsklasse und der Anliegen zu modifizieren sind. Das geschieht durch die unterschiedliche Wahl der Analysefeinheit und durch Entscheidungen darüber, welche Merkmale der Arbeitstätigkeit, der Arbeitsleistungen, der Auswirkungen der Arbeitstätigkeit auf die Werktätigen usw. auszuwertende Daten werden. Im Rahmen dieses Schemas bestehen Generalisierungsmöglichkeiten des methodischen Vorgehens für vergleichbare Analyseinhalte. Sensumotorische Fertigkeiten oder Signalinventare oder intellektuelle Strategien können für verschiedene Tätigkeitsklassen relevant sein. Die Analyse der Signalinventare der Werktätigen kann beispielsweise bei Bedientätigkeiten, aber auch bei Steuer- und Überwachungstätigkeiten Untersuchungsgegenstand sein. Das Nutzen dieser Analyseresultate ist denkbar sowohl für eine Beteiligung beim Gestalten der Technologien und Umgebungsbedingungen mit dem Ziel, Voraussetzungen für eine schnelle und sichere Signalrezeption zu schaffen, als auch für die Ermittlung von Trainingsinhalten für zu entwickelnde Trainingsverfahren, zu deren Bestandteilen zweifellos vollständige Signalinventare gehören.

Aus diesen zwei Determinationsfaktoren für die Arbeitsanalysemethodik, nämlich dem Anliegen und der Tätigkeitsklasse, ergibt sich nicht nur eine Variation des Analyseinhalts, nämlich dessen, „WAS" in Arbeitsanalysen erfaßt werden soll, sondern auch eine Schwerpunktsetzung bezüglich der Personen, die Arbeitsanalysen durchführen, des „WER". Die Beschäftigten selbst und der untersuchende Psychologe sind an ihnen gemeinsam beteiligt, aber wer den Hauptteil der Analysearbeit leistet, hängt von der aus dem Anliegen und der Tätigkeitsklasse sich ergebenden Analysefeinheit ab. Es bedarf sicher keiner zusätzlichen Begründung dafür, daß die verschiedenen Analyseinhalte im unterschiedlichen Maße der bewußten Reflektion durch die Menschen zugänglich und demzufolge in unterschiedlicher Differenziertheit durch sie aussagefähig sind.

Sind Analysegegenstände die objektive Arbeitssituation mit ihren Arbeitsaufträgen und Bedingungen und die Arbeitsweisen, die strategische Planung eines Arbeitstages, die für die Wahl der Abfolge verschiedener Arbeitshandlungen oder für die Wahl verschiedener Werkzeuge und Methoden genutzten Regeln, so können die Beschäftigten als „Experten" für ihre Tätigkeit selbstverständlich darüber Auskunft geben. Dabei ist jedoch zu bedenken, daß Aussagen einer oder mehrerer Personen zur objektiven Arbeitssituation und zu den Bewältigungsmethoden der Arbeitsaufträge und der Arbeitstätigkeit nicht vollständig sein werden. Nicht jede Person spiegelt alle Merkmale der objetiven Arbeitssituation wider, und verschiedene Personen können dieselben Merkmale unterschiedlich erleben. Die Übernahme von Arbeitsaufträgen erfolgt durch eine

Tab. 1: *Schematische Darstellung der Determinationsfaktoren für die Methodik der psychologischen Arbeitsanalyse. Jedes Feld erfordert spezifische Adaptationen der generellen Methoden der psychologischen Arbeitsanalyse*

Tätigkeitsklassen, z. B.	Anliegen, z. B.						
	Analyse der Auswirkungen von Arbeitstätigkeiten auf die Werktätigen	Projektieren von Arbeitstätigkeiten im Sinne des Gestaltens von Tätigkeitsinhalten durch die Mensch-Maschine-Funktionsteilung und die Arbeitsteilung zwischen den Menschen	Mitgestaltung bei Technologien und Umgebungsbedingungen	Gestaltung von Arbeitsverfahren und eventuell Arbeitshilfsmitteln	Gestaltung der Leistungsvoraussetzungen der Werktätigkeiten durch Arbeitsunterweisungen, Training, Lehrmaterialien	Auswahl von Arbeitsmitteln und Bedingungen	Auswahl von Personen (Eignung)
Montagetätigkeiten							
Bedientätigkeiten							
Steuer- und Überwachungstätigkeiten							
Wartung und Instandhaltung							
Verwaltungstätigkeiten							

subjektive Interpretation der objektiven Arbeitssituation (vgl. Rubinstein 1958, Hackman 1969, Udris 1981). Die überwiegend gegebenen Toleranzen der Arbeitsaufträge für ihre Übernahme als Aufgaben (Redefinition) kann dazu führen, daß verschiedene Personen durchaus unterschiedliche Akzente für wesentlich halten. Davon ist in der Regel nicht die prinzipielle Erfüllung der Arbeitsaufträge betroffen, wohl aber die subjektive Umsetzung genereller Forderungen in persönliche Ziele, von denen beispielsweise abhängt, ob das knappe Erreichen der Leistungsforderungen angestrebt oder subjektiv eine Überbietung vorgenommen wird, wie gewissenhaft Forderungen nach schonendem und pfleglichem Umgang mit den Arbeitsmitteln und Material beachtet werden.

Das bedeutet, nicht jede für die Arbeitstätigkeit im Prinzip relevante Eigenschaft des Arbeitsgegenstandes oder der Arbeitsmittel wird von jeder Person berücksichtigt, ist für sie wichtig und deshalb aussagbar. Ebenso verhält es sich mit Angaben zur Arbeitsweise. Überwiegend lassen Arbeitsaufträge Freiheitsgrade für ihre Bewältigung zu. Nicht alle möglichen Arbeitsmethoden werden von einer Person beherrscht und ausgeführt. Hinzu kommt, daß eine Reihe von Eigenschaften der Arbeitsweisen nicht vollständig bewußt und deshalb nicht aussagbar sind. Das betrifft nicht nur automatisierte Arbeitsvollzüge, also Fertigkeiten. Auch Strategien, Pläne sind nicht vollständig mitteilbar, weil Bestandteile von ihnen aktuell erzeugt, d. h. im Bedarfsfalle entwickelt, nicht aber einfach aus dem Langzeitgedächtnis abgerufen werden (vgl. Skell 1972). Auch mentale Repräsentationen, Signalwissen, Entscheidungsregeln bei bestimmten Arbeitssituationen sind nicht vollständig bewußt und abfragbar, sondern äußern sich nur während des Tätigkeitsvollzugs. Neubert und Tomczyk (1981) veranschaulichen diesen Sachverhalt der partiellen Zugänglichkeit von Merkmalen der objektiven Arbeitssituation und der möglichen Arbeitsmethoden durch einzelne Personen schematisch, wie es Abb. 1 zeigt.

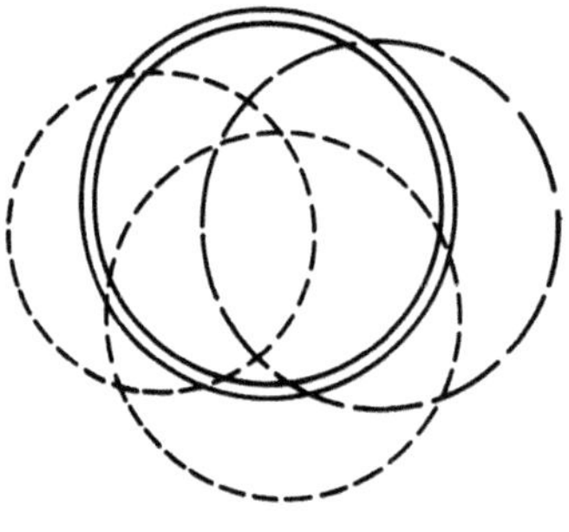

objektive Arbeitssituation und mögliche Arbeitsmethoden

von einzelnen Personen bewußt reflektierte Eigenschaften der objektiven Arbeitssituation und bewußt genutzte Arbeitsmethoden

Abb. 1: Schematische Darstellung des Verhältnisses von objektiver Arbeitssituation und objektiv möglichen Arbeitsmethoden zu den von einzelnen Personen bewußt reflektierten Eigenschaften der objektiven Arbeitssituation und bewußt genutzten Arbeitsmethoden (nach Neubert und Tomczyk 1981).

Daraus folgt, Analysen zu den Gegenständen der objektiven Arbeitssituation und der Arbeitsmethoden können durch die Beschäftigten vorgenommen werden. Es ist jedoch nicht zu erwarten, daß sie vollständig sind, wenn dies eine Person tut. Sie werden umfassender sein, wenn mehrere an solchen Analysen beteiligt sind, doch auch das garantiert keinen vollständigen Überblick. Für Analyseziele, bei denen es auf differenzierte Angaben zu diesen Gegenständen ankommt, wie z. B. bei der Klärung der Frage, ob eine

Tätigkeit Ausführbarkeitseinschränkungen enthält oder ob Ausbildungslücken bestehen, oder für spezielle Projektierungsanliegen der Arbeitstätigkeit oder der Arbeitsmittel, z. B. deren Anzeigengestaltung, genügen Analysen durch die Beschäftigten nicht, sondern sind durch psychologische Tätigkeitsanalysen und experimentelle Analysestationen, die der Psychologe in Form eines hypothesengeleiteten Erkenntnisprozesses plant, zu ergänzen. Für die Analysegegenstände des Erlebens und Bewertens der Arbeitssituation und der Arbeitsmethoden durch die Werktätigen können nur diese selbst die Analysierenden sein. Das gilt ebenso für die Ermittlung der Quellen für diese Bewertungen.

Die Durchführung von Arbeitsanalysen ist grundsätzlich immer ein kollektiver Prozeß. In ihm sind aber Schwerpunktsetzungen für die Beteiligung unterschiedlicher Personengruppen an der Analyse möglich, nämlich

— Durchführung von Arbeitsanalysen durch ein Kollektiv von Psychologen, Arbeitswissenschaftlern und Beschäftigten
— Selbstanalysen der Arbeitstätigkeit durch die Beschäftigten (siehe Neuerermethoden)
— Durchführung des Hauptanteils von Arbeitsanalysen durchPsychologen und Arbeitswissenschaftler bei gegebener Unterstützung durch die Beschäftigten.

Die Beteiligung der Beschäftigten an Arbeitsanalysen ist in der DDR im Arbeitsgesetzbuch §§ 71, 75 gesetzlich verankert, und ihre effektive Mitwirkung ist durch ihre Ausbildung vorbereitet. Die wissenschaftliche Arbeitsorganisation ist ein obligatorischer Bestandteil der Berufsausbildung.

Aus dem Erläuterten wird deutlich, Arbeitstätigkeiten und ihre Bedingungen haben eine objektive Beschaffenheit und diese wird von den Arbeitenden wahrgenommen, entsprechend ihrer subjektiven Widerspiegelung übernommen (redefiniert) und an persönlichen Ansprüchen und Leistungsmöglichkeiten bewertet. Diese subjektive und bewertete Abbildung der Tätigkeit und ihrer Bedingungen ist in vielen Hinsichten wirksamer als die objektiven Eigenschaften. Dies haben Untersuchungen zur Belastungs- und Streßforschung vielfach gezeigt (vgl. McGrath 1976, Cox 1978, Harrison 1978, Udris 1980, Schönpflug 1979, Lazarus und Lamtier 1978, Frese und Greif 1978, Hacker und Richter 1980, Richter 1981, Gardell 1978, Hackman 1970). Häufig gefundene unterschiedliche Auswirkungen gleicher Arbeitstätigkeiten und Bedingungen auf die Gesundheit, die Leistung, die Ansprüche an berufliche Entwicklungsmöglichkeiten sind auf unterschiedliche subjektive Widerspiegelungen und Bewertungen der Arbeitssituation zurückzuführen. Für Analysemethoden bedeutet dies, daß sie sowohl die objektive Beschaffenheit der Arbeitstätigkeit und ihrer Bedingungen als auch deren subjektive Widerspiegelung und Bewertung ermitteln müssen. Erst aus der Interpretation beider Gruppen von Analysedaten können Auswirkungen auf Personen begründet und erklärt werden. Dies ist erforderlich, um Veränderungen zu planen.

1.4. Zu konzeptionellen Grundlagen der psychologischen Arbeitsanalyse

Das Anliegen der Arbeitspsychologie „Analyse und Bestgestaltung des menschlichen Arbeitsprozesses“ im Sinne „der Steigerung von Effektivität und Arbeitsproduktivität bei gleichzeitiger Förderung der Entwicklung der arbeitenden Persönlichkeit“ (Hacker 1978, S. 21) geht über den Gegenstandsbereich einer Wissenschaft hinaus. Es betrifft gesamtgesellschaftliche Ziele. Gesellschaftliche Rahmenbedingungen wirken zurück auf das Gegenstandsverständnis einer Wissenschaft und determinieren ihre Methoden. Die Konsequenzen dieser Rückwirkung auf die Arbeitspsychologie betreffen insbesondere den Tatbestand, daß Arbeitstätigkeiten von Menschen ausgeführt werden, die aktive Gestalter ihrer gesellschaftlichen Verhältnisse sind, die Verantwortung tragen für sie. Dieses Menschenbild aktiver, für die Gestaltung ihrer Arbeitsprozesse und ihres Lebens mit verantwortlichen Personen ist eine wesentliche Voraussetzung der Entwicklung von Methoden der psychologischen Arbeitsanalyse. Um ihrem Anliegen gerecht zu werden, muß die psychologische Arbeitsanalyse eine Analyse der psychischen Regulation von Arbeitstätigkeiten leisten. „Ohne die prinzipielle Klärung der psychischen Struktur und der psychischen Regulation von Arbeitstätigkeiten sind kein wissenschaftlicher Vorlauf vor der Praxis, keine psychologische Einflußnahme auf das technische Projekt in seinem Entstehungsstadium, keine wissenschaftlich hinreichend fundierte Begutachtung neuer Arbeitsmittel und keine Beteiligung des Psychologen an der Konzipierung neuer Systeme mit optimalen Lösungen — also auch persönlichkeitsfördernden —, etwa der Mensch-Maschine-Funktionsteilung, möglich" (HACKER 1978, S. 29).

Die Analyse der psychischen Regulation beinhaltet die Ermittlung der motivationalen und kognitiven Regulationsvorgänge und Invarianten. In der Terminologie RUBINSTEINS bedeutet dies die Untersuchung der Antriebs- und der Ausführungsregulation. Die Bezugsebene für die Analyse der psychischen Regulation ist die Handlung, unter der die „kleinste psychologische Einheit der willensmäßig gesteuerten Tätigkeit" verstanden wird, die durch das bewußte Ziel von anderen Handlungen abgegrenzt wird (HACKER 1978, S. 62f.). Unter psychologischen Analysegesichtspunkten sind Handlungen in mehrere Phasen zerlegbar. HACKER (1976) unterscheidet aufbauend auf TOMASZEWSKI (1964).

— Übernahme der Aufgabe als Ziel,
— Orientierung über die Tätigkeitsbedingungen,
— Entwerfen oder Reproduzieren von Teilzielsequenzen und den zugehörigen Strategien,
— Entscheidung für eine Ausführungsvariante und,
— Kontrolle des Ausführens am inneren Modell (Rückkopplung).

Die regulativen Vorgänge beim Handlungsablauf beschreibt HACKER in Form hierarchischer regulativer Funktionseinheiten, den VVR-Einheiten (s. HACKER 1978, S. 92ff.). Ziel der psychologischen Handlungsanalyse ist es, die Invarianten in diesen VVR-Einheiten zu identifizieren. Das sind einmal die Systeme antizipativer mentaler Abbilder, auch innere Modelle genannt, die die Funktion der Führungsgröße haben, mit denen die im Handlungsverlauf rückgemeldeten Istwerte verglichen werden. Zum zweiten sind das Aktionsprogramme, also Ausführungsvorschriften für Handlungen. Diese können in sehr unterschiedlicher Form vorliegen, z. B. als Pläne, Strategien, als algorithmische Abarbeitungsvorschriften oder auch als Programmsysteme, die nur auf der physiologischen Ebene beschreibbar sind, weil infolge psychologischer Automatisierung eine bewußte Handlungssteuerung nicht mehr erforderlich ist. Aktionsprogramme existieren also wie die gesamten VVR-Einheiten auf verschiedenen hierarchischen Ebenen. Es werden deshalb Klassen unterschiedlicher Regulationsebenen unterschieden. Die höchste Ebene ist die intellektuelle, auf der die Handlungsausführung durch Denkprozesse gesteuert wird. Die perzeptiv-begriffliche Ebene ist der intellektuellen untergeordnet und betrifft Regulationsvorgänge anhand der

Wahrnehmung von Signalen und der Zuordnung von zumeist begrifflich kodierten und im Langzeitgedächtnis in algorithmenähnlicher Form gespeicherten Handlungsanweisungen. Die niedere, sensumotorische Regulationsebene beschreibt Regulationsvorgänge bei erfolgter psychischer Automatisierung, die also keine bewußte Kontrolle mehr erfordern.

Diese Eigenschaften der psychischen Handlungsregulation und das eingangs skizzierte Menschenbild führen zu methodischen Konsequenzen für die psychologische Arbeitsanalyse. Diese sind:

1. Ausgangspunkt psychologischer Tätigkeitsanalysen muß die Ermittlung der Anzahl selbständiger und voneinander unabhängiger Ziele sein, weil durch diese Handlungen identifiziert und voneinander abgegrenzt werden können. Die psychischen Strukturen dieser Handlungen zu bestimmen bedeutet in erster Linie, ihre zeitlich stabilen, überdauernden Regulationskomponenten aufzudecken. Nach den Systemen antizipativer mentaler Abbilder und den Aktionsprogrammen muß also gefragt werden. Ihre Ermittlung setzt voraus, daß

2. die Erfassungseinheiten bei psychologischen Tätigkeitsanalysen Handlungen sind. Dies bedeutet einen wesentlichen Unterschied zu dem Erfassungsmodus in den klassischen Zeit- und Bewegungsstudien beim arbeitswissenschaftlichen Arbeitsstudium. Bei diesen orientiert sich der Untersucher am sichtbaren Ablauf der Arbeitsbewegungen und gliedert nach Vorgangselementen als kleinsten nicht weiter zerlegbaren Einheiten, die etwa zwischen 0,001 und 0,01 Minute dauern, nach Vorgangsstufen, die als abgeschlossene Folge von Vorgangselementen bezeichnet werden, Teilvorgänge usw. (vgl. REFA, Teil I, 1971, Lexikon der Wirtschaft, Bd. Arbeit 1968, Arendt, M. 1978, 1979). Dies ist eine pragmatische, auf die Oberflächenstruktur der Tätigkeit Bezug nehmende Gliederung. Der äußere sichtbare Ablauf der Tätigkeit wird unterteilt und danach werden Erfassungseinheiten festgelegt. Dieses Vorgehen ermöglicht keinen Zugang zur psychologischen oder Tiefenstruktur von Tätigkeiten, weil aus dem Registrieren der Sequenz von Arbeitsbewegungen allein ihre hierarchische Strukturierung nicht erschließbar wird. Das hängt insbesondere damit zusammen, daß ideell vorweggenommene Ziele, also die antizipativen mentalen Abbilder, den zu ihrer Realisierung führenden Arbeitsbezug determinieren. Kurz: zeitlich späteres determiniert früheres. Diese Determinationszusammenhänge werden nur erfaßbar, wenn der psychologischen Arbeitsanalyse Handlungen zugrunde liegen. Das bedeutet gleichzeitig:

3. Die Arbeitstätigkeit ist stets die Tätigkeit eines Menschen. Eine Aufklärung von Gesetzmäßigkeiten der psychischen Tätigkeitsregulationen erfordert es, davon auszugehen, daß sie das Resultat der Tätigkeit einer Persönlichkeit mit komplexen motivationalen und kognitiven Regulationsvorgängen ist. Die Planung von Untersuchungsmethoden muß dieser komplexen Determination von Tätigkeiten Rechnung tragen. Dies geschieht am besten durch ein schrittweises Vorgehen, das zunächst nach dem Anteil motivationaler, d. h. auf Interessen, Einstellungen, Bedürfnissen einzelner Personen beruhender Einflüsse auf die Tätigkeitsstrukturen fragt, bevor Invarianten, also verallgemeinerbare Tätigkeitsstrukturen Analyseziel sind und deren Bewertung zum Ausgangspunkt für die Gestaltung gemacht wird. Motive können sich in Arbeitstätigkeiten weniger durch das Setzen von Zielen für das Handlungsergebnis niederschlagen, denn diese sind mit einem Toleranzspielraum, im Extremfall ohne Spielraum, durch den Arbeitsauftrag vorgegeben, als vielmehr in der Übernahme und der Art der Lösung von

Arbeitsaufträgen, in der Sorgfalt oder Großzügigkeit, mit der Forderungen der Arbeitsaufträge zu persönlichen Zielen gemacht werden. Analysen kognitiver Regulationsvorgänge sind nur sinnvoll bei analogen motivational vermittelten Übernahmen von Arbeitsaufträgen. Bei ihnen ist ebenfalls ein schrittweises Vorgehen von der Analyse allgemeiner Abarbeitungsstrategien des Arbeitsauftrages bis zu Regulationsvorgängen für Teilhandlungen erforderlich. Arbeitsanalysen mit dem Ziel der Aufklärung von Gesetzmäßigkeiten der psychischen Regulation von Arbeitstätigkeiten dürfen also nicht vordergründig nur einen Aspekt, z. B. den der Signalaufnahme oder den der Signalverarbeitung, in den Mittelpunkt stellen und die anderen vernachlässigen. Ein solches reduktionistisches Vorgehen kann zur Fehleinschätzung der Effektivität von Gestaltungsmaßnahmen, die aus solchen Analysen gewonnen wurden, führen.

4. In der Handlungsregulation determinieren übergeordnete Regulationsebenen untergeordnete. Methodische Konsequenzen dieser Tatsache weisen in eine ähnliche Richtung wie die im vorangehenden Punkt erläuterten. Was sind Ebenen der Handlungsregulation, die gleichzeitig auch Analyseebenen bei der Untersuchung der Regulation von Arbeitstätigkeiten sind? Man unterscheidet drei große Klassen, nämlich soziale, psychische und nur physiologisch beschreibbare Regulationsebenen. Die soziale Ebene ist die allgemeinste, den anderen übergeordnete. Regulationen von Arbeitstätigkeiten ergeben sich hier aus der Organisation des Produktionsprozesses, aus der durch ihn bedingten Arbeitsteilung zwischen den Menschen mit den sich daraus ergebenden Kooperationen und Kommunikationen. Regulationsprozesse auf dieser sozialen Ebene betreffen Zielsetzungen des Arbeitskollektivs über die Quantität und Qualität der zu erzeugenden Produkte, Vornahmen über den sorgfältigen Umgang mit Produktionsmitteln, Material und Energie, aber auch die Organisation und Abstimmung der Arbeitsweise der Einzelnen. Das kann sowohl gegenseitiges Informieren über Eigenschaften des Produktionsprozesses als auch das Gewähren gegenseitiger Unterstützung sein. Es ist einsichtig, daß solche Ziele und Festlegungen, die das Zusammenwirken des Arbeitskollektivs regeln, sich auf die Arbeitsverfahren der Einzelnen und damit auf psychische Regulationsebenen auswirken. Das äußert sich im Übernehmen kollektiv beratener Ziele und deren Untersetzung und Spezifizierung für die eigene Arbeitstätigkeit, in Bewertungen einzelner Arbeitsaufträge und deren Resultaten sowie in der Gewichtung, mit der verschiedene Informationen beachtet und verarbeitet werden. Eine Analyse psychischer Regulationsvorgänge, ohne deren Determination durch die soziale Ebene zu sehen, bleibt deshalb immer unvollständig. Methodisch heißt das, mit der Analyse sozialer Strukturen, wie sie sich aus der Gestaltung des Produktionsprozesses ergeben, zu beginnen.

Psychische Regulationsvorgänge sind selbst hierarchisch strukturiert. Bei ihnen ist die allgemeinste und den anderen übergeordnete Regulationsebene die intellektuelle. Sie ist bei Arbeitstätigkeiten beschreibbar durch persönliche Ziele sowie Pläne und Strategien zu ihrer Verwirklichung. Sie sind beim Werktätigen bewußt repräsentiert. Denkprozesse regeln ihre Realisierung. Der intellektuellen Ebene untergeordnet ist die perzeptiv-begriffliche Regulation. Ihre Grundlagen bestehen in Gedächtnisrepräsentationen, die Zuordnungen von Signalen und Signalmustern zu begrifflich repräsentierten Maßnahmen sind. Die Maßnahmen werden dann durch feste interne Programme abgearbeitet. Ihre Ausführung bedarf keiner denkenden Planung mehr, sondern es werden bekannte Teilhandlungen nach einem Algorithmus ausgeführt. Die Ermittlung von Signalinventaren ist ein Analyseziel, das dieser Regulationsebene zuzuordnen ist. Auch hier gilt, daß eine Erklärung von Regulationsprozessen durch Analysen auf dieser Ebene nicht möglich ist. Die Bedeutung von Signalen für Teilhandlungen und sich daraus ergebende Konsequenzen für die Handlungsdurchführung, z. B. die Art und Intensität von Kontrollprozessen, ergeben sich aus der übergeordneten intellektuellen Ebene, nämlich aus Zielen und Strategien. Für die Erklärung von Regulationsprozessen auf perzeptiv-begrifflicher Ebene ist also deren Determination durch die intellektuelle Regulation zu berücksichtigen. Methodisch wird dem am besten durch die Reihenfolge von Analysezielen entsprochen, also Analyse der intellektuellen Regulation vor der Analyse der perzeptiv-begrifflichen Regulation.

Die unterste psychische Regulationsebene ist die sensumotorische. Ihre Grundlagen sind durch Prozesse der psychischen Automatisierung fixierte Programme der Bewegungsregulation. Fertigkeiten, deren Durchführung keiner bewußten Steuerung mehr bedarf, die also gleichsam automatisch ablaufen, sind sensumotorisch reguliert. Bewußte Regulationsvorgänge betreffen nur den Beginn von Fertigkeiten und ihre Genese. Diesen Regulationsvorgängen wiederum untergeordnet sind die nur auf physiologischer Ebene beschreibbaren Regulationen, die selbst ebenfalls hierarchisch organisiert sind. Sie sind jedoch nur in Ausnahmefällen Gegenstand psychologischer Arbeitsanalysen.

Diese hier kurz erläuterte Art des Zusammenwirkens der Regulationsebenen, nämlich die Determination untergeordneter durch übergeordnete, wird oft mit der kurzen Formel „die Determinationskette in der Handlungsregulation gehe von oben nach unten" beschrieben. Die daraus abgeleitete methodische Forderung hat De Greene (1974) auf die prägnante These gebracht, daß „molekulare Einheiten auf molare Einheiten zu beziehen sind". Diese Einheiten sind Analyseeinheiten. Es ist einsichtig, daß Analyseeinheiten bei der Ermittlung sozialer Regulationsvorgänge größer sind als die bei der Ermittlung psychischer Regulationsvorgänge. Sie betreffen ein ganzes Arbeitskollektiv. Die Analyseeinheit bei der Untersuchung der intellektuellen Regulation ist die Arbeitstätigkeit einer Person und diese wird von der größeren molaren Einheit „Arbeitskollektiv" beeinflußt. Analyseergebnisse der kleineren Einheit sind also auf die größere zu beziehen. Dies setzt sich bei den unteren Ebenen fort. Analyseeinheiten der perzeptiv-begrifflichen Regulationsebene sind Teilhandlungen, deren Regulationsprozesse nur hinreichend durch Bezug auf die übergeordnete Einheit „Arbeitstätigkeit einer Person" erklärt werden können. Bei der sensumotorischen Regulationsebene sind die Analyseeinheiten Bewegungen, die unselbständige Bestandteile von Arbeitstätigkeiten sind.

5. Das Aufdecken der psychischen Regulation von Arbeitstätigkeiten erfolgt vorwiegend durch Felduntersuchungen. Das entspricht der These, daß die Analyse der realen Wechselwirkung von Mensch und Umwelt Ausgangspunkt jeglicher psychologischer Analyse ist (Rubinstein 1958, Leontjew 1979, Galperin 1967).

Die Untersuchung von Ausschnitten der Arbeitstätigkeit oder vereinfachten Modellen im Labor hat immer nur Hilfsfunktion und kann ergänzende Informationen zu Teilproblemen liefern. Sie kann niemals die Untersuchung von Arbeitstätigkeiten ersetzen.

6. Die psychische Tätigkeitsregulation kann durch Übung und arbeitsbedingte Ermüdung verändert werden. Veränderungen durch Übung sind im allgemeinen gekennzeichnet durch die Zunahme des Anteils an psychischer Automatisierung oder einer Regulation durch Abrufen der Abarbeitungsvorschriften aus dem Langzeitgedächtnis und durch eine Verringerung des intellektuellen Anteils. Veränderungen durch arbeits-

bedingte Ermüdung sind allgemein gekennzeichnet durch eine Verringerung des Anteils antizipativer und durch eine Erhöhung des Anteils reaktiver Regulation. Methodisch bedeutet dies, Verallgemeinerungen von Erkenntnissen über die psychische Tätigkeitsregulation zum Beispiel auf andere Personen oder Zeitabschnitte sind auch bei derselben Arbeitstätigkeit nur bedingt möglich. Übungs- und Belastungsgrad sind dabei zu kontrollieren.

7. Methodische Konsequenzen betreffen weiter den bereits begründeten kollektiven Prozeß der Arbeitsanalyse, der Untersuchungen, bei denen die untersuchten Personen nicht über Anliegen, Methoden und Ziel der Untersuchung unterrichtet sind und nicht die Möglichkeit einer Mitgestaltung haben, sachlich ausschließt.

8. Im Rahmen des Mitarbeiterverhältnisses zwischen Untersucher und Werktätigen übernehmen die Untersucher auch Verantwortung für die Werktätigen. SCHNIRMAN (1952) hat in diesem Zusammenhang für den pädagogisch-psychologischen Wirkungsbereich ethische Grundsätze formuliert, die in analoger Weise auch für die Arbeitspsychologie gelten. Sie bestehen in der Forderung an den Untersucher, stets die Entwicklungstendenzen der untersuchten Persönlichkeiten zu erkennen, und in der Verpflichtung, eine Maßnahme vorzuschlagen, die zu einer Verbesserung führt. Alle Untersuchungen müssen zu einem für die Beschäftigten verständlichen und positiven Ergebnis geführt werden. Es ist beispielsweise nicht ausreichend, eine Datenerhebung im Arbeitsprozeß bei Personen durchzuführen, nur weil diese als Kontrollgruppe in einer für sie unbekannten Untersuchung ausgewählt sind. Der Untersucher ist verpflichtet, auch solchen Personen über die durchgeführten Untersuchungen eine Rückmeldung zu geben und, soweit es die Datenerhebung zuläßt, einen Verbesserungsvorschlag zu machen. Dies gilt auch dann, wenn ein solcher Verbesserungsvorschlag über das ursprüngliche Untersuchungsanliegen hinausgeht.

1.5. Übersicht über Methoden und Verfahren der psychologischen Arbeitsanalyse

Die breiten Anwendungsrichtungen von Ergebnissen psychologischer Arbeitsanalysen, die von der Arbeitsgestaltung bis zur Eignungsauslese und Berufsberatung reichen, und die komplexen Wirkmechanismen, die bei der Erklärung und damit auch bei der Vorhersage von Arbeitsgestaltungen auf Personen und die Effektivität von Arbeitsverfahren berücksichtigt werden müssen, erklären die existierende Vielfalt von Analyseverfahren und -methoden. Wenn man von den eine psychologische Arbeitsanalyse vorbereitenden oder ergänzenden Auswertungen betrieblicher Daten, für deren Erfassung und Aufbereitung zum Teil spezielle Methoden entwickelt wurden (vgl. Kapitel 2), absieht, so lassen sich die vorhandenen Methoden und Verfahren mehreren Kategorien zuordnen (s. Tab. 2).

1.5.1. Analyse von Arbeitsauftrag, Ausführungsbedingungen und Tätigkeit

Die Analyse von Arbeitsauftrag und Ausführungsbedingungen zielt auf die Ermittlung der Determinationsfaktoren von Arbeitstätigkeiten. Es wurde bereits begründet, daß sie Ausgangspunkt der Analyse sein muß, weil Ziele von Arbeitstätigkeiten sich aus deren

Tab. 2: *Übersicht über Methoden und Verfahren zur psychologischen Arbeitsanalyse*

Analyse von Auftrag und Tätigkeit	Auftrags- und Tätigkeitsanalyse als Expertenbeurteilungsverfahren	Expertenbeurteilungsverfahren bezogen auf Globaldimensionen	Arbeitsanalyse als Expertenbeurteilungen von Arbeitstätigkeiten in Begriffen erforderlicher Leistungsvoraussetzungen	Analysen von Auswirkungen der Arbeitstätigkeit auf Befinden und Erleben
Auftragsanalyse	PAQ (Mc Cormick, Jeanneret und Mecham 1969)	JDS (Hackman und Oldham 1974)	Theologus, Romashko und Fleishman (1970)	AZA-Skala (Bartenwerfer 1969)
Tätigkeitsanalyse TBS (Hacker und Mitarbeiter)	FAA (Frieling 1978)	STA (Ulich 1980)	Minnesota Job Requirements Questionnaire (Fischer und Sobkow 1979) Attributenrating als Weiterentwicklung des PAQ und FAA für die Ableitung von Eignungsaussagen	Ratingskalen-System (Plath 1973) SBUS (Weyer und Hodapp 1975) Beanspruchungs-screening (W. Meister 1976) SES EMS (Nachreiner und Ernst 1978)
Anforderungsprofilanalyse (Hacker 1978, Plath 1977)			Kognitive Prozesse abschätzende Verfahren (Miller 1971)	SAA (Alioth und Udris 1978) BLV (Künstler 1978) Polaritätsprofil (Mathesius 1972) EZ-Skala (Nitsch 1976) BMS (I) und (II) (Plath und Richter 1978) STB (Nehring 1980) BEB (Kasielke 1974) Arbeitszufriedenheit (Hurrelmann und Stach 1973)

Einordnung in einen Produktionsprozeß ergeben, Arbeitshandlungen deshalb nur in diesem Kontext erklärt werden können und Umgestaltungen fast immer die objektive Arbeitssituation mit betreffen, also bekannt sein müssen. Die psychologische Auftrags- und Bedingungsanalyse und die psychologische Tätigkeitsanalyse werden in diesem Band ausführlich vorgestellt. Sie basieren auf Hackers Theorie der psychischen Regulation von Arbeitstätigkeiten. Diese Methoden sind nicht fertige Verfahren, sondern theoriegeleitete Analyseprozeduren, die je nach zu untersuchender Tätigkeitsklasse und dem Anliegen modifizierbar sind. Einzelne Analyseschritte sind in Form eines hypothesengeleiteten Erkenntnisprozesses aufeinander bezogen. Das bedeutet mehreres:

1. Das zugrunde liegende Prinzip des Vorgehens von größeren zu kleineren Analyseeinheiten sichert den Handlungsbezug und die Erklärung von Regulationsvorgängen und Auswirkungen durch den Bezug auf übergeordnete Einheiten.

2. Es ist ein sich selbst kontrollierendes analytisches Vorgehen. Aus vorangehenden Analyseschritten werden hypothetisch Voraussagen abgeleitet, die durch nachfolgende Analysen überprüft werden.
3. Die aus vorläufigen Analyseergebnissen auf der Basis der Theorie der psychischen Regulation von Arbeitstätigkeiten erfolgenden Prädiktionen beziehen sich nicht nur auf Auswirkungen auf die Tätigkeit, sondern auch auf die Auswirkungen auf Personen und die Effektivität von Arbeitsverfahren. Daraus folgt: Nicht nur psychologische Auftrags- und Tätigkeitsanalyse sind sich selbst kontrollierende methodische Vorgehensweisen. Kontrollfunktion im Sinne des Verifizierens bzw. Falsifizierens von Voraussagen der Wirkungen auf Personen und Leistung können viele andere Verfahren haben, die auf die Ermittlung anderer Analyseinhalte zielen. Am häufigsten werden Methoden der Analyse des Erlebens der objektiven Arbeitssituation und Methoden der Analyse von Auswirkungen der Arbeitstätigkeit auf das Erleben herangezogen.

Insofern liefert die psychologische Auftrags- und Tätigkeitsanalyse ein theoriegeleitetes methodisches Gerüst, in dem viele Einzelverfahren ihren Platz angewiesen bekommen. Die Interpretation folgt dem Prinzip der Kriterienkonvergenz. Das bedeutet, erst gleichsinnige Veränderungen bei mehreren Kriterien erlauben begründete inhaltliche Erklärungen. Diese Integration vieler Einzelmethoden und -verfahren in ein theoriegeleitetes analytisches Vorgehen sichert zuverlässige und gültige Aussagen auch dann, wenn nicht jede Einzelmethode standardisiert ist und entsprechende Gütekriterien nachschlagbar sind.

Das Tätigkeitsbewertungssystem (TBS) von HACKER und Mitarbeitern (1980) ist kein von der psychologischen Auftrags- und Tätigkeitsanalyse unabhängiges Verfahren, sondern ein differenziertes Kategoriensystem zur Sortierung und Aufbereitung bewertungsrelevanter Eigenschaften von Arbeitstätigkeiten, die durch diese Methoden erfaßt werden. In diesem Band wird auf das TBS nur sehr kurz eingegangen, weil sein Erprobungsentwurf bereits im ersten Lehrtext der Reihe „Spezielle Arbeits- und Ingenieurpsychologie“ abgedruckt ist.

Eine weitere Möglichkeit des methodischen Zugangs zur Kennzeichnung von Arbeitstätigkeiten ist die Anforderungsprofilanalyse, wie sie von PLATH (1973, 1977, 1978) und HACKER (1978) entwickelt wurde. Diese Methode hat eine Sonderstellung. Sie kann sowohl zur Beschreibung von Arbeitsaufträgen als auch zur Ermittlung und Beschreibung der subjektiven Bewertung der Arbeitstätigkeit durch die Arbeitenden genutzt werden. Für das methodische Vorgehen wird zunächst eine Kategorisierung der Tätigkeit in Abschnitte (Teiltätigkeiten) benötigt. Diese Abschnitte werden von den Autoren Anforderungen genannt. Nun gibt es zwei Möglichkeiten, zu einer Quantifizierung der kognitiven Leistungen zu kommen, die für die Bewältigung der Teiltätigkeiten erforderlich sind, eine objektive und eine über die Beurteilung durch die Arbeitenden. Beide werden nacheinander beschrieben.

Als objektives Maß werden Häufigkeiten von kognitiven Leistungen verwendet. Ihre Ermittlung ist aufwendig. Sie setzt Tätigkeitsanalysen über die Arbeitsschicht voraus. Aus diesen Protokollen, die differenziert den Handlungsablauf abbilden, werden sie ausgezählt. Ein methodisches Problem sind die Zähleinheiten. Ihre Abgrenzung ist schwierig und sie sind nicht gleichwertig, so daß solche Quantifizierungen nicht im Sinne von Intervallskalen interpretiert werden können.

Subjektive Skalierungen der kognitiven Leistungen wurden zunächst als verifizierende

Prüfmethode für die mit den Zähleinheiten vorgenommene Quantifizierung geplant. Aber sie haben eine davon unabhängige selbständige Funktion, denn für manche Anliegen kann es erforderlich sein, das Erleben und Bewerten der objektiven Arbeitssituation durch die Arbeitenden gegliedert nach Teiltätigkeiten zu erfassen.

Dazu werden die inhaltlichen Bezeichnungen der Tätigkeitsabschnitte bzw. Teiltätigkeiten auf Kärtchen geschrieben und den Arbeitenden zur Beurteilung nach vorgegebenen Kriterien vorgelegt. An den Polen verankerte Skalen haben sich für die Erfassung der Beurteilungen bewährt. Abb. 2 zeigt ein Beispiel für Vergleiche zweier

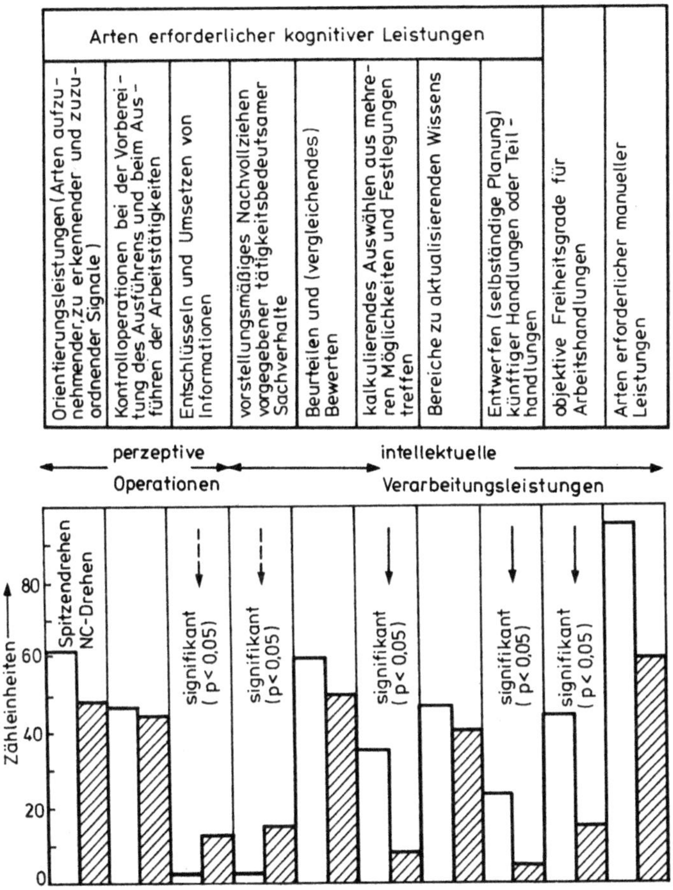

Abb. 2: Aus Tätigkeitsanalysen ermittelte Arten erforderlicher kognitiver Leistungen beim Spitzendrehen und NC-Drehen (PLATH 1977).

Tätigkeiten mit dieser Methode. Die Methode ist ausbaufähig. Das weitere Nutzbarmachen der Quantifizierung durch das Zählen in Tätigkeitsanalysen beobachteter kognitiver Leistungen für analytische Zwecke hat PLATH (1977) selbst demonstriert. Um psychologische Bewertungen zu erleichtern, ordnet er die inhaltlich unterschiedlichen kognitiven Leistungen in Klassen, die in Anlehnung an HACKERS Theorie der Handlungsregulation definiert sind, nämlich

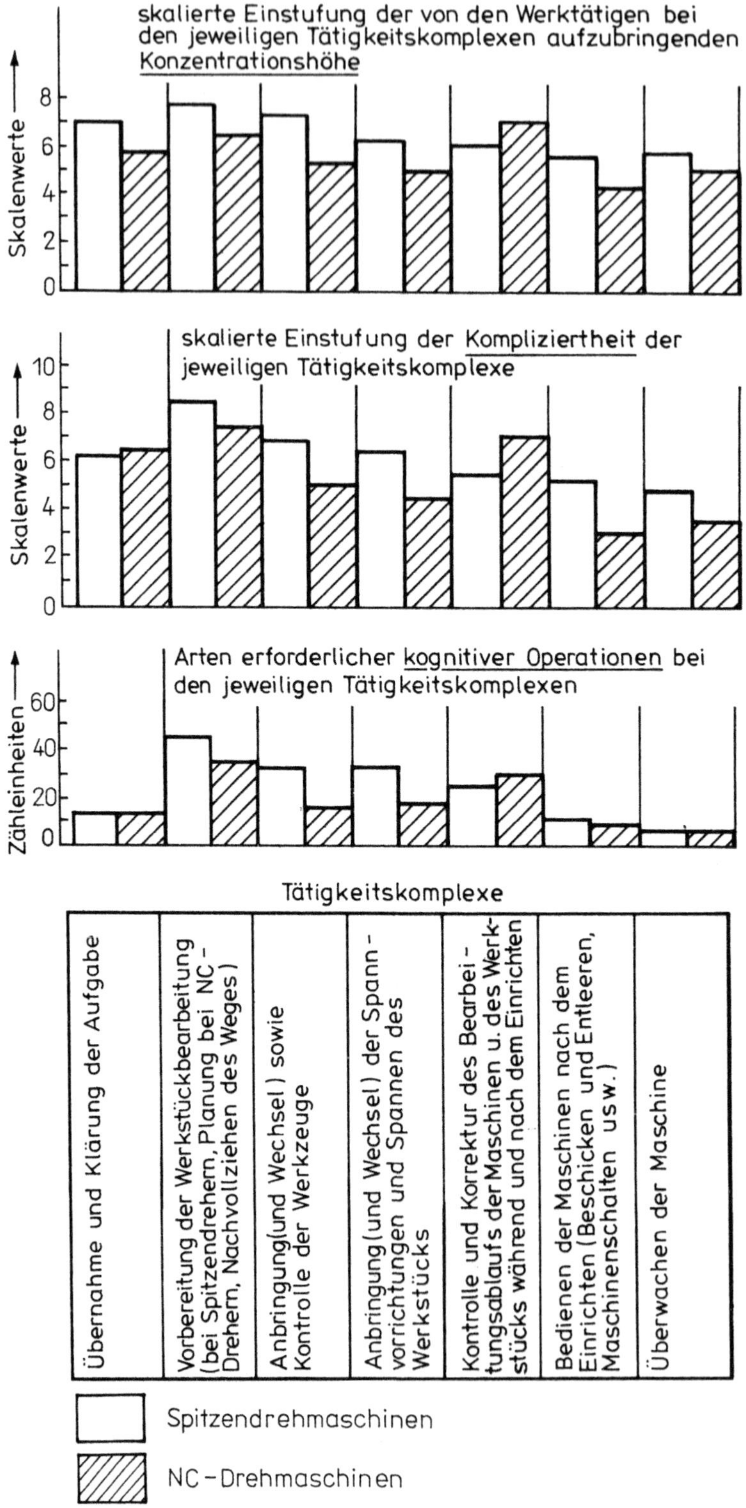

skalierte Einstufung der von den Werktätigen bei den jeweiligen Tätigkeitskomplexen aufzubringenden Konzentrationshöhe
Skalenwerte
0
2
4
6
8
skalierte Einstufung der Kompliziertheit der jeweiligen Tätigkeitskomplexe
Skalenwerte
0
2
4
6
8
10
Arten erforderlicher kognitiver Operationen bei den jeweiligen Tätigkeitskomplexen
Zähleinheiten
0
20
40
60
Tätigkeitskomplexe
Übernahme und Klärung der Aufgabe
Vorbereitung der Werkstückbearbeitung (bei Spitzendrehern, Planung bei NC-Drehern, Nachvollziehen des Weges)
Anbringung (und Wechsel) sowie Kontrolle der Werkzeuge
Anbringung (und Wechsel) der Spannvorrichtungen und Spannen des Werkstücks
Kontrolle und Korrektur des Bearbeitungsablaufs der Maschinen u. des Werkstücks während und nach dem Einrichten
Bedienen der Maschinen nach dem Einrichten (Beschicken und Entleeren, Maschinenschalten usw.)
Überwachen der Maschine
Spitzendrehmaschinen
NC-Drehmaschinen

1. Orientieren,
2. Kontrollieren bei der Vorbereitung und der Ausführung der Arbeitstätigkeiten,
3. Entschlüsseln und Umsetzen von Informationen,
4. vorstellungsmäßiges Nachvollziehen vorgegebener Daten und Parameter,
5. Beurteilen und vergleichendes Bewerten verschiedener Zustände,
6. kalkulierendes Auswählen und Entscheiden,
7. Bereiche zu aktualisierenden Wissens,
8. Planen (Entwerfen) künftiger Handlungen.

Aus der Anzahl kognitiver Leistungen pro Kategorie werden Summenprofile gebildet (s. Abb. 3). Dieses methodische Vorgehen hat sich beim Vergleich von Arbeitstätigkeiten bewährt. Seine Stärke ist der sehr differenzierte Ausweis der Quellen psychischer Beanspruchung.

1.5.2. Auftrags- und Tätigkeitsanalysen als Expertenbeurteilungsverfahren

Zur Analyse von Arbeitsauftrag und Tätigkeit liegen standardisierte Untersuchungsinstrumente vor. Sie sind zeitökonomische Verfahren, die eine quantifizierte Beschreibung von Arbeitstätigkeiten nach vielen Variablen ermöglichen, und sie enthalten Angaben über ihre testtheoretischen Gütekriterien. Die bekanntesten und am weitesten verbreiteten Verfahren dieser Gruppe sind der Position Analysis Questionnaire (PAQ) von McCormick, Jeanneret und Mecham (1969) und seine deutschsprachige Bearbeitung zum Fragebogen Arbeits-Analyse (FAA von Frieling 1974).

Im Gegensatz zu den in diesem Band ausführlich vorgestellten Methoden der psychologischen Auftrags- und Tätigkeitsanalyse sind diese Verfahren nicht handlungstheoretisch fundiert. Sie sind auch nicht nach Tätigkeitsklassen und Analyseziel zu modifizierende Methoden, mit denen eine anliegenabhängige, unterschiedliche Analysefeinheit realisiert werden kann. Es sind universell einsetzbare Verfahren. Das macht sie besser geeignet für Aufgaben der Berufsklassifizierung und auch der Bestimmung von Eignungsanforderungen als das mit der psychologischen Auftrags- und Tätigkeitsanalyse möglich wäre. Ihre Leistungsfähigkeit für die psychologische Tätigkeitsbewertung und die Ableitung und Begründung von Arbeitsgestaltungsmaßnahmen und die Ableitung von Qualifizierungserfordernissen ist jedoch geringer. Bevor der Aufbau dieser Verfahren kurz skizziert wird, soll auf die ihnen zugrunde liegenden theoretischen Annahmen verwiesen werden. Drei Gedanken sind ausschlaggebend für die Verfahrenskonstruktion (vgl. C. Graf Hoyos 1977).

1. Ein bestimmtes Arbeitsverhalten werde stets durch die gleiche Arbeitsanforderung ausgelöst, d. h., eine feste Zuordnung von Aufgabe und Arbeitsverhalten wird unterstellt. Daraus begründen die Autoren, daß man Anforderungen in Begriffen menschlicher Handlungen (Operationen) beschreiben kann. Diese Beschreibungen erfolgen nicht in individualdiagnostischer Form, sondern indem von einem „durchschnittlichen Arbeiter" ausgegangen wird. Dieser Ansatz übersieht das Redefinitionsproblem, übersieht, daß die Zuordnung von Auftrag zu Handlung nicht so fest ist, sondern — von wenigen

◀ Abb. 3: Durch Tätigkeitsanalysen ermittelte kognitive Operationen bei der Arbeit an Spitzendrehmaschinen und an NC-Drehmaschinen und skalierte Einstufungen der Kompliziertheit der Tätigkeitskomplexe und der für ihre Bewältigung erforderlichen Konzentrationshöhe (Plath 1977).

Ausnahmen abgesehen — Freiheitsgrade enthält. Gleiche objektive Aufträge können subjektiv unterschiedlich aufgefaßt werden und zu unterschiedlichen Handlungen führen (s. 3. Kapitel dieses Bandes).

2. Das Arbeitsverhalten und die Arbeitssituationen lassen sich durch sogenannte Grundeinheiten beschreiben, und sie seien durch Expertenurteile erfaßbar. Bei der Formulierung dieser Grundeinheiten wird auf eine „handlungsorientierte“ Fassung geachtet, d. h., das Arbeitselement wird in Begriffen des Arbeitsverhaltens ausgedrückt. Aber damit ist noch kein handlungstheoretisches Konzept realisiert, denn der PAQ und der FAA verstehen Handlungen als Summe von Operationen. Das ist unvereinbar mit der hierarchischen Struktur der Handlungen (s. Frei 1977). Die psychologisch wesentliche Frage ist nicht so sehr die Beschreibung der Operationen einer Handlung als vielmehr die Art der Organisation der einzelnen Operationen zu Handlungen. Weiterhin ist anzumerken, daß durch die Zerlegung der Handlung in einzelne Verrichtungen ein atomisierender Ansatz vorliegt. Eine additive Grundstruktur ist unterstellt. Das läßt unberücksichtigt, daß gleiche Operationen, integriert in unterschiedliche Handlungszusammenhänge, zu psychologisch unterschiedlichen Handlungen führen.

3. Dem Bereich der menschlichen Arbeit wird eine Struktur unterstellt, die sich aus den Arbeitselementen und ihrer Einstufung bzw. Zuordnung statistisch analysieren lasse. Das ermöglicht eine qualitative Beschreibung von Arbeitstätigkeiten, die eine gute Grundlage ist für

— eine Klassifizierung von Arbeitstätigkeiten,
— für die Berufsberatung und -lenkung,
— eignungsdiagnostische Anliegen,
— eine Grobanalyse von Beanspruchungsschwerpunkten.

Eine Analyse psychischer Regulationsvorgänge wird nicht geleistet. Die Einstufungen werden durch die Brille des Untersuchers vorgenommen, der die Tätigkeit selbst nicht genau kennt. Dadurch fallen verschiedene Bewältigungstechniken gleicher Arbeitsaufträge durch das Sieb der Erhebungen. Sie sind aber ein wesentlicher analytischer Zugang zur Ermittlung der psychischen Struktur von Arbeitstätigkeiten und ihrer Freiheitsgrade.

Zum Aufbau der Verfahren:

Beide Verfahren sind in mehrere Teile gegliederte Fragebögen. Der PAQ enthält 6 Hauptteile, nämlich

1. Informationsaufnahme
2. Informationsverarbeitungsprozesse
3. Arbeitsausführung
4. arbeitsrelevante Beziehungen zu anderen Personen
5. Umgebungseinflüsse und
6. zusätzliche Arbeitsbedingungen.

Er liegt in zwei Fassungen mit 189 bzw. 194 Arbeitselementen vor (vgl. Frieling 1974, 1975). Der FAA besteht aus 4 Teilen:

1. Informationsaufnahme und -verarbeitung
2. Arbeitsausführung
3. arbeitsrelevante Beziehungen und
4. Umgebungseinflüsse und besondere Arbeitsbedingungen mit insgesamt 222 Arbeitselementen.

Diese Hauptteile sind weiter in Abschnitte und Unterabschnitte gegliedert, die aus einer Reihe von aufeinander bezogenen Arbeitselementen bestehen. Jedes Arbeitselement beschreibt irgendeine allgemeine Arbeitstätigkeit, Arbeitsbedingung oder Arbeitseigenschaft, und diese werden durch den Untersucher quantifiziert. Dafür gibt es verschiedene Einstufungsschlüssel:

— einen Häufigkeitsschlüssel,
— einen an der Zeitdauer orientierten Schlüssel,
— einen Schlüssel, der die Bedeutung des Arbeitselements für die gesamte Arbeit skaliert,
— einen an der Wahrscheinlichkeit des Auftretens orientierten Schlüssel,
— einen Schlüssel, der nur eine alternative Einstufung nach Zutreffen vs. Nichtzutreffen erlaubt, und
— für wenige Arbeitselemente einen speziellen Schlüssel, der sich nur auf ein bestimmtes Arbeitselement bezieht.

Die Verfahren liefern Profildarstellungen für Arbeitstätigkeiten. Für die Ableitung von Eignungsvoraussetzungen haben sie spezielle Weiterentwicklungen erfahren. Mc Cormick und seine Mitarbeiter stellten eine Liste von 67 Eignungsmerkmalen, sogenannten Attributen, zusammen und legten sie Experten zur Beurteilung darüber vor, in welchem Ausmaß ein bestimmtes Attribut für die Realisierung des in einem Arbeitselement angesprochenen Arbeitsverhaltens erforderlich ist. Für den FAA umfaßt die Liste der Eignungsmerkmale 59. Aus den Resultaten des PAQ bzw. FAA werden Eignungsvoraussetzungen an einem Arbeitsplatz durch die Verknüpfung mit der Einstufung der Eignungsmerkmale abgeleitet. Eignungsprofile entstehen.

Als Expertenbeurteilungsverfahren ist auch die Anforderungsprofilanalyse nutzbar. Für manche Anliegen ist es nützlich, die Bewertung der Arbeitstätigkeit durch die Arbeitenden differenziert für Teiltätigkeiten oder sogar für einzelne tätigkeitsrelevante Informationen zu erfassen sowie die subjektive Widerspiegelung ihrer Handlungsbedeutsamkeit, die Differenziertheit ihrer internen Abbildung usw. zu messen. Im vorangegangenen Abschnitt wurde bei der Erläuterung der Anforderungsprofilanalyse bereits deren Nutzung für die Entwicklung subjektiver Bewertungen einzelner Tätigkeitsabschnitte dargestellt. Dabei handelt es sich um ein methodisches Vorgehen, das unterschiedlichen Analysezielen anpaßbar und für die Erhebung der genannten Sachverhalte geeignet ist. Je nach der Wahl der zur Beurteilung vorgelegten Teiltätigkeiten und je nach der Wahl der Beurteilungsdimensionen können Zugänge zu sehr unterschiedlichen Aspekten des Erlebens der objektiven Arbeitssituation und der Tätigkeit gefunden werden.

Eine Präzisierung dieses methodischen Prinzips sind experimentelle Untersuchungen an Auftragssimulationen. Mit ihnen werden das Erleben und Bewerten der Arbeitssituation nicht durch Urteile der Arbeitenden, die mit Hilfe von Ratingskalen gestuft erfaßt werden, gewonnen, sondern durch ihre Auswirkung im Handeln. Unterschätzungen der Bedeutsamkeit von Signalen äußern sich in der Unterlassung von Handlungen. So werden durch diesen methodischen Zugang subjektive Bewertungen der Arbeitsaufträge objektivierbar und in ihrer regulativen Funktion für die Tätigkeitsausführung erfaßt. Dieser Grundgedanke ist in mehrfacher Form methodisch umsetzbar. Im 5. Kapitel dieses Bandes wird er ausführlich dargestellt.

Prozeßorientierte Verfahren verlangen vom Beurteiler Aussagen über die von der

Tätigkeit geforderten psychischen, speziell kognitiven Vorgänge. Ähnliche Anliegen verfolgen die Angaben zu Verhaltensweisen. Für die Beschreibung von Tätigkeiten durch die Angabe kognitiver Prozesse hat MILLER (1971) eine Liste zusammengestellt mit Begriffen wie Entdecken, Suchen, Identifizieren, Kodieren, Interpretieren, Kategorisieren, Übermitteln usw.

Ein Beispiel für die Beschreibung von Tätigkeiten durch Verhaltensweisen ist die Job Activities Checklist (PALMER und MCCORMICK 1971, zitiert nach FRIELING 1975).

1.5.3. Expertenbeurteilungsverfahren bezogen auf Globaldimensionen

Methoden dieser Kategorie tragen der Erkenntnis Rechnung, daß die regulativen Konsequenzen von Arbeitssituationen nicht aus ihrer objektiven Beschaffenheit herleitbar sind, sondern von der Widerspiegelung der objektiven Arbeitssituation durch die Arbeitenden abhängen. Umfangreiche Forschungen zum Streß haben dafür viele Beweise erbracht. Die Analyse des Erlebens der objektiven Arbeitssituation ist erforderlich, um Auswirkungen von Arbeitsgestaltungsmaßnahmen auf Personen erklären und vorhersagen zu können.

Das international bekannteste und am meisten verbreitete Verfahren ist der Job Diagnostic Survey (JDS) von HACKMAN und OLDHAM (1974). Mit ihm werden Beurteilungen objektiver Merkmale der Arbeit durch die Arbeitenden erfaßt sowie die gefühlsmäßigen Reaktionen der Arbeitenden auf die Arbeit und die Arbeitsbedingungen und die Bereitschaft zu positiven Reaktionen auf Tätigkeiten, die ein hohes Ausmaß tätigkeitsbedingter Arbeitsmotivation zu erzeugen vermögen. Das Verfahren ist handlungspsychologischen Aspekten offen. Der Arbeitende wird als zu seinen Aufträgen Stellung nehmende Persönlichkeit betrachtet. Das entspricht dem Brechungstheorem bei RUBINSTEIN (1958), das die Widerspiegelung der objektiven Realität entsprechend individueller Erfahrungen und die regulative Funktion dieser Widerspiegelung bein-

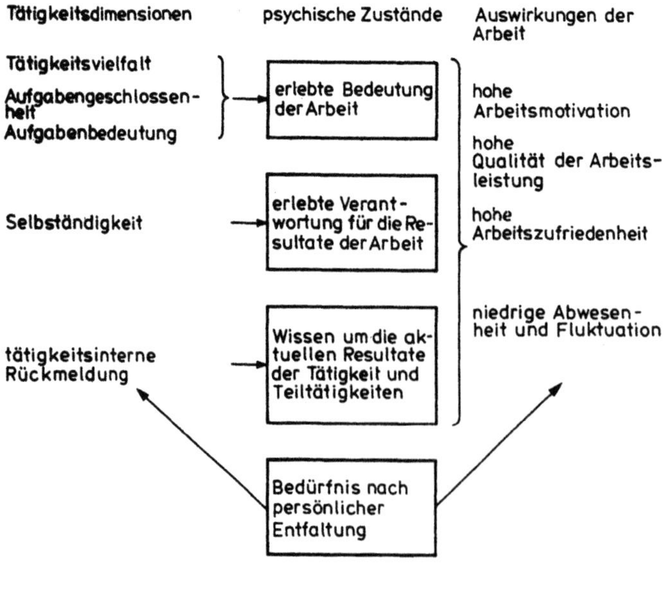

Abb. 4: Dem Job Diagnostic Survey zugrunde liegende konzeptionelle Vorstellung über die Beziehung zwischen Tätigkeitseigenschaften (-dimensionen) und Auswirkungen der Arbeit (HACKMANN und OLDHAM 1974).

haltet. Die Konzeption des JDS gibt Abb. 4 an. Es wird davon ausgegangen, daß positive Auswirkungen sowohl auf die Effektivität der Arbeit als auch auf die Menschen zu erwarten sind, wenn die Arbeitenden über drei psychologisch wichtige Erfahrungen verfügen: Wenn sie

1. die Bedeutsamkeit ihrer Arbeit für die Gesellschaft und für andere Menschen erkennen,
2. die eigene Verantwortung für die Ergebnisse der Arbeit erleben und
3. aktuell über die Resultate ihrer Arbeit informiert sind.

Das Ermöglichen dieser Erfahrungen hänge wesentlich von den Tätigkeitseigenschaften ab, die in der Abbildung links dargestellt sind. Rechts sind die Folgen dieser Erfahrungen als Auswirkungen der Arbeit angegeben. Aus den Tätigkeitsdimensionen, die durch das Verfahren aufgrund der Einstufungen der Arbeit auf 7stufigen Ratingskalen durch die Arbeitenden ordinalskaliert erfaßt werden, wird ein sogenanntes Motivationspotential berechnet.

$$\text{MPS} = \left[\frac{\text{Tätigkeitsvielfalt} + \text{Aufgabengeschlossenheit} + \text{Aufgabenbedeutung}}{3}\right] \times \left[\text{Selbständigkeit}\right] \times \left[\text{tätigkeitsinterne Rückmeldung}\right]$$

In dieser Formel drückt die multiplikative Verknüpfung von Selbständigkeit und tätigkeitsinterner Rückmeldung aus, daß diese beiden Faktoren unerläßlich sind für das Entstehen einer hohen Arbeitsmotivation, während hinsichtlich Tätigkeitsvielfalt, Aufgabengeschlossenheit und Aufgabenbedeutung aufgrund deren additiver Verknüpfung kompensatorische Ausgleichsmöglichkeiten bestehen (vgl. SCHMIDT, KLEINBECK und ROHMERT 1981). Das Motivationspotential soll die Potenzen einer Tätigkeit zum Entstehen einer hohen Motivation, Arbeitszufriedenheit, darüber hinaus zum Erreichen hoher Arbeitsleistung quantitativ ausdrücken und gleichzeitig die Gestaltungsbedürftigkeit von Arbeitstätigkeiten in einem Zahlenwert ausdrücken. Je höher der MPS-Wert, um so besser ist die Arbeitsgestaltung, je geringer der MPS-Wert, um so schlechter ist die Tätigkeit und eine um so stärkere Fluktuation ist zu erwarten. Für MPS-Werte existieren Normative. Der JDS ist nicht zur Einzeldiagnose von Arbeitstätigkeiten geeignet. Die Werte werden erst reliabel bei $n > 5$.

Der JDS kennzeichnet insbesondere auf Grund seiner theoretischen Konzeption eine wesentliche Entwicklungsetappe psychologischer Arbeitsanalyseverfahren. Das Bemühen um Voraussagbarkeit von Arbeitsmotivation, Leistung, Fluktuation und die Abbildung der Gestaltungsgüte in einem Zahlenwert, für den Bewertungsnormative bereitgestellt werden können, sind große Fortschritte. Dennoch hat das Verfahren Grenzen, die bei seinem Einsatz zu berücksichtigen sind.

Zunächst ist der JDS für die Planung von Gestaltungsanliegen zu grob. Ein niedriger MPS-Wert weist zwar auf die Gestaltungsbedürftigkeit einer Tätigkeit hin, aber was anders oder besser gemacht werden muß, wird nur sehr global gekennzeichnet, keinesfalls in einer Differenziertheit, die Ausgangspunkt für eine bei Gestaltungen wünschenswerte Zusammenarbeit zwischen Technikern und Psychologen sein kann. Ein weiteres Problem ist der Widerspruch zwischen den anspruchsvollen Konstrukten und ihrer relativ schlechten Operationalisierung in den Fragen. Kritisch ist auch die sehr globale Verwendung des Arbeitszufriedenheitsbegriffs. Er ist nicht, wie im Modell von HACKMAN und OLDHAM unterstellt, homogen, auf einer Dimension abbildbar, sondern hat viele, inhaltlich zu unterscheidende Bedeutungen (vgl. BRUGGEMANN 1974).

Die Validierungsansätze mit den Außenkriterien Fluktuation und Krankenstand versprechen wenig Ergiebigkeit. Beide Kriterien sind zu vielschichtig bedingt (vgl. Kapitel 2), als daß sie allein gültige Indikatoren für die Güte der Arbeitsgestaltung sein können.

Diese Probleme dürften Gründe dafür sein, daß Überprüfungen der dem JDS zugrunde liegenden Konzeption nicht in jedem Falle zu einer Bestätigung führten. KLEINBECK, SCHMIDT, ERNST und RUTHENFRANZ (1980) untersuchten 113 Mitarbeiter aus der Montageabteilung eines Werkes der feinmechanischen Industrie und fanden eine Bestätigung der von HACKMAN und OLDHAM postulierten Zusammenhänge zwischen den psychologischen Zuständen und der Arbeitszufriedenheit nur für hochleistungsmotivierte Personen. Für Personen mit geringem Leistungsmotiv stellten sie nur unbedeutende Beziehungen fest.

Schließlich ist bei einer kritischen Würdigung des Verfahrenskonzepts zu bedenken: Das Ratingurteile nutzende Befragungsverfahren ist in seiner strukturellen Validität umstritten. In Abhängigkeit von den untersuchten Tätigkeiten bzw. Arbeitskräften wurden faktorenanalytisch sowohl Argumente für die Existenz mehrerer Dimensionen als auch gegen den mehrdimensionalen Ansatz gefunden. Die unterstellten 5 Dimensionen ließen sich bisher komplett nur gelegentlich bestätigen. POKORNEY, GILMORE und BEEHR (1980) beispielsweise konnten faktorenanalytisch die Dimensionen „Selbständigkeit", „Aufgabengeschlossenheit" und „tätigkeitsinterne Rückmeldung" bestätigen, „Tätigkeitsvielfalt" und „Aufgabenbedeutung" waren nicht zu trennen und zusätzlich trat ein Faktor „einseitige Überforderung" auf. Damit ist auch die in der MPS-Formel realisierte Konzeption der Dimensionsgewichtung nicht unbestritten. Die im Konzept weiterhin unterstellte Moderatorvariable eines „Bedürfnisses nach Selbstentfaltung (growth need)" ist statistisch gleichfalls nicht durchgängig signifikant wirksam.

Weiterhin hebt der unbestrittene theoretische Fortschritt, der hinter der mehrgliedrigen und motivationspsychologisch wohlüberlegten Verfahrenskonzeption steht, die methodologische Herkunft unternehmerzentrierter Verpflichtungen nicht auf: Im MPS (Gesamtmotivierungspotential einer Tätigkeit) ist die tätigkeitsbedingte Arbeitsmotivation gesucht, die zufriedene Menschen mit hohen Leistungen bei niedrigen indirekten Verlusten (Fluktuation, Abwesenheitswerten) vermittelt. Das Bedürfnis der Beschäftigten nach Selbstentfaltung ist eine methodisch erforderliche Moderatorvariable, aber nicht Zielgröße. Die individuellen „Kosten", also Beanspruchungen bis hin zu Selbstüberforderungen, sind im Verfahren nicht reflektiert.

Die subjektive Tätigkeitsanalyse (STA) von ULICH (1980) „wird als ein Mittel verstanden, mit dessen Hilfe die Subjektposition der Arbeitenden zur Geltung gebracht, Qualifizierungsbarrieren abgebaut und Qualifizierungsbereitschaften entwickelt werden" (S. 41). Sie strebt eine „antriebsregulatorische Stimulation" der Arbeitenden an, indem diese veranlaßt werden, ihre Tätigkeit, ihre Arbeitssituation als problemhaltig zu erleben. Das methodische Vorgehen besteht in vier Schritten:

1. Eine Arbeitsgruppe bzw. ein Arbeitskollektiv wird aufgefordert, die eigenen Tätigkeiten in bezug auf 6 Eigenschaften mit Hilfe einer 10stufigen Ratingskala zu beurteilen.

Diese Eigenschaften entsprechen den von Emery und Emery (1976) verwendeten psychologischen Kriterien zur Kennzeichnung von Arbeitstätigkeiten. Es sind
a) Entscheidungsmöglichkeiten,
b) Abwechslung in der Tätigkeit,
c) Möglichkeit zu Lernen,
d) gegenseitige Unterstützung und Respektierung,
e) sinnvoller Beitrag für den Betrieb und
f) persönliche Entwicklungsmöglichkeiten.

Diese Kriterien stimmen mit den JDS-Dimensionen sinngemäß überein. Entscheidungsmöglichkeiten entsprechen der Selbständigkeit bei Hackman und Oldham. Abwechslung bei der Tätigkeit der Tätigkeitsvielfalt usw. Durch den Beurteilungsprozeß wird bei den Gruppenmitgliedern ein Nachdenken über die eigene Tätigkeit ausgelöst, und das Einbringen individuell unterschiedlichen Wissens vermittelt für den Einzelnen neue Sichtweisen. In der Gruppe entsteht ein Problembewußtsein über zu verändernde und veränderbare Seiten der Tätigkeit. Daraus werden

2. „Pläne für die Veränderung der nunmehr als problemhaltig erfahrenen Situation" generiert, deren Ziel es ist, den Iststand so zu verändern, daß er bezüglich der 6 Beurteilungsdimensionen verbessert wird.

3. Werden die für die Realisierung der im zweiten Schritt erarbeiteten Vorschläge notwendigen Qualifikationen bestimmt, Qualifizierungsdefizite ausgewiesen, die

4. zur Entwicklung eines gruppeninternen Trainingsprogrammes führen, durch das nach dem „Prinzip der Gegenseitigkeit" gelernt wird.

Ulich verweist ausdrücklich auf die Möglichkeit, die STA auch als prozeßorientiertes Verfahren zu wiederholtem Einsatz zu verwenden. Das hervorzuheben ist wichtig, weil die Mitarbeit an Veränderungen der eigenen Arbeit sich nicht nur auf die Gestaltung der Arbeit auswirkt, sondern auch Konsequenzen hat für die Beschaffenheit interner Bezugssysteme, die der Beurteilung zugrunde liegen, für die Ansprüche, die an Arbeitstätigkeiten gestellt werden. Einmal gut beurteilte Tätigkeiten müssen nicht immer diese Beurteilung erfahren, weil z. B. bei nicht sehr komplexen Tätigkeiten die Lernpotenzen durch Lernen erschöpft werden können.

Die STA ist auf der Basis eines Menschenbildes von aktiven Persönlichkeiten konzipiert. Arbeitende werden als „Experten" für ihre Tätigkeit betrachtet. Das bei ihnen durch zum Teil jahrelange Berufserfahrung erworbene Wissen wird für Arbeitsgestaltungen nutzbar gemacht. Darin besteht das Wesentliche dieser Methode und daraus leiten sich auch ihre Anwendungsbereiche her.

Die STA ist ein Instrument zum Einbeziehen der Arbeitenden und zum verantwortlichen Durchführen von arbeitsorganisatorischen Gestaltungsmaßnahmen durch sie. Überprüfungen und Veränderungen der Arbeitsteilung, Maßnahmen der Arbeitskombination können mit dieser Methode einschließlich anfallender Qualifizierungserfordernisse sehr zeitökonomisch — und dies ist ein großer Vorteil — bewältigt werden.

Die Methode schließt Bewertungen von Arbeitstätigkeiten ein, und zwar durch die Arbeitenden selbst. Diese Bewertungen dürfen aber nicht mit einer psychologischen Tätigkeitsbewertung verwechselt werden. Sie führen zu Relativvergleichen auf dem Hintergrund der Bezugssysteme der bewertenden Arbeitsgruppe oder eines Arbeiters. Dabei kann es vorkommen, daß inhaltsarme Arbeitstätigkeiten von Personen, die keine

Ansprüche an ihre Arbeit stellen, die eventuell infolge jahrelanger Ausführung einförmiger Tätigkeiten resignativ zufrieden sind, gut beurteilt werden. Solche Urteile können gelegentlich durch eine mehrfache Anwendung der STA schrittweise korrigiert werden.

Man darf nicht übersehen, daß die STA eine vom gesellschaftlichen Kontext isolierte Sichtweite vermittelt. Die durch die gesellschaftlichen Verhältnisse gegebenen Möglichkeiten oder Beschränkungen für die persönliche Entwicklung der Menschen werden nicht reflektiert. Von diesen gehen aber viel dominantere Wirkungen aus. Die Existenz von Arbeitslosigkeit beeinflußt im Kapitalismus die Persönlichkeitsentwicklung der Arbeiter entscheidend (vgl. FRESE und MOHR 1978) während mit der Sicherheit des Arbeitsplatzes und der Eigentümerfunktion der Werktätigen ganz andere Rahmenbedingungen gegeben sind.

Für Arbeitsgestaltungsmaßnahmen, die eine Einflußnahme auf die Technik beinhalten, also zum Beispiel das Entwerfen von Mensch-Technik-Funktionsteilungen im Projektierungsstadium oder die Lokalisierung und Beseitigung von Ausführbarkeitseinschränkungen betreffen, oder auch für Anliegen der Identifizierung von Ursachen für uneffektive Arbeitsverfahren, ist die STA nicht geeignet. Für diese Anliegen müssen differenziertere Verfahren gewählt werden.

1.5.4. Arbeitsanalyse als Expertenbeurteilungen von Arbeitstätigkeiten in Begriffen erforderlicher Leistungsvoraussetzungen

Für die Berufsberatung, für die Eignungsermittlung sowie für die Entwicklung von Ausbildungsverfahren werden Angaben der erforderlichen bzw. zu erlernenden Leistungsvoraussetzungen benötigt. Diese Angaben können in unterschiedlicher Weise gemacht werden (vgl. HACKER 1980, S. 64ff.), nämlich als

— systematisierte Auflistung der zu beherrschenden Verrichtungen bei Einschluß ihrer bewegungszentriert-ausführenden und (regulierenden) psychischen Anteile,

— erforderliche psychische Prozesse und Wissensvoraussetzungen (tätigkeitsleitende Gedächtnisinhalte) entsprechend der Informationsverarbeitungskonzepte der kognitiven Psychologie,

— erforderliche psychische Eigenschaften, insbesondere Fähigkeiten, aber auch Interessen.

Die Unterschiede werden unten erläutert. Wegen der speziell für Eignungsfragestellungen bisher erforderlich erscheinenden Paßfähigkeit mit den durch die psychodiagnostische Testmethodik erfaßten Eigenschaften steht in der Literatur das Interesse an Eigenschaftsauflistungen im Vordergrund. Zunehmend werden nunmehr auch methodisch weniger problematische Tätigkeits- bzw. Berufsbeschreibungen in Begriffen kognitiver Prozesse und Wissensvoraussetzungen entwickelt.

Dementsprechend lassen sich die Expertenbeurteilungsverfahren von Arbeitstätigkeiten in Begriffen erforderlicher Leistungsvoraussetzungen weiterhin in stärker eigenschafts- und stärker prozeßzentrierte Vorgehensweisen einteilen.

Eigenschaftszentrierte Verfahren verlangen vom Untersucher Urteile darüber, in welchem Grade die entsprechende Eigenschaft oder Fähigkeit die Voraussetzung für die Ausführung einer Tätigkeit ist. Das bekannteste Verfahren dieser Gruppe ist das von THEOLOGUS, ROMASHKO und FLEISHMAN (1970). Mit ihm werden Arbeitstätigkeiten nach 37 Fähigkeiten, wie z. B. verbales Verständnis, verbaler Ausdruck, Ideenfluß, Originalität,

Einprägen, eingeschätzt, indem der Untersucher jeweils auf einer mit Ankerreizen versehenen Ratingskala Einstufungen vornimmt. Abb. 5 zeigt ein Beispiel.

Skala 7: Mathematisches Denken (betrifft das Verstehen oder Strukturieren mathematischer Probleme)

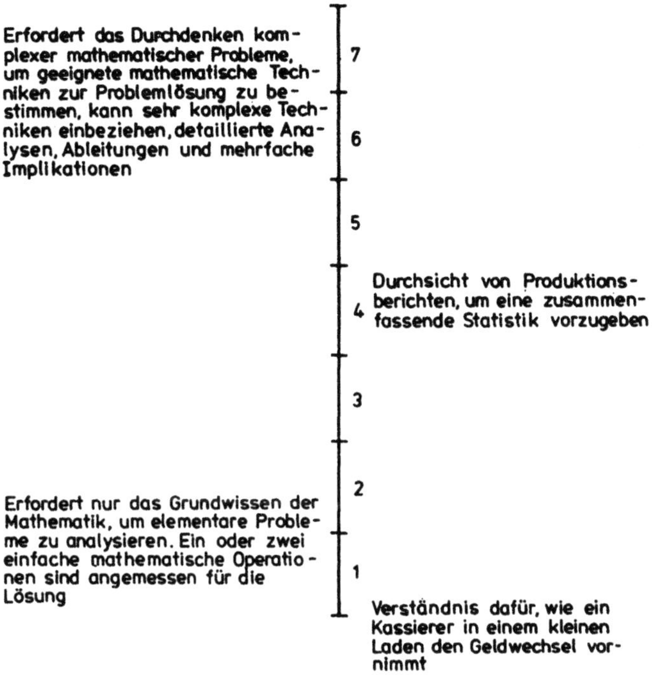

Abb. 5: Beispiel für den Aufbau der Ratingskalen.

Das Vorgehen ist trotz seiner intensiven Durcharbeitung durch die FLEISHMAN-Gruppe mit beträchtlichen Annahmen belastet. Seine Resultate hängen u. a. ab von
— der Konzeption über Fähigkeiten und der jeweiligen Definition der Einzelfähigkeit,
— der Art und Güte der Tätigkeitsanalyse als Basis der Zuordnung zu Fähigkeiten; ein derartiges Basis-Analyse-Instrument fehlt, damit hängt das Gesamtverfahren gleichfalls in der Luft.
— die Schlußprozedur beim Zuordnen von analysierten Tätigkeiten zu Fähigkeiten. Auf Grund der beträchtlichen Schwierigkeiten dabei wurde ein Entscheidungshilfsmittel für die Beurteiler (Binary decision diagram technique, FLEISHMAN und STEPHENSON 1970) entwickelt.

Die weniger arbeitsanalytisch als vielmehr eignungsdiagnostisch fragwürdige Hauptunterstellung ist, daß es für bestimmte Tätigkeiten spezifische fähigkeitsbezogene Eignungsvoraussetzungen gibt (vgl. u. a. das Kompensationsproblem).

Prozeßorientierte Verfahren verlangen vom Beurteiler Aussagen über die von der Tätigkeit geforderten psychischen, speziell kognitiven Vorgänge. Ähnliche Anliegen verfolgen Verfahren, die Angaben zu Verhaltensweisen erfordern. Für die Beschreibung von Tätigkeiten durch die Angabe kognitiver Prozesse hat MILLER (1971) eine Liste zusammengestellt mit Begriffen wie Entdecken, Suchen, Identifizieren, Kodieren, Interpretieren, Kategorisieren, Übermitteln.

Ein Beispiel für die Beschreibung von Tätigkeiten durch Verhaltensweisen ist die Job Activities Checklist (PALMER und MCCORMICK 1961, zitiert nach FRIELING 1975).

Allen diesen Verfahren sind zwei zentrale Probleme gemeinsam. Es erfolgt eine Beurteilung der Leistungsvoraussetzungen der Tätigkeit durch Untersucher mit Hilfe von Beurteilungslisten, eventuell mit Beispielen als Ankern. Offen ist jedoch, ob überhaupt und wenn, mit Untersuchungsmitteln welcher Gütekriterien, die Untersucher zu der erforderlichen differenzierten Einsicht in die Tätigkeiten als Grundlage weiterer Ableitungen gelangen. Die methodischen Entwicklungsbemühungen beginnen gleichsam im Obergeschoß unbekümmert um Vorhandensein und Tragkraft der Fundamente. Des weiteren sind die einzuschätzenden Eigenschaften oder kognitiven Leistungen selbst nicht beobachtbar oder aussagbar, sondern sie stellen verallgemeinernde Schlüsse über Vorgehensweisen und Arbeitstätigkeiten bzw. deren Aufträge und Redefinitionen dar. Eben diese Schlußprozesse sind methodisch das am wenigsten geklärte Problem. Ohne Angaben und Hilfsmittel zum Ausführen dieser Schlüsse bleibt die Beweisbarkeit oder Wissenschaftlichkeit des Vorgehens offen.

1.5.5. Analysen von Auswirkungen der Arbeitstätigkeit auf Befinden und Erleben der Arbeitenden

Durch die Arbeit werden nicht nur Produkte geschaffen. Sie formt auch die Menschen (MARX). Ein Ausdruck dieser Einflußnahme auf den Menschen sind die vielfältigen Auswirkungen der Arbeit auf das Erleben. Sie haben große regulative Funktion sowohl für die Effektivität von Arbeitsverfahren als auch für den Beitrag der Arbeitstätigkeiten zur Gesundheits- und Persönlichkeitsentwicklung der Arbeitenden.

Objektive Arbeitssituationen werden über ihre Widerspiegelung und Verarbeitung entsprechend den Erfahrungen, Zielen und Ansprüchen der Menschen wirksam. Dabei ist ein dreistufiger Prozeß — Wahrnehmung, Bewertung, Handlung — anzunehmen (vgl. RUBINSTEIN 1958 und Befunde der Streßforschung). Wahrnehmungs- und Bewertungsprozesse sind über die Erfassung des Erlebens zugänglich. Inhaltlich relevante Kategorien von Erlebensauswirkungen betreffen

- die Motivation,
- verschiedene Arten von Zufriedenheit mit der Arbeit und deren Bedingungen,
- den Einsatz und die Entwicklung der Qualifikation,
- Beanspruchungen in vielen Dimensionen,
- Schwierigkeiten der Tätigkeitsausführung.

Diese Inhalte können als langfristige Auswirkungen oder als aktuelles Befinden erfaßt werden. Wird letzteres erhoben, so werden die entsprechenden Verfahren häufig mehrfach eingesetzt, um durch Mehrpunktmessungen des aktuellen Befindens Prozeßanalysen zu ermöglichen.

Den methodischen Zugang zum Erleben bilden Befragungsverfahren. Sie erfassen Erlebensdimensionen auf Ordinalskalenniveau, Intervallskalenniveau und zum Teil auf Absolutskalenniveau. Letzteres gilt für einige eindimensionale Erfassungsinstrumente.

Die meisten Verfahren sind universell einsetzbar.

In diesem Band werden einzelne Verfahren zur Erfassung von Erlebensauswirkungen nicht erläutert. Ihre Zahl ist außerordentlich umfangreich, so daß es schon einen Band füllen würde, für alle eine Skizzierung ihres Anliegens, ihrer theoretischen Fundierung, ihrer Methodik und eine Diskussion ihrer Leistungsfähigkeit vorzunehmen. Eine zusammenfassende Darstellung von Skalierungsverfahren enthält der zweite Band dieser Reihe. Der interessierte Leser kann sich darüber hinaus in der in Tab. 2 angegebenen Literatur näher informieren.

1.6. Zum Aufbau des Bandes

Die in diesem Band vorgestellten Methoden der psychologischen Arbeitsanalyse zielen auf eine Analyse und Bewertung von Arbeitstätigkeiten mit dem Ziel ihrer Gestaltung. Sie streben deshalb die Ermittlung der Tätigkeitsstrukturen und der Art und des Niveaus ihrer psychischen Regulation an. Diese für die Tätigkeitsgestaltung erforderliche Analysetiefe gilt nicht generell. Sie ist für einige andere Anliegen erläßlich. Beispielsweise können für Klassifikationen von Arbeitstätigkeiten mit dem Ziel, für die Berufsberatung nützliche Informationen zu gewinnen, weniger aufwendige Untersuchungsverfahren eingesetzt werden, z. B. standardisierte Fragebögen. Auch für einige arbeitsorganisatorische Arbeitsgestaltungen genügen Screeningverfahren zur Kennzeichnung von Tätigkeitsstrukturen und es kann auf eine Feinanalyse der psychischen Regulationsvorgänge verzichtet werden. Auf solche sich aus dem Untersuchungsziel ergebenden Konsequenzen für die Wahl der Untersuchungsmethoden wird in exemplarischer Form eingegangen. Im Mittelpunkt dieser Darstellungen steht ein Methodeninventar, das Analyseergebnisse für Tätigkeitsgestaltungen bereitstellt. Dabei ist der Schwerpunkt auf Methoden gelegt, die in der Literatur bisher nicht geschlossen dargestellt sind, nämlich auf die psychologische Auftrags- und Bedingungsanalyse, die psychologische Tätigkeitsanalyse und experimentelle Analysen psychischer Regulationsgrundlagen.

Die Reihenfolge der Darstellung entspricht der Abfolge bei der Durchführung größerer Untersuchungen. Ihre Ordnung folgt einem Vorgehen von globalen Analysen zu Feinanalysen. So hat die erste Untersuchungsetappe das Ziel, Felder, d. h. Betriebsabteilungen, Arbeitstätigkeiten, zu identifizieren, in denen Rationalisierungseffekte durch Maßnahmen der psychologischen Arbeitsgestaltung zu erwarten sind. Ergebnisse dieser Analyse sind Hypothesen, deren eingehendere Prüfung in nachfolgenden Etappen erfolgt. Generell sind die Analyseetappen nach dem Prinzip der sukzessiven Hypotheseneinengung aufgebaut. Vorangehende Analysen führen zu globalen Hypothesen, nachfolgende prüfen, differenzieren, engen diese ein und zwar soweit, bis bewertete Analyseergebnisse die Ableitung von Veränderungsmaßnahmen gestatten.

Den Schwerpunkt bilden in diesem Band Methoden zur Analyse des Arbeitsauftrags und der Ausführungsbedingungen. Diese sind bei der Planung von Untersuchungen mit Verfahren zur Erfassung des Bewertens und Erlebens der Arbeitstätigkeit zu kombinieren. Das wurde im zweiten Abschnitt dieses Kapitels begründet. Abb. 6 veranschaulicht die Beziehungen der in diesem Band dargestellten Untersuchungsetappen in schematischer Weise. Die folgenden Etappen werden behandelt:

1. Analyse betrieblicher Daten

Sie kann zu Beginn einer Untersuchung zwei Funktionen erfüllen, nämlich eine

a) Screeningfunktion, in dem Sinne, daß mit ihrer Hilfe betriebliche Untersuchungsschwerpunkte identifiziert werden können. Aufgaben der Rationalisierung sind an

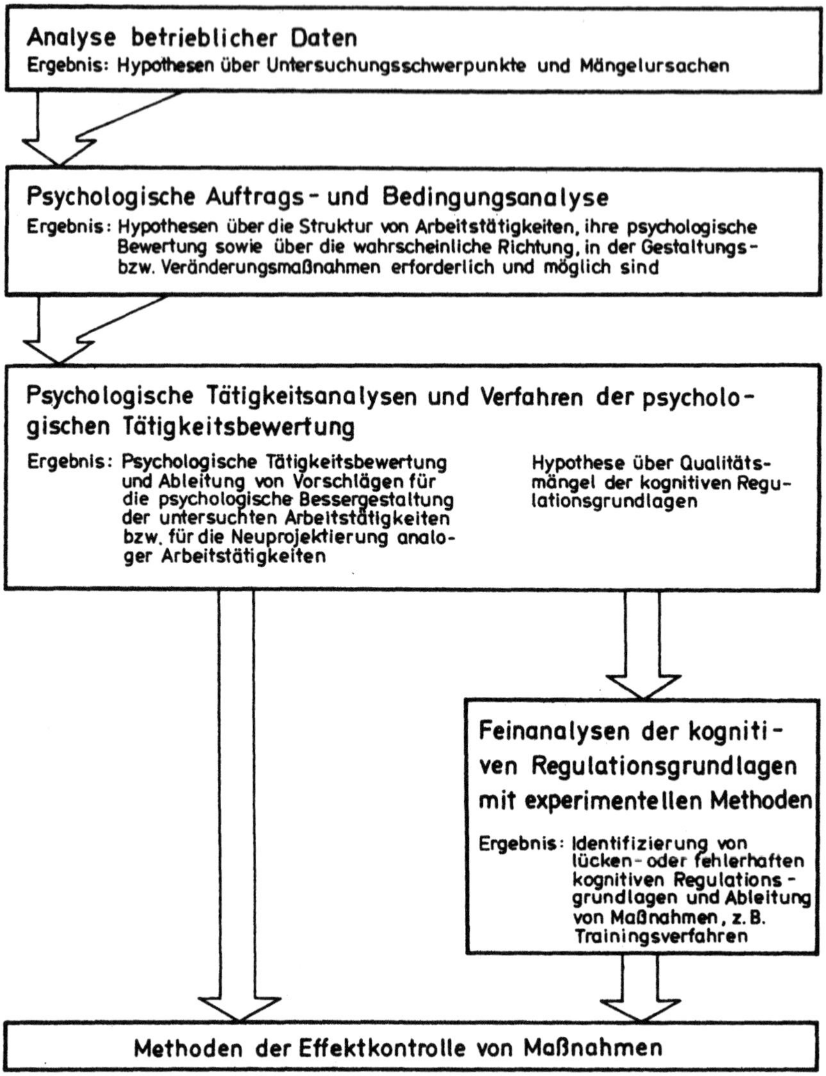

Abb. 6: Schematische Übersicht über die Abfolge von Untersuchungsetappen bei der psychologischen Arbeitsanalyse.

die Arbeitspsychologie häufig global gestellt. Sie müssen präzisiert und differenziert werden, bevor mögliche und nützliche Analyse- und Lösungsrichtungen erkennbar werden. Für diesen Zweck ist eine besondere Datenerhebung nicht erforderlich. Es genügt, vorhandene betriebliche Daten entsprechend aufzubereiten und auszuwerten. Prinzipien und Regeln dazu werden im nächsten Kapitel erläutert. Dieser Schritt ist erläßlich, wenn spezifische Aufgaben an die Arbeitspsychologie gestellt sind. Eine Auswertung betrieblicher Daten ist aber auch dann notwendig, nämlich einer zweiten Funktion wegen, der

b) Orientierungsfunktion über ein Untersuchungsfeld. Der Zweck dieses Aufbereitungsschrittes besteht im Informieren über die wichtigsten personellen Daten der Werktätigen und die Arbeitsbedingungen, damit Einflüsse aus diesen Bereichen bei der Untersuchungsplanung berücksichtigt werden können.

2. Psychologische Auftrags- und Bedingungsanalyse

In ihr erfolgt eine Orientierung über den Produktionsprozeß mit seinen technologischen Etappen, der sowohl Ausgangspunkt der psychologischen Arbeitsanalyse als auch Objekt der Veränderung, also auch Gestaltungsprodukt des Menschen ist und wird. Auf der Grundlage seiner Gliederung und der Analyse der bestehenden Mensch-Technik-Funktionsteilung werden Arbeitsaufträge beschrieben. Dieses Vorgehen sichert die Gegenstandsangemessenheit von Arbeitsanalysemethoden (vgl. Köhler 1980). Die Ermittlung der Arbeitsaufträge, die Kennzeichnung ihrer Determination durch den Produktionsprozeß führt zu den Analyseeinheiten für die nachfolgende psychologische Tätigkeitsanalyse.

Arbeitsaufträge haben für ihre Planung und Auswertung die Funktion von unabhängigen Variablen, auf die abhängige Variable, wie Leistungs- und Beanspruchungsdaten und Eigenschaften der ihrer Bewältigung dienenden Arbeitstätigkeiten, bezogen werden müssen.

3. Psychologische Tätigkeitsanalyse mit dem Ziel der Bewertung von Arbeitstätigkeiten

Differenzierte psychologische Tätigkeitsbewertungen erfordern die Abbildung von Arbeitstätigkeiten auf eine oder mehrere Bewertungsebenen und in einem zweiten Schritt die Bezugssetzung zu Grenzwerten, die durch die Gesellschaftsordnung mit ihren Produktionsverhältnissen und dem durch sie vertretenen Menschenbild bestimmt sind. Sie benutzen neben anderen Verfahren auch die psychologische Tätigkeitsanalyse. Sie sind notwendig, z. B. für Anliegen der Neuprojektierung analoger Tätigkeiten oder für umfassende Rationalisierungen von Arbeitstätigkeiten nach psychologischen Kriterien. Im 4. Kapitel dieses Lehrtextes werden deshalb Anleitungen zur Durchführung und Auswertung von Tätigkeitsanalysen erläutert, die verallgemeinerbare psychologische Bewertungen zulassen.

Für Tätigkeitsanalysen mit dem Ziel eines speziellen Gestaltungsanliegens gelten andere Planungsvorschriften als für Tätigkeitsanalysen mit dem Ziel einer verallgemeinerbaren Tätigkeitsbewertung. Sie erfüllen hier zwei Funktionen. Eine erste ist die Vorbereitung von Gestaltungen. Dabei werden Tätigkeitsanalysen als Problemanalysen mit dem Ziel, die Ursachen unbefriedigender bestehender Lösungen zu ermitteln, durchgeführt, um dadurch Informationen zu gewinnen, die für die Ausarbeitung von verbesserten Gestaltungen benötigt werden. Die Voraussetzung dazu ist, daß eine Aufbereitung des bestehenden Gestaltungsproblems bis zur Ableitung mehrerer hypothetischer Problemwurzeln geleistet ist. Eine zweite Funktion ist die Effektkontrolle für Gestaltungsmaßnahmen. Für beide Anliegen erfolgen psychologische Tätigkeitsanalysen nach quasiexperimentellen Plänen, und sie werden durch Befragungen und durch die Analyse betrieblicher Daten ergänzt.

4. Experimentelle Analyse der kognitiven Regulationsgrundlagen

Diese Methodengruppe ergänzt psychologische Tätigkeitsanalysen. Sie dient der Feinanalyse der kognitiven Regulationsgrundlagen. Ihr Gegenstand sind nicht Arbeitstätigkeiten insgesamt, sondern Ausschnitte davon. Die kognitiven Regulationsvorgänge der Bewältigung einzelner Arbeitsaufträge stehen im Mittelpunkt. Die Durchführung von Arbeitstätigkeiten im Produktionsprozeß durch die Simulation von Arbeitsaufträgen nach drei allgemeinen Prinzipien, nämlich der systematischen Variation des Informationsangebots zur Erfüllung von Arbeitsaufträgen, der Gestaltung eines systematischen Informationsdefizits und der systematischen Einspeisung von Informationen für die Bewältigung von Arbeitsaufträgen. Auch für diese Methodengruppe erfolgen im vorliegenden Band exemplarische Erläuterungen.

Die Durchführung psychologischer Arbeitsanalysen erfolgt generell als Planung bzw. Beschreibung von unabhängigen und als Erfassung von abhängigen Variablen, deren Auswertung und Interpretation in bezug auf die unabhängigen Variablen vorgenommen wird. Dieses methodische Vorgehen gilt für die Untersuchungsetappen 2 bis 4. Unabhängige Variable können Arbeitsaufträge, Einflüsse auf Arbeitsaufträge sein, die z. B. aus der Arbeitsmittelgestaltung, der Arbeitsorganisation oder den Umgebungsbedingungen resultieren. Sie können aber auch personelle Einflüsse kennzeichnen, z. B. das Alter, das Arbeitsplatzalter, die Qualifikation, die außerberufliche Belastung usw. Abhängige Variable sind häufig Arbeitstätigkeiten, deren psychische Struktur und Regulation, deren Resultate, aber auch Auswirkungen von Arbeitstätigkeiten auf die arbeitenden Personen, z. B. ihre psychische Belastung, den Krankenstand, die Arbeitsfreude, die Persönlichkeitsentwicklung. Vom jeweiligen Anliegen hängt es ab, welche Merkmale der Arbeitsaufträge und/bzw. welche Einflußfaktoren auf sie als unabhängige Variable in die Analyse einzubeziehen sind, und ebenso ist jeweils eine anliegenspezifische Planung der abhängigen Variablen erforderlich. Sie betrifft sowohl ihre Auswahl als auch die Differenziertheit der einzusetzenden Erfassungsmethodik. Das Problem der Planung und Beschreibung der unabhängigen und die Auswahl und Festlegung der Erfassungsmethodik der abhängigen Variablen wird an verschiedenen Stellen anliegenspezifisch exemplarisch erläutert.

2. Ziele und Methoden der Analyse betrieblicher Daten

2.1. Orientierung über ein Untersuchungsfeld

Betriebliche Daten erlauben rasch wichtige Orientierungen über ein Untersuchungsfeld. Diese sind für die Vorbereitung psychologischer Arbeitsanalysen mit dem Ziel der Ableitung, Durchführung und Effektkontrolle von Arbeitsgestaltungsmaßnahmen aus zwei Gründen wichtig:

1. Psychologische Arbeitsgestaltung setzt befriedigende Gestaltung nach anthropometrischen, arbeitshygienischen und arbeitsmedizinischen Gesichtspunkten voraus. Das hierarchische Bewertungskonzept für Arbeitstätigkeiten (vgl. HACKER 1974, 1978, 1980) enthält die Bewertungsebenen
— Ausführbarkeit,
— Schädigungslosigkeit,
— Beeinträchtigungsfreiheit und
— Persönlichkeitsförderung.

Dabei ist eine normgerechte Gestaltung von Tätigkeiten nach der jeweils vorgenannten Ebene die Voraussetzung für Bestgestaltungen bezüglich nachfolgender Ebenen. Das bedeutet, ohne Sicherung angemessener Zustände hinsichtlich der erstgenannten Bewertungsebenen ist eine Bessergestaltung nach Kriterien, die übergeordnete Bewertungsebenen enthalten, nicht möglich. Tätigkeiten müssen ausführbar sein, bevor ihre schädigungslose Gestaltung realisierbar ist, und Arbeitstätigkeiten müssen ausführbar und schädigungslos sein, wenn sie beeinträchtigungsfrei und persönlichkeitsfordernd gestaltet werden sollen (vgl. HACKER 1980). Bevor eine psychologische Arbeitsgestaltung in Angriff genommen wird, gilt es sich zu vergewissern, ob die Voraussetzungen dazu bestehen. Betriebliche Daten ermöglichen das zum Teil.

2. Die Effektivität von Arbeitstätigkeiten hängt nicht nur von der Güte der Arbeitsgestaltung ab, wie sie durch äußere Faktoren, nämlich die Mensch-Maschine-Funktionsteilung, die Gestaltung der Arbeitsmittel und Umgebungsbedingungen, den Arbeitsgegenstand bedingt ist, sondern auch von personellen Faktoren. Auf sie ist deshalb Bezug zu nehmen, wenn Arbeitsgestaltungsprobleme erkannt, untersucht und gelöst werden sollen. Auch hier sind die entsprechenden Daten in Betrieben vorhanden und brauchen nicht neu erhoben zu werden.

Betriebliche Daten brauchen für den Zweck der Orientierung über ein Untersuchungsfeld zunächst nur erfaßt zu werden. Auswertungen werden erst erforderlich, wenn die Orientierung zu Konsequenzen bezüglich der Problempräzisierung oder der Berücksichtigung verschiedener Faktoren, die Kovariable sind, bei der Effektkontrolle von Gestaltungsmaßnahmen führt. Für das Orientierungsanliegen, nämlich Probleme zu erkennen, die im Vorfeld psychologischer Arbeitsgestaltung liegen, bieten betriebliche

Statistiken über personelle Daten einschließlich der für verschiedene Arbeitsplätze erforderlichen Qualifikation, über die Fluktuation, die Arbeitsmittel (Maschinen, Ausrüstungen), und arbeitsmedizinische Statistiken über die arbeitshygienischen Bedingungen, die physische und psychische Belastung sowie über das Unfallgeschehen wichtige Informationen. In der DDR gehen diese Angaben aus den WAO-Kennzahlen, den Ergebnissen ergonomischer Komplexanalysen und den Arbeitsplatzkarten hervor.

Erläuterungen zu diesen Datengruppen werden hier nur sehr kurz gefaßt, da die Handhabung, Aussagemöglichkeit und Funktion dieser Daten an anderer Stelle ausführlich beschrieben sind. Einen informativen Überblick über die beiden ersten Datengruppen ermöglicht das Handbuch für den Arbeits- und Gesundheitsschutz. Zu Funktion und Aufbau der Arbeitsplatzkarte gibt die Methodik der komplexen Arbeitsplatz- und Beanspruchungsanalyse, Teil IV, Auskunft, die von einem Autorenkollektiv des Zentralen Forschungsinstituts für Arbeit unter Leitung von M. Arendt erarbeitet wurde.

Alle WAO-Kennzahlen können Werte zwischen 0 und 1 annehmen. Der Wert 1 bezeichnet das beste Niveau. Dabei haben die Kennzahlen für die arbeitshygienischen Bedingungen zwei Maßstäbe. Ein erster nimmt eine Bewertung von Umweltfaktoren nach ihrer Gesundheitsgefährdung und ein zweiter nach ihrer Leistungsbeeinträchtigung vor.

Die ergonomischen Komplexanalysen ermöglichen differenziertere Angaben über den Iststand der arbeitshygienischen Bedingungen und darüber hinaus über eine Reihe weiterer Eigenschaften der Arbeitstätigkeiten und ihrer Bedingungen. Für die diskutierten Orientierungen liefert der Teil II, das ergonomische Screening, einen guten Überblick.

Darüber hinaus existieren spezielle Verfahren, die auf einer Analyse und Bewertung der arbeitshygienischen und anthropometrischen Eigenschaften von Arbeitsplätzen beruhen. Die ergonomische Bewertung von Arbeitssystemen von Schmidtke (1976) strebt dies an. Auch der AET von Rohmert und Mitarbeitern (1975) leistet eine Erfassung und Bewertung aller Faktoren, die für die Ausführbarkeit und Schädigungslosigkeit von Arbeitstätigkeiten relevant sind und deshalb vor Maßnahmen der psychologischen Arbeitsgestaltung geprüft und befriedigend ausgelegt sein müssen.

Mit Hilfe betrieblicher Statistiken sind nichtpsychologische Gestaltungsprobleme erkennbar. Sie betreffen die anthropometrische Gestaltung und die in der Bewertungsebene der Schädigungslosigkeit enthaltenen Kriterien. Ihre befriedigende Lösung ist die Voraussetzung für psychologische Bestgestaltungen und muß deshalb überprüft werden. Weiterhin ermöglichen betriebliche Daten, Hypothesen über Untersuchungsschwerpunkte abzuleiten. Das dazu zweckmäßige Vorgehen wird in den nächsten Abschnitten erläutert.

Personelle Daten sind in Kaderabteilungen, Lohnbüros, aber auch bei den jeweiligen Leitern (Meister, Schichtleiter usw.) zugänglich. Es interessieren besonders das Lebensalter, das Geschlecht, die außerberufliche Belastung (Familienstand, Kinderzahl, Arbeitsweg) sowie die Qualifikation (Ausbildungsart und Berufsalter). Personelle Daten müssen berücksichtigt werden, um viele als abhängige Variable genutzte Daten, z. B. den Krankenstand oder die Fluktuation, angemessen interpretieren zu können. Diese korrelieren signifikant mit dem Lebensalter, dem Geschlecht, der Qualifikation. Ferner sind Abschätzungen der außerberuflichen Belastung für die Interpretation der durch die Arbeitstätigkeit erzeugten Belastung und damit für die Bewertung von Arbeitstätigkeiten hinsichtlich ihrer Beeinträchtigungsfreiheit erforderlich. Viele Meßinstrumente, solche, die auf der Selbstbeurteilung des Befindens beruhen, als auch solche, die physiologische Parameter nutzen, erfassen den aktuellen Belastungszustand. Jedoch ist dieser sowohl durch die Tätigkeit als auch durch außerberufliche Faktoren bedingt. Freilich leistet die Kenntnis einiger Lebensumstände der Werktätigen keine sichere Trennung beider Faktorengruppen, aber Abschätzungen ihres Einflusses sind möglich, wenn bei der Untersuchung größerer Stichproben Untersuchungsgruppen nach personellen Bedingungen geschichtet werden. Das bedeutet: Sollen Auswirkungen von Arbeitstätigkeiten und ihrer Bedingungen auf die Werktätigen nachgewiesen werden, ohne daß unterschiedliche außerberufliche Bedingungen als Kovariable wirksam werden, so sind Gruppen von Werktätigen mit ähnlichen außerberuflichen Bedingungen zu bilden und Vergleiche werden dann innerhalb solcher Gruppen vorgenommen.

Auch die Bewertung von Arbeitstätigkeiten entsprechend der vierten und höchsten Ebene benötigt den Bezug auf personelle Faktoren. Die Forderung nach Persönlichkeitsförderung durch die Arbeitsgestaltung schließt die „Sicherung von Wirkungs- und Entwicklungsmöglichkeiten für wesentliche Befähigungsbereiche im Sinne der gesellschaftlichen Bestätigung des Persönlichkeitswertes im Bereich der Produktion" (HACKER 1974, S. 448) ein. Entwicklungsmöglichkeiten für wesentliche Befähigungsbereiche einer Tätigkeit sind jedoch nur auf dem Hintergrund eines gegebenen Qualifikationsniveaus zu beurteilen. Ihnen liegen für den Schichtingenieur mit Hochschulabschluß an einer Chemieanlage andere Tätigkeitseigenschaften zugrunde als für den Elektronikfacharbeiter, und für den Un- oder Angelernten können Tätigkeitsanforderungen zu einer Weiterentwicklung der Leistungsvoraussetzungen führen, die der Facharbeiter schon in der Berufsausbildung als Grundwissen erwarb. Analoge Abhängigkeiten bestehen für die Entwicklung hoher Leistungsmotivation durch die Tätigkeit. Es ist bekannt, daß Erfolgserlebnisse nur dort möglich sind, wo die Aufgaben der individuellen Leistungsfähigkeit angemessen sind (vgl. SCHMIDT 1970). Liegen Tätigkeitsanforderungen unterhalb der individuellen Leistungsgrenze, so motiviert ihre Erfüllung nicht. Motivierend und damit auch zur Persönlichkeitsentwicklung der Werktätigen beitragend sind

„— Aufgaben mit hohem Entscheidungsspielraum und der Möglichkeit zur Ausnutzung der Befähigung sowie zu ihrer Weiterentwicklung,
— Aufgaben mit Freiheitsgraden für ihre schöpferische Ausführungsweise,
— Aufgaben mit Selbständigkeit und Möglichkeiten der Verantwortungsübernahme,
— Aufgaben, deren Gelingen echtes Erfolgserleben und eine entsprechende gesellschaftliche Bewertung ermöglicht" (HACKER 1974, S. 450).

Auch die motivierende Wirkung dieser Eigenschaften von Aufgaben ist durch die individuelle Leistungsfähigkeit vermittelt. Eine Bewertung von Tätigkeiten im Hinblick auf ihre Potenzen zur Entwicklung der Persönlichkeit der Werktätigen wird deshalb nicht generell erfolgen können, sondern für Personengruppen, die hinsichtlich ihrer Qualifikation vergleichbar sind.

Die Orientierung über personelle Faktoren im Untersuchungsbereich gehört deshalb zu den Vorbereitungen der psychologischen Arbeitsanalyse.

2.2. Die Ermittlung von Untersuchungsschwerpunkten mit Hilfe der Analyse vorhandener betrieblicher Daten

2.2.1. Allgemeines methodisches Vorgehen

Jede Analyse beginnt mit einer Datensammlung. Eine kaum überschätzbare Datenfülle liegt in jedem Betrieb bereits gesammelt vor. Sie ist auch für Anliegen der psychologischen Arbeitsanalyse verwendbar und kann für diese zu verschiedenen Zwecken aufbereitet und ausgewertet werden. Ihre Nutzung bei der Identifizierung von Schwerpunkten für eine psychologische Arbeitsgestaltung und damit auch von Feldern, in denen psychologische Arbeitsanalysen durchgeführt werden müssen, ist ein erster Zweck.

Neben der Mitarbeit bei der Projektierung von künftigen Arbeitsprozessen, Arbeitsmitteln — allgemein: Mensch-Maschine-Systemen — werden von der Arbeitspsychologie Beiträge zur sozialistischen Rationalisierung bestehender Arbeitsprozesse erwartet. Das schließt Maßnahmen zur Optimierung der Beanspruchung, zur Gestaltung von Arbeitstätigkeiten in der Weise ein, daß sie Entwicklungsmöglichkeiten für die Werktätigen zulassen, indem sie wesentliche Persönlichkeitseigenschaften und berufliche Fähigkeiten weiterzubilden gestatten. In der betrieblichen Praxis sind solche Aufgaben nicht immer eng umrissen, sondern haben häufig einen globalen Charakter, weil sie offen lassen, bei welchen Tätigkeiten oder in welchen Abteilungen Effektivitätserhöhungen als Produktivitätserhöhungen bei gleichzeitiger Optimierung der Beanspruchung und Sicherung von Möglichkeiten der Persönlichkeitsentwicklung mit Hilfe psychologischer Arbeitsgestaltung möglich sind und in welcher Richtung eine Lösung zu suchen wäre, z. B. in einer Verbesserung von Ausbildungs- und Einarbeitungsprozessen, einer Gestaltung von Arbeitsverfahren, einer Senkung von Ausfallzeiten oder in einer anderen Richtung. Es ist deshalb zunächst notwendig, eine allgemeine Aufgabe der Rationalisierung bestehender Arbeitstätigkeiten einzugrenzen auf Bereiche, in denen sie notwendig und möglich ist, und gleichzeitig die Hauptquellen bestehender nicht befriedigender Zustände zu erkennen. Dies ist zumindest in der Weise wünschenswert, daß abgeschätzt werden kann, ob bestehende Mängel personell oder nicht personell, also eventuell durch das Arbeitsmittel, die Arbeitsgegenstände oder die Arbeitsbedingungen verursacht sind. Eine solche Differenzierung der Aufgabe und ein grobes Ermitteln von Problemwurzeln ist möglich, ohne daß spezielle Daten erhoben werden müssen. Vorhandene betriebliche Daten können genutzt werden. Aus ihnen sind heuristische Kriterien zu gewinnen für die Identifizierung bestimmter Probleme.

Das allgemeine Vorgehen besteht darin, quantitative Ausprägungen von betrieblichen Daten, die in grober Form die Güte einer Arbeitsgestaltung abbilden, nämlich Leistungsdaten, Einarbeitungskennwerte, Daten, die Auswirkungen von Arbeitstätigkeiten auf die Werktätigen kennzeichnen, wie Krankenstand, Unfallstand, Fluktuation, in Beziehung zu setzen zu vorhandenen Bedingungsvariationen, um so verschiedenen hypothetischen Ursachen für Niveauunterschiede in den Daten nachzugehen. Eine erste wesentliche Frage ist immer, ob personelle oder nichtpersonelle, z. B. in den Arbeitsmitteln, dem Arbeitsgegenstand oder den Umweltbedingungen liegende Ursachen anzunehmen sind. An eine solche Grobkennzeichnung können differenziertere Analysen angeschlossen werden, die auf das Identifizieren spezieller Bedingungen in solchen Gruppen als Ursache für Unterschiede in den betrieblichen Daten zielen.

Zwei allgemeine methodische Analyseprinzipien werden dabei angewendet.
1. Ausgehend von vorhandenen Bedingungsvariationen werden die Daten geordnet. Das bedeutet beispielsweise, daß personelle Bedingungsvariationen, die als Qualifikationsunterschiede bestehen, z. B. Facharbeiter und Angelernte, oder als Unterschiede im Umfang der Berufserfahrung (Arbeitsplatzalter), Grundlage für die Sortierung der Daten sind. Ebenso können Bedingungsvariationen des Arbeitsplatzes, z. B. Maschinentyp, räumliche Lage des Arbeitsplatzes, oder die Art des Arbeitsgegenstandes bei wechselnder Serie Sortierungsgesichtspunkte sein. Dieses Vorgehen wird auch kurz mit „Vorwärts"-Analyse bezeichnet, weil ausgehend von Bedingungen nach deren Auswirkungen gefragt wird, also einer hypothetischen Ursache-Wirkungs-Kette gefolgt wird (vgl. Hacker 1973).
2. Ein zweites Analyseprinzip betrifft das umgekehrte Vorgehen. Ausgehend von quantitativ gesichert unterschiedlichen Daten (Leistungsdaten, Krankenstandsdaten, Fluktuationsdaten usw.) wird nach möglichen verursachenden Bedingungen gefragt. Die Sortierungsgesichtspunkte für die Daten sind hier also nicht durch qualitative Kategorien im Sinne von Bedingungsvariationen gegeben, sondern ausschließlich quantitativ nach den Regeln der beschreibenden und Prüfstatistik gebildet. Erst dann wird geprüft, ob quantitative Variationen mit qualitativen im Sinne verschiedener Arbeitsbedingungen kovariieren. Weil bei diesem Vorgehen die Auswertung bei der Sortierung der Daten, die Auswirkungen kennzeichnen, beginnt, und erst dann nach möglichen Ursachen gefragt wird, heißt dieses Vorgehen auch „Rückwärts"-Analyse (vgl. Hacker 1973).

Die wesentlichen Merkmale beider Analyseprinzipien sind wie folgt grob schematisch zu kennzeichnen (s. Abb. 7):

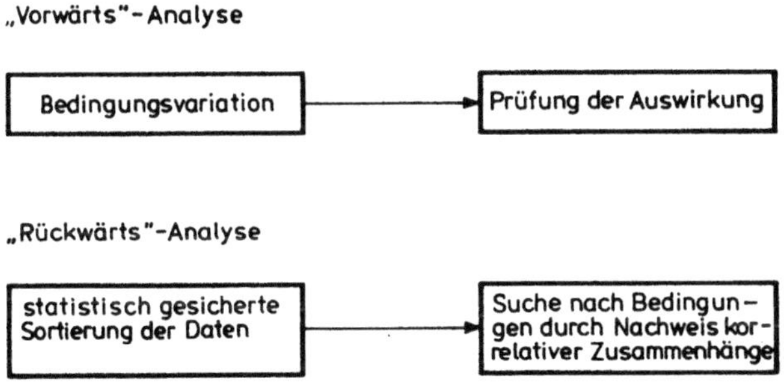

Abb. 7: Schematische Darstellung der Schlußrichtungen bei der Vorwärts- und Rückwärtsanalyse.

Die Realisierung beider Analyseprinzipien erfordert das Aufstellen von Plänen, die zwar nicht wie die meisten Untersuchungspläne angeben, wo Daten gewonnen werden sollen, sondern wie vorliegende Daten sortiert, verglichen und geprüft werden müssen. Beispiele für solche Untersuchungspläne der „Vorwärts"- und „Rückwärts"-Analyse sollen das Vorgehen illustrieren. Ein Teilproblem bei ihrer Erstellung ist die Stufung von Variablen. Teilweise liegt sie als qualitative Stufung vor, die formal einer Nominalskala entspricht, z. B. unterschiedliche Maschinentypen. Teilweise sind aber auch metrisch stufbare Variable möglich, wie z. B. Berufserfahrung, operationalisiert durch das Arbeitsplatzalter, oder — wenn wir Auswirkungsdaten betrachten — Leistungsunterschiede, die mindestens bezüglich der Menge, mitunter auch bezüglich der Güte, als Intervall- oder sogar als Verhältnis- oder Absolutskala vorliegen. Der Screeningfunktion des jetzt diskutierten Auswertungszwecks betrieblicher Daten gehorchend ist es ausreichend und aus untersuchungsökonomischen Gründen günstig, diese Daten auf eine Ordinal- oder Alternativskala zu vergröbern. Letzteres geschieht in Form des Extremgruppenvergleichs am häufigsten. In den Beispielen wurde zum Teil so verfahren.

Beispiele für Pläne der Datenaufbereitung bei der „Vorwärts"-Analyse:

Tab. 3: *Beispiel eines Planes zur Aufbereitung von Daten, mit dem geprüft werden kann, ob die personellen Bedingungen Qualifikation und Dauer der Berufserfahrung (Extremgruppenvergleich) als Ursache für quantitative Datendifferenzen in Frage kommen*

Arbeitsplatzalter	Qualifikation	
	Facharbeiter	Angelernte
1 Jahr		
5 Jahre		

Tab. 4: *Beispiel eines Planes zur Aufbereitung von Daten, mit dem geprüft werden kann, ob die Art der Maschine und der Arbeitsgegenstand als Ursache für quantitative Datendifferenzen in Frage kommen*

Arbeitsgegenstand	Maschinentyp					
	A			B		
	Maschine Nr. 1	Maschine Nr. 2	Maschine Nr. 3	Maschine Nr. 1	Maschine Nr. 2	Maschine Nr. 3
Serie I						
Serie II						
Serie III						

In die Felder dieser Pläne werden Daten eingetragen, die Auswirkungen von Bedingungen entweder auf die Personen oder auf die Leistung kennzeichnen. Das weitere Vorgehen besteht darin, für jedes Feld Repräsentationswerte zu errechnen und mit den Mitteln der Prüfstatistik festzustellen, ob diese Repräsentationswerte ein unterschiedliches Niveau haben. Gelingt es z. B., besonders ungünstige Datenausprägungen, z. B. hoher Krankenstand, geringe oder stark schwankende Leistungen usw., als gehäuft an bestimmte Bedingungen gebunden nachzuweisen, so werden diese als hypothetische Mängelursachen interpretiert.

Voraussetzung für die in den Spalten vorgenommene Sortierung sind hier statistisch gesicherte Unterschiede. In die Felder eines solchen Planes werden Häufigkeiten eingetragen. In der linken Spalte erscheint die Anzahl der Fälle mit den geringsten Daten-

Tab. 5: *Beispiel des Typs von Plänen für die Datenaufbereitung bei der „Rückwärts"-Analyse*

Hypothetische Ursachen	Datengruppierung	
	interindividuell stabiles, quantitativ geringstes Niveau der Daten	interindividuell stabiles, quantitativ höchstes Niveau der Daten
Personelle Bedingungen Qualifikation, z. B. — Ungelernte — Facharbeiter — Meister		
Arbeitsplatzalter, z. B. — 1 Jahr — 1—5 Jahre — 5 Jahre		
Lebensalter, z. B. — <25 — 25—40 — 40—50 — 50—60 — >60		
Geschlecht — männlich — weiblich		
Arbeitsplatzbedingungen Maschinenart — Typ A — Typ B räumliche Lage — Halle A — Halle B . . .		
Arbeitsgegenstand Serie A Serie B . . .		

ausprägungen, in der rechten Spalte die mit der höchsten Datenausprägung. Die Zuordnung zu den Zeilen entspricht einer Zuordnung zu hypothetischen Ursachen für die unterschiedliche Datenausprägung. Sie müssen überprüft werden. Das geschieht durch statistische Verfahren. Signifikante Kombinationen von Bedingungen (s. Zeilen) mit der negativen Gruppe der Datenausprägung werden als Indikator für Mängelursachen interpretiert. Ziel dieses analytischen Vorgehens ist das Aufspüren von Bedingungs-Wirkungs-Mustern. Ein Analyseweg führt jeweils zu begründeten Hypothesen, nicht jedoch schon zu Beweisen. Die meisten Daten sind für sich genommen mehrdeutig. Deshalb sind stets mehrere möglichst voneinander unabhängige Datengruppen in solche Analysen einzubeziehen und Interpretationen nach dem Prinzip der Kriterienkonvergenz vorzunehmen, d. h., erst wenn die Auswertung mehrerer voneinander unabhängiger Daten zu gleichen Schlußfolgerungen führt, sind diese als mit großer Wahrscheinlichkeit zutreffend zu interpretieren.

Wenn beispielsweise bei einem Facharbeiterkollektiv erhöhter Krankenstand, erhöhte Fluktuation und eventuell schlechte Arbeitszeitausnutzung zusammentreffen, kann das auf Arbeitsinhaltsprobleme, nämlich auf zu einförmige und erworbene Fähigkeiten nicht nutzende und deshalb auch nicht motivierende Arbeitsinhalte hinweisen.

Lange und stark variierende Einarbeitungszeiten sowie verbleibende große interindividuelle Leistungsstreuungen nach abgeschlossener Einarbeitung weisen darauf hin, daß die gegebenen Bedingungen keinen vollständigen Erwerb der psychischen Regulationsgrundlagen zulassen und die Gestaltung von Arbeitsverfahren zu einem Rationalisierungseffekt führen könnte.

Der häufig komplexen Bedingtheit von Daten, die allgemein Auswirkungen einer gegebenen Arbeitsgestaltung auf Personen und Leistung kennzeichnen, werden multivariate statistische Verfahren gerecht, wie partielle Korrelationen bzw. partielle Regressionen.

Im folgenden sollen die für den Zweck der Problemeingrenzung wesentlichen und leicht zugänglichen betrieblichen Daten diskutiert werden, indem die Art ihrer Aufbereitung und ihr Indikatorwert für Probleme angegeben werden. Das methodische Vorgehen kann auf andere Kriterien sinngemäß übertragen werden.

2.2.2. Leistungsanalyse

Leicht zugängliche betriebliche Daten sind Leistungswerte. Sie sind als Normerfüllungsquoten oder als Mengen- und Qualitätsangaben registriert. Große Leistungsstreuungen bei der Bewältigung vergleichbarer Arbeitsaufträge weisen auf Reserven hin, die durch eine Verbesserung der Arbeitsverfahren oder Veränderungen an den Bedingungen erschließbar sind. Leistungsstreuungen können intra- und interindividuell bedingt sein. Intraindividuelle, d. h., bei gleichen Personen auftretende Leistungsschwankungen haben in der Regel andere Ursachen als stabile interindividuelle, also zwischen verschiedenen Personen auftretende Leistungsschwankungen. Intraindividuelle Schwankungen können personell bedingt sein, z. B. als Folge noch ungenügender Einarbeitung, häufig aber auch auf wechselnde Arbeitseinstellungen zurückzuführen sein, durch die Minderleistungen infolge schlechter Arbeitszeitausnutzung entstehen. Auch in äußeren Faktoren z. B. wechselnden Arbeitsaufträgen, können die Ursachen liegen. Deutliche interindividuelle Leistungsunterschiede bei der Bewältigung gleicher Aufträge können sowohl auf Einstellungsdifferenzen als auch auf qualitativ unterschiedliche kognitive Regulationsgrundlagen zurückzuführen sein. Leistungsstreuungen sind für sich genommen immer mehrdeutig. Erst die Aufbereitung von Leistungsdaten nach vorwärts- und rückwärtsanalytischem Vorgehen kann Ursachen von Minderleistungen erkennbar machen.

Wie ist vorzugehen?

1. Die Leistungsdaten der interessierenden Abteilung sind personenbezogen über einen längeren Zeitraum (ein oder mehrere Jahre) zu erfassen. Der Zeitraum von einem Jahr sollte nicht unterschritten werden, weil er als Planungszeitraum systematische Schwan-

kungen enthalten kann, die produktionsorganisatorisch bedingt sind, z. B. durch monatliche, quartalsweise und halbjährliche Planungsabschnitte. Diese werden erkennbar und können, falls vorhanden, berücksichtigt werden. Außerdem bietet dieser Zeitraum die Gewähr für das Ausgleichen von Zufallsschwankungen.

Falls es die betriebliche Statistik zuläßt, sollte man die Leistung getrennt durch Mengen- und Qualitätsangaben erfassen. Die Verteilung der Leistung ist auszuweisen, indem die Häufigkeit monatlich erreichter Normerfüllung (oder mehrerer Leistungswerte) dargestellt wird (s. Abb. 8). Weisen die Leistungswerte intra- und interindividuell nur geringere

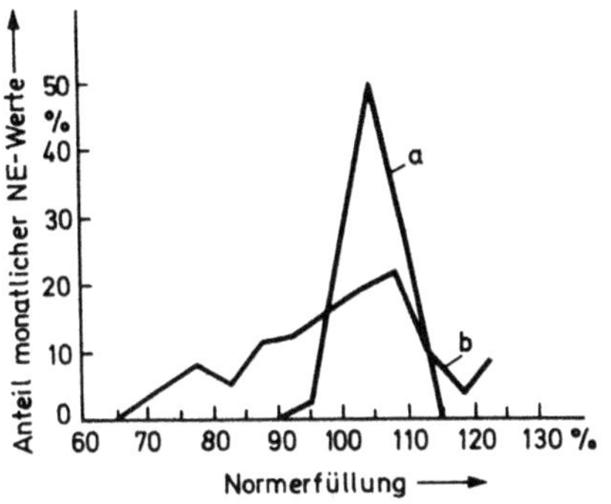

Abb. 8: Häufigkeitsverteilung der Normerfüllung, ausgedrückt in der monatlichen prozentualen Normerfüllung pro Werktätiger.
a) Die Streuung der Normerfüllung ist gering. Effektivitätssteigerungen bestehender Arbeitstätigkeiten durch psychologische Rationalisierung von Arbeitsverfahren sind kaum zu erwarten;
b) Die Streuung der Normerfüllung ist groß. Effektivitätssteigerungen bestehender Arbeitstätigkeiten durch psychologische Rationalisierung von Arbeitsverfahren sind zu erwarten.

Streuungen auf, so ist eine weitere Analyse nicht notwendig. Effektivitätssteigerungen bestehender Arbeitstätigkeiten durch psychologische Rationalisierung sind kaum zu erwarten. Liegt eine größere Streuung vor, die deutliche Normabweichungen einschließt, so ist die Analyse fortzusetzen. Der nächste Analysenschritt ist

2. Vergleich intra- und interindividueller Leistungsstreuungen. Sind intraindividuelle Leistungsstreuungen bei der Bewältigung gleicher Arbeitsaufträge gleich oder sogar größer als interindividuelle, so sind mögliche personelle Ursachen unvollkommen beherrschte Arbeitsverfahren, also Einarbeitungsprobleme, oder Einstellungsschwankungen, teilweise Einstellungsmängel. Hypothesen über vorliegende Einarbeitungsprobleme lassen sich leicht durch die Auswertung zusätzlicher Daten verifizieren, und damit kann die Notwendigkeit der Gestaltung von Einarbeitungs- und Arbeitsverfahren begründet werden.

Einstellungsprobleme bedürfen einer komplexen Ursachenanalyse durch die betroffenen Personen selbst und gehen über die hier diskutierte Leistungsanalyse hinaus. Die Leistungsanalyse wird nur fortgesetzt, wenn intraindividuelle Leistungsstreuungen gesichert geringer sind als interindividuelle und wenn stabile, über einen längeren Zeitraum nachweisbare Leistungsdifferenzen vorliegen. Dann ist

3. die Analyse nach vorwärts- und rückwärtsanalytischem Vorgehen vorzunehmen, um die Ursachen dieser Leistungsunterschiede zu ermitteln.

Bedingungsvariationen, unter denen die Tätigkeit ausgeführt wird, sind zur Kategorisierung der Leistungsdaten heranzuziehen, z. B. Typen oder Funktionszustände von Arbeitsmitteln oder verschiedene Arbeitsgegenstände. Ebenso ist der Einfluß von personellen Faktoren wie Lebensalter, Arbeitsplatzalter, Qualifikation, außerberufliche Belastung, Gesundheitszustand auf die Leistungshöhe zu prüfen. Ferner sind die Anteile solcher Bedingungen zu ermitteln, die in der Gruppe der Best- und in der Gruppe der

Minderleistungen auftreten. Methoden der multivariaten Statistik können den Einfluß solcher Faktoren nachweisen und — wenn er vorliegt — quantifizieren.

Für den Arbeitspsychologen ist es besonders wichtig, die Existenz und den Umfang personell bedingter Normerfüllungsunterschiede aufzuzeigen, weil eine vielfach bewährte Hypothese besagt, „daß die wichtigsten Ursachen von Leistungsunterschieden bei Werktätigen mit vergleichbaren Arbeitsaufträgen insbesondere in den regulativ wirksamen kognitiven Tätigkeitskomponenten zu suchen sind" (Hacker und Vaic 1973). Läßt sich diese Hypothese bestätigen, so ist damit ausgewiesen, daß die Arbeitsverfahrensgestaltung die Hauptmethode der Rationalisierung bestehender Arbeitstätigkeiten sein kann. Aus dem Vergleich der Entstehung von Best- und Minderleistungen, speziell dem Vergleich der psychischen Regulationsgrundlagen bei diesen Personengruppen können die Inhalte effektiverer Arbeitsverfahren erschlossen und somit lehrbar gemacht werden. In betriebspraktischen Untersuchungen konnte festgestellt werden, daß Spitzenarbeitskräfte bis zu 20% Leistungssteigerungen gegenüber durchschnittlichen Arbeitskräften erbrachten (Hacker und Timpe 1978, Hacker, Rühle und Schneider 1978).

Eine gesonderte Fehleranalyse kann für eine Problemeingrenzung zusätzlich nützliche Angaben liefern. In Betriebsabteilungen, die auftretende Fehler registrieren, kann man wie folgt vorgehen: Alle anfallenden Fehler sind für einen längeren Zeitraum (ein oder mehrere Jahre) danach zu kategorisieren, ob sie durch die Werktätigen verursacht oder durch Arbeitsmittel oder Arbeitsgegenstand bedingt sind. Der Arbeitspsychologe, der hauptsächlich für eine Reduzierung bzw. Beseitigung der ersten Kategorie verantwortlich zeichnet, sollte in dieser die vorkommenden Fehler erfassen und deren Auftretenshäufigkeit während des Untersuchungszeitraumes personenbezogen erheben.

Das weitere Vorgehen kann dann nach dem Prinzip des Best-versus Minderleistungsvergleichs erfolgen: Durch die statistische Analyse werden Werktätige mit hohem und Werktätige mit geringem Fehleranteil identifiziert. Auch damit ist für den Arbeitspsychologen ein Untersuchungsfeld benannt. Die Ermittlung der psychischen Regulationsgrundlagen und Arbeitsverfahren mit geringem Fehleranteil führt zu lehrbaren Verbesserungen für Werktätige mit hohem Fehleranteil.

2.2.3. Analyse von Einarbeitungsprozessen

Einarbeitungsprozesse reichen vom Beginn der Ausführung einer Arbeitstätigkeit, z. B. nach abgeschlossener Facharbeiterausbildung oder der Zuweisung eines Anlernarbeitsplatzes, bis zur normgerechten Bewältigung der übertragenen Aufträge. Sie werden meßbar durch die zeitbezogene Registrierung von Leistungsdaten. Verlaufsdarstellungen von Normerfüllungen, Bearbeitungszeiten und Fehlern geben Aufschluß. Sie werden jedoch in differenzierterer Form benötigt als im Abschnitt „Leistungsanalyse" beschrieben, bei der für das Gewinnen eines Überblicks auf den Monat bezogene Durchschnittswerte in die Analyse eingehen. Je nach Komplexität der Arbeitstätigkeit verlaufen Einarbeitungsprozesse über einige Tage, Wochen oder Monate. Verlaufsdarstellungen von Leistungsdaten müssen sich dem „durchschnittlichen Tempo" der Einarbeitungen anpassen. Bei kürzerer Dauer sollten Leistungswerte pro Arbeitstag dargestellt werden.

So wie größere und stabile Unterschiede in der Normerfüllung ein heuristisches Kriterium für die Gestaltungsbedürftigkeit von Arbeitsverfahren sind, zeigen große

Streuungen von Einarbeitungszeiten die Notwendigkeit der Bessergestaltung von Einarbeitungsprozessen an. Einarbeitungen werden notwendig als Folge von Neuentwicklungen von Maschinen und Anlagen, der Einführung neuer Werkstoffe, der Einführung neuer und Vervollkommnung bestehender Technologien, und natürlich müssen aus dem Produktionsprozeß ausscheidende Werktätige durch Neueinstellungen ersetzt werden. Bei hoher Fluktuation hängt die Produktivität einer Betriebsabteilung wesentlich von der erfolgreichen Gestaltung von Einarbeitungsprozessen ab.

In Produktionsprozessen der mechanischen und manuellen Fertigung werden Einarbeitungsprozesse durch die Veränderung des Zeitaufwands pro Arbeitsgang charakterisiert. Sie folgt häufig einer Hyperbelfunktion (vgl. VÖLKER 1965 und Abb. 9).

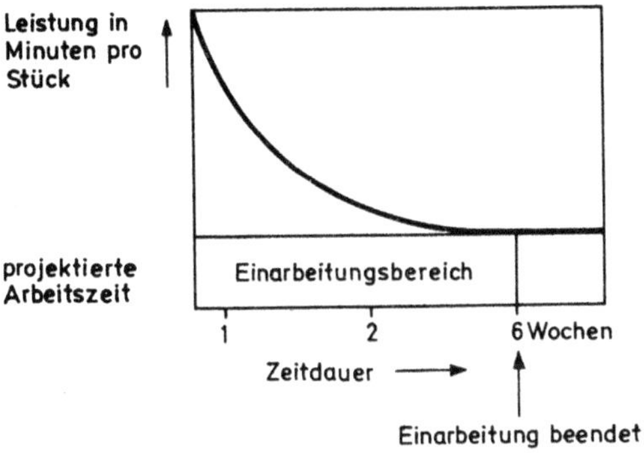

Abb. 9: Darstellung der Veränderung von Stückzeiten bei einer Einarbeitung in einem Zeitraum von 6 Wochen (nach VÖLKER 1967). (Die Einarbeitung gilt als beendet, wenn der Werktätige die projektive Arbeitszeit Normzeit — erreicht.)

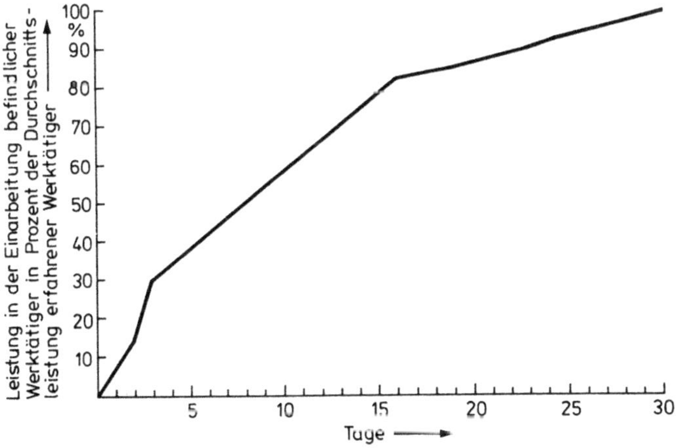

Abb. 10: Durchschnittlicher Verlauf von Einarbeitungsprozessen bei Tätigkeiten der Produktfertigung (nach ABERSPACH 1965). Die Leistung ist in Prozent der Durchschnittsleistung angegeben. (Um Probleme bei Einarbeitungsprozessen aufzuweisen, sind Verlaufsdarstellungen individueller Leistungsdaten zu wählen.)

Je nach der Art vorliegender betrieblicher Daten können auch andere Leistungsmaße gewählt werden. Abbildung 10 gibt ein weiteres Beispiel für Darstellungsmöglichkeiten von Daten, die Einarbeitungsprozesse kennzeichnen.

Bei anderen Arbeitstätigkeiten, insbesondere bei Steuer- und Überwachungstätigkeiten und Wartungs- und Instandhaltungsarbeiten, ist die Darstellung von Einarbeitunsprozessen erschwert, weil Leistungskriterien einzelner Werktätiger Zeitpunkten nicht so leicht zuordenbar sind. Einarbeitungszeiten werden hier betrieblicherseits auch nicht so zuverlässig wie z. B. Normerfüllungen registriert. Ungenauigkeiten entstehen, falls die Arbeitskräftesituation Betriebe teilweise zwingt, noch nicht voll eingearbeiteten Werktätigen mit der Maßgabe, daß für sie Hilfe organisiert wird, Arbeitsplätze zuzuweisen. Im Betrieb wird der Einarbeitungsprozeß dann als abgeschlossen geführt, obgleich er es de facto noch nicht ist. Die Erhebung der Einarbeitungszeiten sollte deshalb ergänzt werden um die Erfassung

— der Kriterien, die genutzt werden, um anzuzeigen, wann eine Einarbeitung als abgeschlossen gilt,

— des Selbständigkeitsgrades bei der Untersuchung laufender und gerade beendeter Einarbeitungen. Die Registrierung von Hilfeforderungen ist eine Möglichkeit;

— von notwendigen Umsetzungen von Werktätigen, weil begonnene Einarbeitungen nicht zum Erfolg geführt haben.

Variieren die Einarbeitungszeiten stark oder wird bei wenig schwankendem Zeitbedarf für die Einarbeitung nach ihr ungenügende Selbständigkeit festgestellt und werden Umsetzungen erforderlich, so ist durch die Gestaltung von Einarbeitungsprozessen eine Effektivitätserhöhung dieser Arbeitstätigkeiten zu erwarten.

2.2.4. Analyse von Krankenstandsdaten

2.2.4.1. Was ist Krankenstand und inwiefern kann er als Indikator für die Güte von Arbeitsgestaltungen verwendet werden?

Der Krankenstand ist das „prozentuale Verhältnis der durch Krankheit ausgefallenen Arbeitstage zu den Sollarbeitstagen der Gesamtbeschäftigten eines Betriebes, einer Abteilung oder eines Wirtschaftsbereiches in einem bestimmten Zeitraum. Der Krankenstand berechnet sich nach der Formel:

$$\frac{\text{Ausfalltage infolge Arbeitsunfähigkeit}}{\text{Sollarbeitstage}} \times 100 = \text{Krankenstand (\%)}\text{“}$$

(Lexikon der Wirtschaft, Band Arbeit, 1968, Handbuch für den Arbeits- und Gesundheitsschutz, Bd. I, 1976).

Arbeitsunfähigkeit entsteht allerdings nicht nur durch Krankheit, sie kann sehr vielfältig bedingt sein (s. Abb. 11). Sie kann zu einem Teil mit Sicherheit nicht arbeitsbedingt, sondern von der Konstitution, dem Gesundheitszustand der Werktätigen und verschiedenen äußeren Faktoren und Einflüssen abhängig sind. Durch die Arbeit mit Sicherheit verursachte Ausfalltage sind die aus Arbeitsunfällen und Berufskrankheiten entstehenden. Darüber hinaus gibt es eine weitere Gruppe von Ausfalltagen, die durch die Arbeit, einschließlich der durch die Arbeit bedingten sozialen Beziehungen, entstehen können,

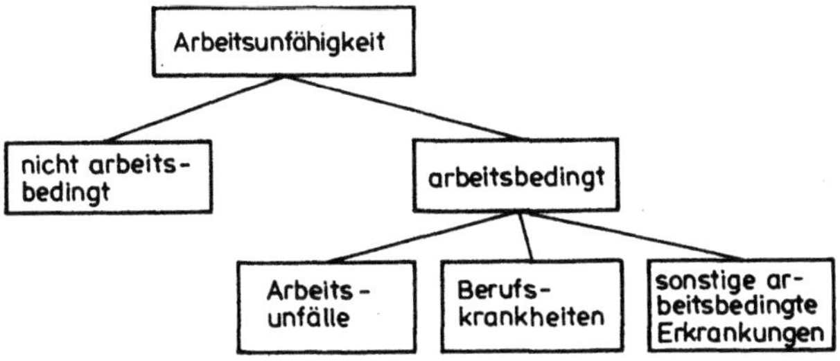

Abb. 11: Bestandteile der Arbeitsunfähigkeit, die in die Berechnung des Krankenstandes eingehen (modifiziert nach HACKER 1964).

in der Regel aber als allgemeiner Krankenstand interpretiert werden. Sie sind mit sonstigen arbeitsbedingten Erkrankungen bezeichnet. Zwei Einflußrichtungen liegen vor:
1. Eine direkte Ursache-Wirkungs-Beziehung zwischen Eigenschaften der Arbeitstätigkeit oder ihrer Bedingungen und einer Erkrankung besteht. So treten bei Arbeitstätigkeiten mit hoher Beanspruchung der Arme und Hände gehäuft Sehnenscheidenentzündungen auf (vgl. HACKER 1964, ELSSNER 1972).
2. Eine indirekte Beziehung zwischen der Arbeitstätigkeit sowie ihren Bedingungen und krankheitsbedingten Ausfalltagen kann bestehen, und zwar so, daß beispielsweise über das Erleben inhaltsarmer Arbeitstätigkeiten oder schlechter Kollektivbeziehungen eine negative Arbeitseinstellung entsteht, die ihrerseits eine Verlängerung und Erschwerung jeder anderen Erkrankung zur Folge hat.

Die ärztlich bescheinigte Arbeitsunfähigkeit ist nicht nur durch biologische und epidemiologische Faktoren bedingt, sondern auch durch die Arbeitstätigkeit, deren Bedingungen und deren psychischer Verarbeitung. Das Erleben des Arbeits- und Lebensmilieus, die Stellung des Werktätigen zu seiner Tätigkeit und den Arbeitsbedingungen, die Art wie er sie wertet, bestimmen sein Wohlbefinden oder seine Unzufriedenheit mit und wirken sich auf seine Motivation aus. Das erklärt die fließende Grenze zwischen organisch bedingter und motivational bedingter Arbeitsunfähigkeit. Unzufriedenheit mit der Arbeit oder ihren Bedingungen kann durchaus zu vegetativ-neurotischen und psychosomatischen Erkrankungen führen (GARDELL 1978, WIESNER-BALCKE und ENDERLEIN 1975). Sie kann auch dazu führen, daß subjektiv ein schlechterer Gesundheitszustand erlebt wird als er objektiv gegeben ist und daß daraus häufigere Arztkonsultationen resultieren (M. RICHTER 1978). Ebenso ist auch wahrscheinlich, daß ein gut gestalteter Arbeitsinhalt nicht nur die Motivation der Werktätigen erhöht, sondern auch ihre Bereitschaft, leichte körperliche Beeinträchtigung ohne eine ärztlich bescheinigte Arbeitsunfähigkeit zu überwinden. ENDERLEIN, STACH und WIESNER-BALCKE (1979) konnten sogar zeigen, daß gesunde, aber mit ihrer Arbeit unzufriedene Personen häufiger krank sind als Personen mit schlechtem Gesundheitszustand, aber hoher Arbeitszufriedenheit. Weitere Belege für die Indikation schlechter Arbeitsgestaltung durch einen erhöhten Krankenstand liefern SCHMITT, COLLIGAN und FITZGERALD (1980). Sie weisen mit Daten von 826 Beschäftigten aus 8 amerikanischen Betrieben enge Beziehungen zwischen Krankenstand und Merkmalen der Arbeit wie Arbeitsdruck und soziale Beziehungen in der Arbeit nach. Dieser über das Erleben und die Motivation der Werktätigen vermittelte Zusammenhang zwischen Arbeitsbedingungen und -inhalten auf der einen und dem Krankenstand auf der anderen Seite erklärt nur einen Teil des Krankenstandes. Dieser Teil begründet jedoch neben der leichten Erfaßbarkeit von Krankenstandsdaten deren häufige Nutzung, wenn auf Mängel in den Bedingungen und Inhalt der Arbeit hingewiesen werden soll, und ihr Heranziehen zur Bewertung und Kontrolle von Arbeitsgestaltungsmaßnahmen (vgl. HACKMAN und OLDHAM 1974, P. RICHTER 1976, ORENDI 1978, NIEDER 1978). Beziehungen zwischen dem Krankenstand und der Arbeitzufriedenheit verdeutlichen das (EHRICH 1970, WIESNER 1974, WIESNER-BALCKE 1975, WIESNER-BALCKE und ENDERLICH 1975), und es ist bekannt, daß die Arbeitszufriedenheit wesentlich beeinflußt ist durch die Gestaltung des Arbeitsinhalts. Insgesamt hängt der Krankenstand von vielen Faktoren ab (vgl. ULICH 1965, ENDERLEIN und WIESNER-BALCKE 1975, M. RICHTER 1978). Die Zusammenstellung wesentlicher Einflußfaktoren auf die Häufigkeit der Arbeitsunfähigkeit von RICHTER soll die Vielfalt veranschaulichen (Tab. 6):

Tab. 6: *Signifikante Merkmalsausprägungen von untersuchten Einflußfaktoren auf die AU-Häufigkeit bei Gehäufterkrankten (mehr als 4 × pro Jahr erkrankt) (*M. RICHTER *1978)*

Einflußfaktor	Merkmalsausprägung
Personelle Faktoren	— weibliches Geschlecht — jünger als 25 Jahre — geschieden/verwitwet — 3 und mehr Kinder
Berufliche Faktoren	— niedriges Qualifikationsniveau — Mehrschichtarbeit — kurze Betriebszugehörigkeit — geringe gesellschaftliche Aktivität
Gesundheitszustand	— Häufig von Erkrankungen im psychonervalen Bereich, des Kreislaufsystems und der Verdauungsorgane — schlechtes Gesundheitserleben bei gutem Gesundheitszustand
Psychischer Status	— erhöhte Nervosität, Erregbarkeit und Depressivität — Neurotizismustendenzen — geringe Arbeitszufriedenheit — negative Arbeitseinstellung

Krankenstandsdaten sind deshalb, obgleich leicht und objektiv erfaßbar, schwer interpretierbar. Wenn mit ihrer Hilfe Untersuchungsfelder für die psychologische Arbeitsgestaltung identifiziert oder eingegrenzt werden sollen, muß ihre komplexe Determiniertheit methodisch in Rechnung gestellt werden.

2.2.4.2. Methodik der Krankenstandsanalyse

2.2.4.2.1. Gesetzliche Festlegungen über die Auswertung des Krankenstandes

Zur regelmäßigen Auswertung des Krankenstandes sind in der DDR alle Leiter von Betrieben, Genossenschaften und allen staatlichen Einrichtungen verpflichtet. Diese Auswertung soll wesentliche Ursachen des Krankenstandes aufdecken. und Maßnahmen zu deren Verringerung oder Beseitigung ableiten. Dabei wird ein dreistufiges methodisches Vorgehen empfohlen (Verfügung und Mitteilungen des Ministeriums für Gesundheitswesen 1974, Nr. 15):

1. Eine wöchentliche Stichtagsstatistik

Sie soll mittwochs die Gesamtzahl der infolge Krankheit Arbeitsbefreiten in Beziehung zur Zahl der Beschäftigten angeben (in %) und zusätzlich für den Stichtag die Neuzugänge mit den Anzahlen für Erkältungskrankheiten und Krankheiten des Magen-Darm-Traktes ausweisen und diese mit den Zahlen der Vorwoche vergleichen.

2. Ein monatlicher Abrechnungskrankenstand

Bei dieser Auswertung soll für jeden Leitungsbereich die Anzahl der Tage mit ärztlich bescheinigter Arbeitsunfähigkeit zu den Sollarbeitstagen in Beziehung gesetzt werden. Diese prozentualen Angaben sind nach dem Geschlecht zu gliedern.

3. Eine jährliche Analyse des Krankenstandes

Diese Auswertung wird nach 5 Gliederungsgesichtspunkten vorgenommen, nämlich nach Leitungsbereichen (bis zur Kostenstelle), nach Produktionsgrundarbeitern und übrigen Beschäftigten, nach dem Geschlecht, nach den Altersgruppen
bis unter 18 Jahre,
18 bis unter 25 Jahre,
25 bis unter 45 Jahre,
45 bis unter 60 Jahre,
60 Jahre und älter,
und nach Diagnosegruppen entsprechend der internationalen Klassifikation der Krankheiten.

Die folgenden Daten werden nach diesen Gliederungsgesichtspunkten zusammengestellt:

— Krankenstand

Eine gleichwertige Größe sind die Arbeitsunfähigkeitstage je 100 Beschäftigte

$$AU_{\text{Tage}} = \frac{\text{Arbeitsausfalltage durch Krankheit} \times 100}{\text{Anzahl der Beschäftigten}}$$

— Anzahl der ärztlichen Arbeitsbefreiungen auf 100 Beschäftigte
— durchschnittliche Dauer der ärztlichen Arbeitsbefreiung je Fall
— Anzahl der Mehrfach-Arbeitsbefreiten innerhalb eines Jahres.

Weiter ist vorgeschrieben, daß tiefergehende Analysen durchzuführen sind, wenn die Auswertung besondere Auffälligkeiten ergibt. Zusätzliche Auswertungsgesichtspunkte sollen dann die

— Tätigkeit,
— Schichtarbeit mit Nachtarbeit,
— Arbeit unter erschwerten und gesundheitsgefährdenden Bedingungen unter Berücksichtigung von Kombinationswirkungen,
— Überstunden,
— Dauer der Beschäftigung im Betrieb sein.

Die jährliche Analyse des Krankenstandes liefert bei forderungsgerechter Durchführung bereits globale Informationen, die als Hinweise für die Güte von Arbeitsgestaltungen genutzt werden können. Dabei beinhalten Ergebnisse der Literatur, daß den größten Indikatorwert für einen motivational bedingten, also „unechten“, weil medizinisch nicht begründeten Krankenstand die Anzahl der ärztlichen Arbeitsbefreiungen haben (vgl. ORENDI 1978). Das wird dadurch erklärt, daß die Krankheitshäufigkeit in stärkerem Maße von den Beschäftigten abhängt als die Krankheitsdauer und daß eine längere Krankheitsdauer eher für eine Krankheit als Abwesenheitsgrund spricht. Über die Krankheitshäufigkeit entscheidet durch das Aufsuchen des Arztes der Patient, über die Krankheitsdauer hingegen der Arzt.

Resultate der jährlichen Krankenstandsanalyse müssen bewertet werden, wenn sie ihre Indikatorfunktion für Probleme erfüllen sollen.

2.2.4.2.2. Berücksichtigung von Kovariablen bei der Bewertung und Interpretation von Krankenstandsdaten

Für die Bewertung von Krankenstandsdaten wird ein Maßstab benötigt, nach dem man entscheiden kann, wann solche Resultate auffällig und wann sie normal sind. Diese Maßstabsbestimmung ist erschwert, weil Krankenstandsdaten von vielen Faktoren abhängen, von denen nur ein Teil Eigenschaften der Arbeitstätigkeit und ihrer Bedingungen sind, auf die mit Hilfe von Krankenstandsdaten hingewiesen werden soll. Durch nicht arbeitsbedingte Faktoren verursachte Variationen des Krankenstandes müssen also abgespalten werden, bevor quantitative Unterschiede als Indikator unterschiedlicher Gestaltungsgüte von Arbeitstätigkeiten und ihren Bedingungen genutzt werden. Dies gelingt nicht vollkommen, ist aber doch für einige Faktoren möglich. Die folgenden Wege bestehen:

a) Selektion von Arbeitsunfähigkeitsdaten, die einen sehr starken Einfluß auf den Krankenstand haben, aber unabhängig von der Gestaltungsgüte von Arbeitstätigkeiten sind. Zu diesen gehören aus Betreuung und Kuren, Tauglichkeitseinschränkungen und aus Umvermittlungen an andere Arbeitsplätze resultierende Arbeitsunfähigkeiten (WIESNER-BALCKE und ENDERLEIN 1975). Sie sind aus betrieblichen Daten erkennbar, sollten deshalb ausgewiesen und bei Relativvergleichen von Krankenstandsdaten selektiert werden.

b) Eine starke Einflußfaktoren berücksichtigende differenzierte Maßstabsbildung. Nach übereinstimmenden Aussagen der Literatur haben personelle Faktoren wie Geschlecht, Qualifikation, Alter, Gesundheitszustand der Werktätigen einen starken Einfluß auf den Krankenstand. WIESNER-BALCKE und ENDERLEIN haben in ihrem umfangreichen Forschungsbericht zahlreiche Einflußfaktoren auf den Krankenstand an einer Stichprobe von 5027 Werktätigen aus fast allen Industriezweigen untersucht. Ihre Ergebnisse weisen eine Abhängigkeit verschiedener Krankenstandsdaten von personellen Faktoren eindeutig aus (s. Tab. 7 und 8).

Weiter zeigt ein Vergleich dieser Daten mit denen des Statistischen Jahrbuches der DDR (s. Tab. 9), daß der Krankenstand in der Industrie vom durchschnittlichen Krankenstand in der DDR abweicht. Diese Abweichungen betreffen vor allem die Frauen. Weibliche Produktionsarbeiter haben einen durchschnittlich 2% höheren Krankenstand als der Gesamtdurchschnitt berufstätiger Frauen. Die in Tab. 2—4 angegebenen Daten können Bewertungsmaßstäbe sein. Mit ihnen werden empirisch gefundene Daten verglichen. Bewertungsmaßstäbe müssen personelle Faktoren und Beschäftigungsverhältnisse berücksichtigen. Geschieht dies nicht, so wird man mit großer Wahrscheinlichkeit immer in Arbeitskollektiven mit höherem Frauenanteil einen höheren Krankenstand finden, der hauptsächlich auf eine größere Krankheitshäufigkeit zurückgeht.

Tab. 7: *Abhängigkeit verschiedener Krankenstandsdaten von Lebensalter und Geschlecht (*Wiesner-Balcke *und* Enderlein *1975; die Krankenstandsanalyse wurde für 5027 Werktätige durchgeführt)*

	Geschlecht	Alter in Jahren			
		25	25—45	45	∅
Krankenstand in %	Männer	4,4	5,4	7,0	5,5
	Frauen	7,5	8,3	9,4	8,4
Durchschnittliche Dauer	Männer	8,7	10,4	16,3	11,1
je Krankheitsfall (Tage)	Frauen	10,8	13,3	17,7	13,7
Fälle/100 Personen	Männer	185,3	189,4	156,0	182,0
	Frauen	253,6	227,6	193,6	224,2

Tab. 8: *Abhängigkeit von Krankenstandsdaten von der Qualifikation (*Wiesner-Balcke *und* Enderlein *1975)*

Qualifikation	Arbeitsunfähigkeitstage pro 100 Beschäftigte	Arbeitsunfähigkeitsfälle pro 100 Beschäftigte
Meister-, Fachschul- und Hochschulabschluß	1574 (100%)	126 (100%)
Facharbeiter (und Lehrlinge)	2251 (+43%)	192 (+53%)
Ungelernte und angelernte	2960 (+88%)	231 (+83%)

Tab. 9: *Durchschnittlicher Krankenstand der Arbeiter und Angestellten in den Betrieben (Statistisches Jahrbuch der DDR 1980)*

Anteil der Arbeitsausfalltage an den zu leistenden Arbeitstagen (in Prozent)

Jahr	Insgesamt	Männer	Frauen
1970	5,63	5,40	5,87
1971	5,39	5,13	5,67
1972	5,89	5,52	6,26
1973	6,29	5,87	6,70
1974	5,89	5,47	6,30
1975	6,21	5,77	6,64
1976	6,45	6,00	6,89
1977	6,19	5,76	6,59
1978	6,34	5,94	6,71
1979	6,22	5,82	6,60

Die Krankheitsdauer steigt mit dem Alter an, weil im höheren Lebensalter chronische Erkrankungen überwiegen und die biologische Regeneration mehr Zeit braucht. Längere Ausfallzeiten bei einem Kollektiv mit einem höheren Durchschnittsalter sind deshalb kein Hinweis auf ungünstigere Arbeitsbedingungen oder schlechtere Arbeitsinhalte.

Über soziale Faktoren hinaus muß bei der Interpretation von Krankenstandsdaten als Indikator für Arbeitsgestaltungsprobleme der Gesundheitszustand der Werktätigen berücksichtigt werden. Schmidtke und Schmale ermittelten in einer Untersuchung, daß geringere Arbeitsleistungen zu 32% mit mangelhafter Sehschärfe erklärt werden können (zitiert nach LEHMANN 1962).

P. RICHTER (1966) fand bei Weberinnen, die mehrere Webautomaten bedienten, signifikante Korrelationen zwischen dem Körpergewicht und der Arbeitsleistung. Übergewichtigen Werktätigen machte es mehr Mühe, die erheblichen Wegstrecken innerhalb einer Arbeitsschicht zurückzulegen. Sie benötigten mehr Erholungspausen, die Maschinenstillstände verursachten.

Tab. 10 gibt die Ergebnisse von WIESNER-BALCKE und ENDERLEIN über die Abhängigkeit der Krankenstandsdaten vom Gesundheitszustand an. Der Gesundheitszustand

Tab. 10: *Abhängigkeit der Krankenstandsdaten vom Gesundheitszustand für Frauen und Männer, gegliedert nach Angestellten und Produktionsarbeitern (*WIESNER-BALCKE *und* ENDERLEIN *1975)*

		AU-Fälle/100 Personen		AU-Tage/100 Personen	
		Angestellte	Produktionsarbeiter	Angestellte	Produktionsarbeiter
Frauen	Gesunde	140	229	1351	2363
	chronisch Kranke	222	235	2982	4026
Männer	Gesunde	75	165	521	1628
	chronisch Kranke	127	211	1464	2685

wirkt sich stärker auf die Arbeitsunfähigkeitstage als auf die Arbeitsunfähigkeitsfälle aus. Von den vorliegenden DDR-Untersuchungen berücksichtigen die Werte von WIESNER-BALCKE und ENDERLEIN (1975) personelle Faktoren am besten, und sie sind an einer großen Stichprobe gewonnen. Sie können deshalb als Maßstab dienen.

c) Die Kontrolle der Zusammensetzung von Stichproben, deren Krankenstandsdaten verglichen werden sollen. Dies ist eine Voraussetzung für Relativvergleiche.

Krankenstandsdaten können für eine Bewertung von Arbeitsinhalten und -bedingungen nur herangezogen werden, wenn die bei einer vergleichenden Bewertung betrachteten Kollektive mindestens hinsichtlich Lebensalter und Geschlecht und möglichst auch hinsichtlich weiterer Kriterien wie Qualifikation, Familienstand, Kinderzahl, Arbeitsweg eine ähnliche Zusammensetzung haben (vgl. P. RICHTER 1976, SCHWIERZ 1977).

Welche Konsequenzen resultieren daraus für das methodische Vorgehen bei der globalen Auswertung der Krankenstandsdaten?

1. Die Erhebung betrieblicher Krankenstandsdaten muß sortiert nach Geschlecht, Qualifikation, Alter und wenn möglich auch nach dem Gesundheitszustand (Gesunde vs. chronische Kranke) für den Analysezeitraum erfolgen.
2. Es ist zu prüfen, ob dieser Krankenstand durch Kuren und Tauglichkeitseinschränkungen mit bedingt ist. Wenn ja, dann müssen die entsprechenden Daten aussortiert werden, da sie nachgewiesenermaßen einen sehr starken Einfluß auf den Krankenstand haben, jedoch keine Indikatorfunktion für die Gestaltungsbedürftigkeit von Arbeitstätigkeiten und ihrer Bedingungen besitzen. Die Krankenstandsdaten

(Arbeitsunfähigkeitstage je 100 Beschäftigte, Arbeitsbefreiungsfälle je 100 Beschäftigte) sind ohne Berücksichtigung dieser Werte erneut zu berechnen.

3. Die errechneten Daten können nur zwischen solchen Abteilungen bzw. Betriebsteilen verglichen werden, die bezüglich der wesentlichen den Krankenstand beeinflussenden personellen Faktoren eine analoge Zusammensetzung haben. Zwischen solchen Abteilungen können Unterschiede in den Krankenstandsdaten mit Hilfe des Chi-Quadrat-Verfahrens auf Signifikanz geprüft werden, und deutlich höhere Werte sind als Hinweis auf die Untersuchungs- und eventuell Gestaltungsbedürftigkeit der entsprechenden Abteilung zu interpretieren.

4. Für globale Aussagen können als Maßstab die von Wiesner-Balcke und Enderlein ermittelten Werte dienen. Die — wie unter Punkt 1 angegeben — sortierten Krankenstandsdaten werden mit diesen verglichen, und wenn sie darüber liegen, ist wiederum mit Hilfe des Chi-Quadrat-Verfahrens zu prüfen, ob dieser Unterschied nur zufällig oder statistisch sicherbar ist. Deutlich erhöhte Krankenstandsdaten werden als Hinweis auf die Gestaltungsbedürftigkeit der entsprechenden Betriebsabteilung interpretiert.

Eine weitere Möglichkeit der Berücksichtigung personeller Faktoren bei der innerbetrieblichen Interpretation von Krankenstandsdaten als Indikator für Arbeitsgestaltungsprobleme hat P. Richter (1976) demonstriert. Sie besteht in einer Vorausberechnung der Arbeitsunfähigkeitshäufigkeit und Arbeitsunfähigkeitsdauer auf der Grundlage von Annahmen über die Bedeutung und das Zusammenwirken verschiedener Faktoren. In vereinfachender Modellierung der tatsächlichen Zusammenhänge kann von einer additiven Wirkung einzelner Faktoren ausgegangen werden. Richter erhielt durch die Nutzung eines linearen additiven Modells, mit dem der Einfluß sozialer und personeller Faktoren auf den Krankenstand beschrieben wurde, erste brauchbare Werte. Dabei wird die empirisch ermittelte Krankheitshäufigkeit und -dauer als eine Funktion des additiven bzw. subtraktiven Zusammenwirkens mehrerer als unabhängig angenommener Faktoren dargestellt. Mit einem solchen Modell ist der durch personelle und soziologische Faktoren bedingte Krankenstand vorausberechenbar. Auf diese Weise ermittelte „Erwartungswerte" können ein nützliches Hilfsmittel bei der Interpretation von Krankenstandsdaten sein. Mit ihnen gelingt es, den Anteil des betrieblicherseits beeinflußbaren Krankenstandes abzuschätzen. Es ist möglich, „aus der Größe und dem Vorzeichen der Differenz zwischen erwarteten und empirisch ermittelten Krankenstandskennziffern Schwerpunkte für gezielte arbeitswissenschaftliche Maßnahmen abzuleiten" (Richter 1976, S. 129). Erwartungswerte werden nach diesem Verfahren betriebsweise berechnet und sie sind brauchbar für die innerbetriebliche Bewertung der Krankenstandssituation.

2.2.5. Fluktuationsanalyse

Die Fluktuation erfaßt Abgänge von Arbeitskräften, die aus persönlichen oder disziplinarischen Gründen erfolgen und volkswirtschaftlich oder betrieblich nicht notwendig wären (nach Lexikon der Wirtschaft, Bd. Arbeit 1968). Zu ihr werden also nicht Arbeitskräftebewegungen gezählt, die aus dem Eintritt einiger Personen in das Rentenalter, aus zeitweiliger Freistellung infolge Schwangerschaft und Wochenurlaub, aus Einberufungen zur Nationalen Volksarmee, aus planmäßigen Umsetzungen in volkswirtschaftliche Schwerpunktbereiche, aus Delegierungen zum Studium oder der Übernahme von Funktionen in gesellschaftlichen Organisationen oder dem Staatsapparat resultieren. Hohe Fluktuation stellt für Betriebe ein ernstes Problem dar, denn „Störungen des kontinuierlichen Ablaufs des Produktionsprozesses und Kostenerhöhungen durch zusätzlichen Qualifizierungsaufwand . . . beeinflussen das ökonomische Ergebnis des Betriebes nachweisbar negativ. Nach in der Sowjetunion erfolgten Schätzungen gehen der Volkswirtschaft durch Fluktuation jährlich ungefähr 5 % der Gesamtproduktion verloren" (ECKE und KRÖMKE 1975, S. 225).

Die Höhe der Fluktuation wird durch einen Fluktuationskoeffizienten bestimmt. Für seine Berechnung werden in einem festzulegenden Zeitraum für einen Betrieb oder eine Abteilung die Abgänge durch Fluktuation zur durchschnittlichen Zahl der Arbeiter und Angestellten in Beziehung gesetzt und in Prozent ausgedrückt:

$$\text{Fluktuationskoeffizient} = \frac{\text{Summe der Abgänge durch Fluktuation} \cdot 100}{\text{Durchschnittszahl der Arbeitskräfte}}$$

(nach Ökonomisches Lexikon, Berlin 1978).

Nicht nur einem erhöhten Krankenstand wird Indikatoreigenschaft für die Güte einer Arbeitsgestaltung bzw. des Arbeitsinhalts zugeschrieben. Viele Autoren sehen auch in der Fluktuation einen solchen Indikator (vgl. z. B. SCHULZE 1966, HACKMAN und OLDHAM 1974, ECKE und KRÖMKE 1975, GAUGLER, KOLB und LING 1977, HACKSTEIN und LUDEMANN 1978). Allerdings gelingt es in univariaten statistischen Analysen kaum, einen Zusammenhang eindeutig nachzuweisen. Die Fluktuation ist wie der Krankenstand vielschichtig bedingt. Insbesondere dominieren auch hier soziologische Einflüsse. So ist die Fluktuationsrate erheblich vom Alter abhängig. Jüngere fluktuieren am häufigsten, ältere Menschen nur noch selten. Als Beispiel für diese Tendenz sei auf die Untersuchungsresultate von BASTIAN, GRUND und MÜLLER (1973) verwiesen. Sie ermittelten in einer Analyse, die 16 industrielle Betriebe erfaßte, für Beschäftigte unter 25 Jahren eine Fluktuationsrate von 43 %. Sie war in der darauffolgenden Altersgruppe der 25- bis 30jährigen mit 18 % schon um mehr als die Hälfte geringer und betrug nur noch 7 % bei den mehr als 50jährigen. Weiter besteht ein deutlicher Zusammenhang zwischen der Fluktuation und der Qualifikation. Gering qualifizierte Werktätige, speziell Angelernte, fluktuieren am häufigsten (vgl. BRAUNREUTHER 1966 und SCHULZE 1966).

BASTIAN, GRUND und MÜLLER (1973) weisen in ihrer Analyse der Tätigkeiten, die keine abgeschlossene Berufsausbildung erforderten, eine Fluktuationsquote von 56,5 % aus, für die Tätigkeiten mit Facharbeiterabschluß 38,5 % und für Tätigkeiten, die eines Meister-, Fach- oder Hochschulabschlusses bedürfen, nur 5 %. In diese Abhängigkeit von der Qualifikation gehen Faktoren des Arbeitsinhalts und der Arbeitsbedingungen ein. Innerhalb gleicher Qualifikationsgruppen ist die Fluktuation bei besseren Arbeitsbedingungen und interessantem Arbeitsinhalt geringer (SCHULZE 1966). Dies ist der Teil von Einflußfaktoren auf die Fluktuation, der ihren Indikatorwert für die Güte der Arbeitsgestaltung bedingt. Sollen Fluktuationswerte als Hilfsmittel zum Identifizieren von Arbeitsgestaltungsproblemen genutzt werden, so muß man versuchen, arbeitsplatzspezifische von soziologischen Einflüssen zu trennen. Die Mindestforderung besteht im Kontrollieren von Alters- und Qualifikationseinflüssen, d. h., signifikant höhere Fluktuationsquoten können nur in einem Vergleichsansatz von altershomogenisierten Gruppen gleicher Qualifikationsebene als Hinweis auf arbeitsgestalterische Probleme interpretiert werden.

Für die Bewertung von Fluktuationsdaten existieren keine Maßstäbe. Ihre Auswertung erfolgt deshalb in Form von vergleichenden Analysen. Besteht für einen Betrieb oder für bestimmte Betriebsabteilungen der Verdacht, daß ungünstig gestaltete Arbeitstätigkeiten und -bedingungen sich auch in einer erhöhten Fluktuation niederschlagen, so kann eine Prüfung folgendermaßen vorgenommen werden:

1. Für den entsprechenden Betrieb oder die Abteilungen werden die absoluten Häufigkeiten des unerwünschten Abgangs ermittelt und prozentual als Anzahl unerwünschter Abgänge pro 100 Beschäftigte und Jahr ausgewiesen.
2. Die prozentuale Verteilung der Beschäftigten auf die Altersgruppen (unter 25, 25—30, 31—49 und 50 Jahre und darüber) und Qualifikationsgruppen (Un- und Angelernte, Facharbeiter, Meister sowie Hoch- und Fachschulabschluß) wird ausgewiesen.
3. Hinsichtlich Alter und Qualifikationsstruktur ähnlich zusammengesetzte Arbeitskollektive mit anderen Arbeitsaufgaben und -bedingungen sind als Vergleichsgruppen auszuwählen.
4. Für die Vergleichsgruppen ist ebenfalls die Anzahl unerwünschter Abgänge pro 100 Beschäftigte und Jahr anzugeben.
5. Unterschiede in den Anteilen unerwünschter Abgänge sind zu prüfen. Liegen sie in dem zu untersuchenden Betrieb signifikant über denen mehrerer Vergleichsbetriebe oder -abteilungen, so weist das auf eine Verursachung durch die ungünstig gestalteten Arbeitstätigkeiten und -bedingungen hin.

Um diese Indikatorfunktion der Fluktuation deutlicher zu machen, schlagen HACKSTEIN und LUDEMANN (1978) die Nutzung der Kontingenz- und Diskriminanzanalyse vor. Mit ihrer Hilfe wird eine Fluktuationskennziffer berechnet, „die überbetriebliche und individuelle Einflüsse eliminiert und so arbeitsplatzspezifische Einflüsse stärker hervortreten läßt“ (S. 39).

Das Vorgehen besteht in folgenden Schritten:

1. In dem zu untersuchenden Betrieb bzw. den zu untersuchenden Betrieben wird geprüft, welche der aus der Literatur bekannten generellen Fluktuationseinflüsse, wie Lebensalter, Betriebsalter, Geschlecht, Qualifikation, Familienstand, Lohnhöhe, sich signifikant auf die Fluktuation auswirken. Um dies zu erreichen, werden die Beschäftigten entsprechend der angegebenen Variablen kategorisiert, also beispielsweise hinsichtlich

— des Lebensalters in die Gruppen = 20, 21 bis 30, 31 bis 40, 41 bis 50, 51 bis 60, 61 Jahre und darüber,

— der Qualifikation in Un- und Angelernte, Facharbeiter, Meister-, Fach- und Hochschulabschluß usw.

Für jede dieser Kategorien wird der prozentuale Fluktuationskoeffizient

$$\left(\mathrm{FK} = \frac{\text{Abgänge durch Fluktuation} \times 100}{\text{Anzahl der Beschäftigten}}\right)$$

errechnet und dargestellt. Abb. 12 gibt aus der Arbeit von HACKSTEIN und LUDEMANN ein Beispiel für eine solche Darstellung an. Die Signifikanzprüfung des Einflusses der Variablen erfolgt mit Hilfe der Kontingenzanalyse.

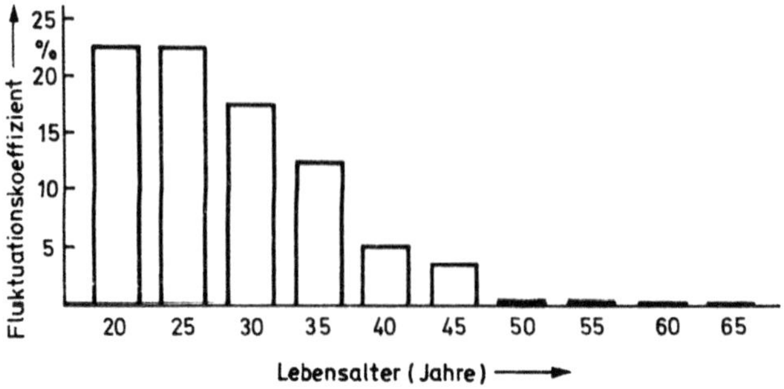

Abb. 12: Fluktuationshäufigkeit in Abhängigkeit vom Lebensalter (HACKSTEIN und LUDEMANN 1978).

2. Durch die Diskriminanzanalyse (vgl. WEBER 1972, S. 550ff.) wird das relative Gewicht der signifikanten Einflußgrößen im Verhältnis zueinander bestimmt, denn durch die Kontingenzanalyse ist nur in eindimensionaler Betrachtungsweise ermittelt worden, ob ein deutlicher Einfluß besteht. Eine Quantifizierung der relativen Gewichte der Einflußfaktoren ist durch den Abstand der Gruppenmittelwerte der Diskriminanzfunktion zwischen Fluktuierenden und Nicht-Fluktuierenden möglich. Er ist ein „Maß für die Güte der Trennung, die mit Hilfe der in die Diskriminanzfunktion eingegangenen Variablen erreicht wurde, und damit auch ein Maß für die Bedeutung dieser Variablen für die Fluktuation" (HACKSTEIN und LUDEMANN, S. 39).
3. Für den Untersuchungsbetrieb werden die Fluktuationskoeffizienten für die einzelnen Abteilungen oder Bereiche getrennt ausgewiesen und die Differenzen zur durchschnittlichen Fluktuation des Gesamtbetriebes dargestellt (vgl. Abb. 13).

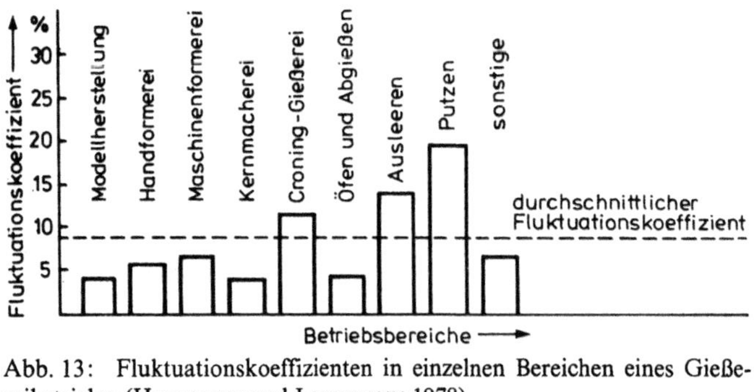

Abb. 13: Fluktuationskoeffizienten in einzelnen Bereichen eines Gießereibetriebes (HACKSTEIN und LUDEMANN 1978).

4. Es werden korrigierte Fluktuationskennziffern errechnet, indem die Koeffizienten der einzelnen Bereiche mit den aus der Diskriminanzfunktion errechneten Werten gewichtet werden. Diese Werte ergeben sich je nach Zusammensetzung der Teilbelegschaften und der Ausprägung der Diskriminanzvariablen bei den einzelnen Personen dieser Teilbelegschaften. Das führt dazu, daß die Fluktuation eines Beschäftigten, der über mehrere Merkmale der Gruppe der Fluktuierenden verfügt, z. B. geringes Lebens- und Arbeitsplatzalter, niedrigere Lohn- oder Gehaltsgruppe usw., mit geringem Gewicht

eingeht, hingegen die Fluktuation eines Beschäftigten, der über die Merkmale der Gruppe der Nicht-Fluktuierenden verfügt (höheres Lebens- und Arbeitsplatzalter usw.), mit großem Gewicht.

5. Die korrigierten Fluktuationskennziferrn sind die Interpretationsgrundlage. Sie spiegeln Auswirkungen der Arbeitsbedingungen auf die Fluktuation besser wider, weil ein Teil der Kovariablen, nämlich die in der Diskriminanzfunktion berücksichtigten Faktoren, eliminiert sind.

Gestaltungsbedürftige Arbeitsplätze können so mit Hilfe der Fluktuationsanalyse identifiziert werden.

2.2.6. Die Analyse von Arbeitsunfällen

2.2.6.1. Arbeitsunfälle als Indikator für Arbeitsgestaltungsmängel

Arbeitsunfälle weisen auf Mängel in der Arbeitsgestaltung hin. Sie zeigen Gefahren an bzw. in welchem Maße Schutzmaßnahmen vorhanden und wirksam sind. Wenn Arbeitsunfälle eintreten, wie auch bei überdurchschnittlich hohem Krankenstand, sind Arbeitstätigkeiten noch nicht schädigungslos gestaltet. Entsprechend dem hierarchischen Bewertungskonzept für die Gestaltungsgüte von Arbeitstätigkeiten (vgl. Hacker 1974, 1980) sind Arbeitstätigkeiten erst bezüglich übergeordneter Bewertungsebenen, die vorwiegend psychologische Kriterien beinhalten, befriedigend gestaltbar, wenn bezüglich untergeordneter keine Mängel auftreten. Die Schädigungslosigkeit ist somit eine Voraussetzung für die psychologische Bestgestaltung von Arbeitstätigkeiten, und Arbeitsunfälle sind neben anderen eine, aus Betriebsunterlagen leicht zugängliche Datenkategorie, die auf Probleme hinweist. Sie sind sehr ernste Indikatoren für Mängel bei der Gestaltung von Arbeitstätigkeiten und ihrer Bedingungen. Für diese Indikatorfunktion kommen jedoch nicht alle Unfälle in Betracht, sondern nur Arbeitsunfälle im engeren Sinne (vgl. Abb. 14). Für entsprechende Auswertungen ist betrieblichen Statistiken diese Kategorie zu entnehmen.

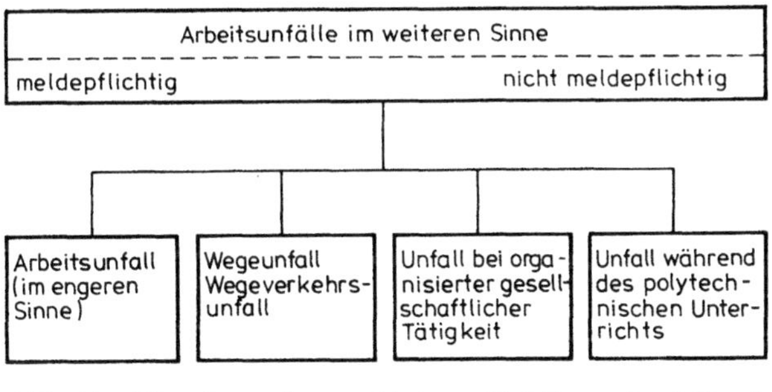

Abb. 14: Einordnung der verschiedenen Unfalltypen (nach Handbuch für den Gesundheits- und Arbeitsschutz, Bd. I, 1976).

2.2.6.2. Erfassung der Arbeitsunfälle im Betrieb

Im Betrieb werden Unfälle in zweierlei Richtung analysiert. Es erfolgt die Untersuchung des einzelnen Unfalls hinsichtlich seines Hergangs und seiner Ursache und die Untersuchung der Gesamtheit der im jeweiligen Bereich auftretenden Unfälle.

Herausgegeben vom
Staatssekretariat für Arbeit und Löhne
beim Ministerrat der DDR

Genehmigungsvermerk
Genehmigt als Fallmeldung
am 26. Juni 1975
und registriert unter Nummer 3210/80/601
Befristet bis zum 31. Dezember 1980
Staatliche Zentralverwaltung für Statistik

Unfallmeldung

(für Unfälle mit einem Arbeitszeitausfall von mehr als drei Tagen und für tödliche Unfälle)

An den
Bezirksvorstand des FDGB
– Arbeitsschutzinspektion –

Sitz ______

Vermerk der Arbeitsschutzinspektion des FDGB							
2	5a	11	15	16	17	23	28

Untersuchung – nicht – erforderlich und durchgeführt am: ______

Z. d. A. ______ (Datum u. Name des Bearbeiters)

AU	WU	WVU	GT	PU	FS

Teil I (beschreibender Teil)

1. Anschrift des meldepflichtigen Betriebes bzw. Kombinates:

Tel.-Nr.

2. Betriebsnummer:
3. Betriebliche Ereignisnummer des Unfalls im Kalenderjahr:
4. Übergeordn. wirtschaftsleitendes Organ:

5. Genaue Beschreibung der Unfallstelle (Betriebsteil, Bereich, Abteilung bzw. Unfallort außerhalb des Betriebes):

6. Name, Vorname: 7. Geburtsdatum:

8. Wohnanschrift:

9. Lt. Arbeitsvertrag ausgeübte Tätigkeit im Betrieb:

10. Tätigkeit, bei der der Unfall eintrat:

11. Berufliche Qualifikation:

12. Zeitpunkt des Unfalls: Datum Uhrzeit

13. Arbeitsbeginn des Werktätigen am Unfalltag:

14. Datum des Beginns der Arbeitsunfähigkeit bzw. Schulunfähigkeit:

15.0. Unfallschilderung

15.1. Unfallhergang (einzugehen ist u. a. auf Maschinen- und Anlagentyp sowie Baujahr und Beschreibung des Arbeitsgegenstandes):

15.2. Genaue Bezeichnung der Verletzung:

AS 1000/1 VV Freiberg, Außenstelle Dresden, Ag 307 III/11/10 79 2004 D 20047

15.3. Unfallursachen (bezogen auf das Arbeitsmittel – wie Maschinen, Anlagen, Werkzeuge –, den Arbeitsgegenstand sowie auf das Verhalten des Unfallbetroffenen und anderer Werktätiger mit und ohne Leitungsfunktion):

16. Welche Rechtsvorschriften sowie betrieblichen und überbetrieblichen Weisungen wurden durch wen verletzt?

17. Eingeleitete Unfallverhütungsmaßnahmen (technische, technologische, organisatorische sowie Erziehungs- und Belehrungsmaßnahmen):

17.1. Termin des Abschlusses der eingeleiteten Maßnahmen:

18. Wurde der Unfallbetroffene bzw. die Angehörigen über §§ 219 und 267–269 des Arbeitsgesetzbuches unterrichtet? ja / nein*

19. Angaben zu den Zeugen des Unfalls (Name, Tätigkeit im Betrieb, Wohnanschrift):

20. Angaben zu den Verantwortlichen, die den Unfall untersucht haben (Name, Funktion):

20.1. Unfalluntersuchung durchgeführt am: ______ 20.2. Liegt ein Unfalluntersuchungsbericht vor? ja / nein*

21. Unterschriften:

Verantwortlicher, der den Unfall untersucht hat — Zeuge — Betriebsleiter (Die Unterschrift des Betriebsleiters schließt auch die Bestätigung der richtigen Ausfüllung des Teils II der Meldung mit ein)

ASO/ASK — Zeuge

Ort: ______ Datum: ______

Nur auf dem im Betrieb verbleibenden Exemplar auszufüllen.

22. Unfallbetroffener Werktätiger

23. Als Arbeitsunfall – anerkannt – nicht anerkannt (Von der BGL bzw. von der Verwaltung der SV zu entscheiden)

Unterschrift — Unterschrift

Die Unfallmeldung ist bei Unfällen mit einem Arbeitszeitausfall von mehr als 3 Tagen und bei tödlichen Unfällen auszufüllen. Sie gilt für Arbeitsunfälle und Unfälle, die den Arbeitsunfällen versicherungsrechtlich gleichgestellt sind (siehe dazu: Arbeitsgesetzbuch der DDR vom 16. 6. 1977 GBl. I Nr. 18 S. 216, VO über die Erweiterung des Versicherungsschutzes bei Unfällen in Ausübung gesellschaftlicher, kultureller oder sportlicher Tätigkeiten vom 11. 4. 1973 GBl. I Nr. 22 S. 199 und VO über die Sozialversicherung bei der Staatlichen Versicherung der DDR vom 9. 12. 1977 GBl. I Nr. 1 S. 17).

Für jeden Unfallbetroffenen ist eine gesonderte Meldung auszufertigen. Für Berufskrankheiten sind gesonderte Vordrucke zu verwenden.

Die Unfallmeldung ist spätestens am 4. Tage nach dem Unfalleintritt der für den Unfallort zuständigen Arbeitsschutzinspektion in einfacher Ausfertigung (Original) zuzusenden. Eine Ausfertigung verbleibt im Betrieb und ist nach 2 Jahren der Kaderakte beizufügen.

Massenunfälle, tödliche Arbeitsunfälle und Arbeitsunfälle mit schweren Körperschäden sind sofort fernmündlich oder telegrafisch dem zuständigen Kreisarzt, dem übergeordneten Organ und der für den Unfallort zuständigen Arbeitsschutzinspektion sowie der zuständigen Dienststelle der Deutschen Volkspolizei zu melden. Die Ausfüllung der Unfallmeldung hat wahrheitsgemäß zu erfolgen. Wird eine Unfallmeldung zu spät oder nicht erstattet, so kann die Arbeitsschutzinspektion gegen den Verantwortlichen Ordnungsstrafen bis zu 300,– M aussprechen.

* Nichtzutreffendes streichen

Unfallmeldung Teil II
(statistischer Teil)

0. Kartenart 1 [6]

1. Betriebsnummer 2–9

2. Eigentumsform 10–12

3. Bezirk/Kreis (in dem sich der Unfallort befindet) 13–16

4. Übergeordnetes wirtschaftsleitendes Organ 17–22

5. Wirtschaftsgruppe
a) wird vom FDGB ausgefüllt 23–25
b) wird vom Betrieb ausgefüllt

6. Betriebliche Ereignisnummer des Unfalls im Kalenderjahr 26–29

7. Geschlecht
[1] männlich [2] weiblich 30

8. Geburtsjahrgang (die letzten beiden Ziffern eintragen, z. B. 1951 = 51) 31–32

9. Wie lange übte der Werktätige die Tätigkeit aus, bei der der Unfall eintrat?
[1] bis zu 1 Tag
[2] über 1 bis 3 Tage
[3] über 3 Tage bis 6 Wochen
[4] über 6 Wochen bis 1 Jahr
[5] über 1 Jahr bis 5 Jahre
[6] über 5 Jahre
[7] Die Frage trifft auf den Unfall nicht zu 33

10. Ist an diesem oder an einem gleichartigen Arbeitsplatz im Abt.-, Meister- bzw. Brigadebereich während der letzten 2 Jahre bereits ein Arbeitsunfall eingetreten, der auf die gleichen Ursachen zurückzuführen ist?
[1] ja [2] nein
[3] Die Frage trifft auf den Unfall nicht zu 34

11. Zu welcher Gruppe gehört der betroffene Werktätige?
[1] Produktionspersonal einschl. Mitgl. von Prod.-Gen.
[2] Leitungs- und Verwaltungspersonal sowie produktionsvorbereitendes Personal
[3] Betreuungs- und pädagogisches Personal
[4] Lehrling
[5] Schüler, Student
[6] Sonstige Berufstätige 35

12. Welcher Art ist der Unfall?
[1] Arbeitsunfall
[2] Wegeunfall
[3] Wegeverkehrsunfall
[4] Unfall bei organisierter gesellschaftl. Tätigkeit
[5] Unfall beim polytechnischen Unterricht
[6] Unfall während d. Ferientätigkeit v. Schülern 36

13.0. Wann trat der Unfall ein? (In Zahlen eintragen)
13.1. Monat (Jan. = 01, Dez. = 12) 37–38
13.2. Wochentag (1 = Mo, 2 = Die, 3 = Mitt, 4 = Do, 5 = Fr, 6 = Sa, 7 = So) 39
13.3. Uhrzeit (00.00 ...... 23 59) 40–41

Name und Anschrift des Betriebes (Betriebsstempel):

14. Entsprach das Arbeitsmittel oder der Arbeitsgegenstand, durch den der Unfall unmittelbar verursacht wurde, den arbeitsschutzrechtlichen Bestimmungen?
[1] ja [2] nein
[3] Die Frage trifft auf den Unfall nicht zu 44

15. Welcher Einflußfaktor bewirkte den Unfalleintritt?
[01] bewegte Teile an Maschinen und Anlagen
[02] bewegliche Maschinen und Fahrzeuge
[03] Ecken, Kanten, Spitzen, Schneiden
[04] sich lösende, fallende, einstürzende, kippende, rollende oder gleitende Teile
[05] ungenügende Trittsicherheit sowie andere Faktoren, die zum Sturz auf der Ebene führten
[06] ungenügende Trittsicherheit sowie andere Faktoren, die zum Sturz aus der Höhe führten
[07] elektrischer Strom
[08] extrem heiße oder kalte Teile bzw. Medien
[09] lebende Tiere
[10] leicht brennbare oder explosible Stoffe
[11] giftig, ätzend oder ähnlich wirkende Stoffe
[12] sonstige 45–46

16. Bei welcher Tätigkeit trat der Unfall ein?
[10] maschineller Transport
[21] Transport von Hand mit technischen Hilfsmitteln
[22] Transport von Hand ohne technische Hilfsmittel
[31] Wartung, Pflege und Überprüfung
[32] Instandsetzung (mechanisiert und im Fließverfahren)
[33] Instandsetzung (handwerkliche Tätigkeiten)
[41] maschinelle Tätigkeiten bei Fertigungsmontagen
[42] manuelle Tätigkeiten bei Fertigungsmontagen
[51] maschinelle Tätigkeiten zur Herstellung eines Produktes (außer Montagen)
[52] manuelle Tätigkeiten zur Herstellung eines Produktes (außer Montagen)
[53] Überwachung von Maschinen und Anlagen
[54] andere Tätigkeiten im Produktionsprozeß
[55] sonstige
[60] Die Frage trifft auf den Unfall nicht zu 47–48

17.0. War die Anwendung sicherheitstechnischer Mittel, z. B. Schutzvorrichtungen, die im unmittelbaren Zusammenhang mit dem Unfall standen, erforderlich?
[1] ja [2] nein
[3] Die Frage trifft auf den Unfall nicht zu 49

17.1. Standen sie am Arbeitsplatz zur Verfügung?
[1] ja [2] nein 50

17.2. Wurden sie zweckentsprechend angewendet?

18.0. War die Benutzung von Körperschutzmitteln, die im unmittelbaren Zusammenhang mit dem Unfall standen, erforderlich?
[1] ja [2] nein
[3] Die Frage trifft auf den Unfall nicht zu 52

18.1. Standen sie dem Werktätigen zur Verfügung?
[1] ja [2] nein 53

18.2. Wurden sie weisungsgemäß bzw. zweckentsprechend benutzt?
[1] ja [2] nein 54

19.0. Ist der Unfall auf unzureichende technische Sicherheit und/oder Funktionssicherheit des Arbeitsmittels zurückzuführen?
[1] ja [2] nein
[3] Die Frage trifft auf den Unfall nicht zu 55

19.1. Worauf sind die unzureichende technische Sicherheit und/oder Funktionssicherheit zurückzuführen?
[1] auf Konstruktionsfehler
[2] auf Materialfehler
[3] auf Überbeanspruchung des Arbeitsmittels
[4] auf Verschleiß, Korrosion
[5] sonstiges 56

20. Ist der Unfall auf einen Mangel im Arbeitsverfahren (Technologie) zurückzuführen?
[1] ja [2] nein
[3] Die Frage trifft auf den Unfall nicht zu 57

21. Wurde der Unfalleintritt durch erschwerte Umweltbedingungen (z. B. unzureichende Beleuchtung, Klima, Lärm) nachweisbar begünstigt?
[1] ja [2] nein 58

22.

59 [3]

23.0. Wurde der Werktätige über die Anforderungen an das arbeitsschutzgerechte Verhalten für die Tätigkeit, bei der der Unfall eintrat, nachweislich belehrt?
[1] ja [2] nein
[3] Die Frage trifft auf den Unfall nicht zu 60

23.1. Wurden die Verhaltensanforderungen eingehalten?
[1] ja [2] nein 61

24. Wurde der Unfall unmittelbar durch andere Werktätige verursacht?
[1] ja [2] nein 62

25. Welche Verletzung wurde durch den Unfall verursacht?
[1] Verstauchungen, Verrenkungen
[2] Knochenbrüche (auch Schädelbruch)
[3] oberflächliche Verletzungen (Riß- und Schnittwunden) Prellungen
[4] Gliedverluste
[5] innere Quetschungen, Erschütterungen und andere innere Verletzungen
[6] Verbrennungen, Verbrühungen, Verätzungen
[7] akute Vergiftungen
[8] Erstickungen
[9] mehrfache Verletzungen 63

26. Welcher Körperteil wurde verletzt?
[1] Kopf
[2] Augen
[3] Hals
[4] Schulter, Arme, Hände
[5] Rumpf
[6] Hüfte, Beine, Füße
[7] mehrere Körperteile 64

27. Hatte der Unfall tödlichen Ausgang?
[1] ja [2] nein
(Tritt der Tod des Werktätigen nach Abgabe der Unfallmeldung innerhalb von 30 Tagen ein, ist eine Nachmeldung an die zuständige Arbeitsschutzinspektion in der durch die Erläuterung vorgegebenen Form erforderlich!) 65

28. Staatsangehörigkeit (nur bei Unfällen von Bürgern anderer Staaten auszufüllen)
[1] VR Polen
[2] VR Ungarn
[3] DVR Algerien
[4] SR Vietnam
[5] andere Staaten 66

29. 67–72

30.

31.

32.

33.

34.

35. Kartenkennzeichen 79–80

Abb. 15: Formular einer Unfallmeldung (für Unfälle mit einem

Betriebliche Unfallanalysen, die im Sinne einer retrospektiven Gefahrenanalyse durchgeführt werden, dienen sowohl dem Ziel, nachträglich die relevanten Gefahren zu beseitigen, als auch zukünftig gleich oder ähnlich gelagerte Unfälle zu vermeiden. Da Betriebe gesetzlich zur Durchführung von Unfallanalysen verpflichtet sind, liegen Unfalldaten in aufbereiteter Form vor. Unfälle werden in der DDR in allen Bereichen der Volkswirtschaft durch die Unfallmeldung erfaßt. Sie besteht aus einem zweiteiligen Formblatt (s. Abb. 15). Der erste Teil ist ein beschreibender, in dem Angaben zum Betrieb, zur vom Unfall betroffenen Person und zum Unfallhergang gemacht werden. Der zweite, statistische Teil beinhaltet Kennzeichnungen des Unfalls, seiner Entstehungsbedingungen und personelle Angaben zur betroffenen Person, die als Auswertungskategorien in Frage kommen und auch Ansprüchen an eine psychologische Auswertung von Unfällen genügen.

Die statistische Auswertung von Unfällen basiert auf der Kennzeichnung der Unfallhäufigkeit und der Unfallfolgen. Für Vergleiche ist der Bezug auf Zeiträume und Betriebsgrößen erforderlich. Zu diesem Zweck sind als Kennzahlen Relativzahlen eingeführt. Diese sind:

1. Die relative Unfallhäufigkeit, auch Unfallquote (U_q) genannt

$$U_q = \frac{U}{B} \cdot K .$$

Darin sind:
U Zahl der meldepflichtigen Unfälle im festgelegten Zeitraum (Monat, Quartal oder Jahr) im jeweiligen Bereich (Abteilung, Betrieb, Kombinat o. ä.)
B Zahl der durchschnittlich während des festgelegten Zeitraumes im jeweiligen Bereich Beschäftigten
K Konstanter Faktor, der die einheitlich gewählte Bezugsbasis darstellt. Im allgemeinen wird dieser Faktor mit 1000 veranschlagt.

2. Der Unfallfolgequotient U_{f_q}

$$U_{f_q} = \frac{t_U}{t_{\mathrm{Soll}} \cdot B} \cdot K .$$

Darin sind:
t_U Summe der Ausfallzeiten durch Arbeitsunfähigkeit infolge von Arbeitsunfällen des jeweiligen Bereiches im festgelegten Zeitraum in Stunden,
t_{Soll} Summe der Soll-Arbeitszeiten einer Vollbeschäftigteneinheit des jeweiligen Bereiches im festgelegten Zeitraum in Stunden,
B durchschnittliche Zahl der Beschäftigten des jeweiligen Bereiches im festgelegten Zeitraum in Vollbeschäftigten-Einheiten,
K Konstanter Faktor als einheitliche Bezugsbasis

(vgl. Handbuch für den Gesundheits- und Arbeitsschutz, Bd. 1, 1976).

Diese Kennzahlen werden in Betrieben für die vier in Abb. 14 dargestellten Untergruppen berechnet. Sie bilden die Grundlage für die Ermittlung von Unfallschwerpunkten und -ursachen.

2.2.6.3. Unfallschwerpunkt- und Unfallursachenermittlung

Die Auswertung von Unfalldaten erfolgt nach dem Prinzip der simultanen multiplen Klassifikation (GNIZA 1958). Seine „Bedeutung ergibt sich aus den Möglichkeiten, mit Hilfe von Gruppierungshäufigkeiten Schlüsse auf Unfallschwerpunkte, Unfallgefahren und -ursachen zu ziehen" (GNIZA 1958, S. 93). Das heißt, Unfälle müssen nach mehreren Gesichtspunkten kategorisiert und entsprechend zu mehreren verallgemeinernden Kennzahlen verrechnet werden. Nur so wird man der multifaktoriellen Bedingtheit von Unfällen gerecht. In den meisten Fällen sind sie durch das Zusammentreffen objektiver Einflußgrößen wie Mängel an den Arbeitsmitteln, im Informationsfluß oder Unzulänglichkeiten in der Arbeitsorganisation mit bestimmten personellen Bedingungen zu erklären. Ihre Klassifikation nach Gefährdungsschwerpunkten, d. h. nach potentiell als Unfallursache in Frage kommenden Bedingungen, und nach Vorkommensschwerpunkten, also Arbeitsplätzen, Abteilungen usw. mit gehäuftem Auftreten von Unfällen, führt hin zur Ermittlung von Ursachen. Der statistische Teil der Unfallmeldung enthält hypothetische Gefährdungen. Die Darstellung der Daten nach den in ihr angegebenen Kategorien sind deshalb ein wichtiger Schritt. Sein Ergebnis ist die Identifizierung von Unfallschwerpunkten, ausgedrückt als signifikant höhere Unfallquote in Begriffen von Abteilungen, Tätigkeiten, Eigenschaften von Arbeitsmitteln, der Art und Einhaltung bestehender Sicherheitsvorschriften. Diese Angaben sind zunächst auch hinreichend für das Benennen von Bereichen, in denen Arbeitsgestaltungsmaßnahmen notwendig sind. Für psychologische Analyseziele kann es darüber hinaus wichtig sein, die Bedingungen und Eigenschaften der psychischen Tätigkeitsregulation bewußt mit zu erfassen. Es ist nachgewiesen, daß das Niveau der psychischen Tätigkeitsregulation und auch die Qualität der psychischen Regulationsgrundlagen mit dem Unfallgeschehen in Zusammenhang stehen. Die Fruchtbarkeit einer Analysetechnik, die das Niveau der psychischen Tätigkeitsregulation als Analysehilfsmittel nutzt, haben SCHENK und SCHMIDT (1972) bei der Untersuchung von Straßenbahnunfällen demonstriert. Ihre Befunde über eine geringere Unfallwahrscheinlichkeit bei Forderungen nach höherer geistiger Aktivität und über hohe Unfallanteile bei überwiegend sensumotorischem Regulationsniveaus, das eine unvollständige oder ungenügende Situationserfassung sowie inadäquate Hypothesen bezüglich der Arbeitsanforderungen zu begünstigen scheint, sind für eine angemessene Maßnahmenwahl wesentlich. Das methodische Vorgehen setzt dann allerdings nicht an den aufbereiteten betrieblichen statistischen Daten, den Unfallhäufigkeiten, Unfallquoten und Unfallfolgequotienten an, sondern muß auf der Grundlage der Unfallmeldungen neu erfolgen, weil zusätzliche, nämlich auf das psychische Regulationsniveau bezogene Kategorien auswertungsrelevant sind. Das hat eine aufwendige und über die Bedürfnisse der Grobidentifikation von Untersuchungsschwerpunkten, die in diesem Kapitel diskutiert werden, teilweise hinausgehende Auswertung zur Folge. Die einzelnen Schritte sollen dennoch skizziert werden:

1. Aus der Menge der Arbeitsunfälle im engeren Sinne werden die herausgesucht, deren Entstehung durch psychische Faktoren mit bedingt ist. Von Werktätigen nicht beeinflußbare Unfälle, wie z. B. aus Materialfehlern resultierende, sind für Analysen der Beziehungen zwischen dem psychischen Regulationsniveau und dem Eintreten von

Unfällen nicht geeignet. Diese Sortierung wird auf der Grundlage der Unfallmeldungen vorgenommen.
2. Die Unfälle werden entsprechend dem Prinzip der simultanen multiplen Klassifikation sowohl nach den in dem statistischen Teil der Unfallmeldungen enthaltenen Gruppierungen ausgewertet als auch nach Kriterien der Handlungsregulation. Um diese zu bestimmen, wird anhand der Beschreibung des Unfallhergangs eine Kategorisierung der zum Unfall führenden Handlungen nach der Art der Fehlregulation vorgenommen. SCHENK und SCHMIDT (1972) haben bei der Untersuchung von Straßenbahnunfällen die folgenden Kategorien gebildet:
a) Fehlverhalten vor allem infolge unvollständiger, ungenügender Situationserfassung,
b) Fehlverhalten vor allem infolge inadäquater Vermutungen, Annahmen oder Hypothesen bezüglich der Situation,
c) Fehlverhalten vor allem infolge der Unkenntnis vorgeschriebener Verhaltensweisen,
d) Fehlverhalten vor allem infolge unzureichender Fahrfertigkeiten,
e) Fehlverhalten vor allem infolge von Tendenzen zur sachlichen Überforderung,
f) Fehlverhalten vor allem infolge unzureichender Kommunikation.
Je nachdem, welche Tätigkeitsklasse untersucht wird, können diese Kategorien übernommen, modifiziert oder ergänzt werden.
3. Diesen Kategorien werden absolute und relative Unfallhäufigkeiten zugeordnet (s. Abb. 16).

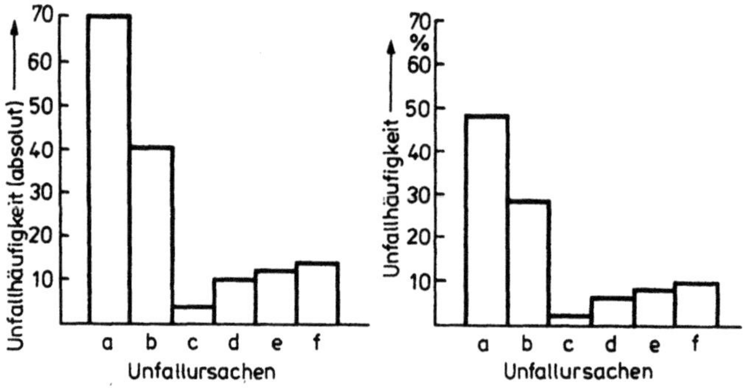

Abb. 16: Übersicht über die Verteilung der Unfallursachen bei Straßenbahnunfällen (nach SCHENK und SCHMIDT 1972; die Buchstaben auf der Abszisse geben die Unfallkategorien an, siehe Text.)

4. Verallgemeinerungen werden erleichtert, indem die Unfallursachen bezeichnenden Fehlregulationen nach Ebenen der psychischen Regulation zusammengefaßt werden, der sensumotorischen, der perzeptiv-begrifflichen und der intellektuellen, und wenn diesen ebenfalls die absoluten und relativen Unfallhäufigkeiten zugeordnet werden. Für SCHENK und SCHMIDT führt die Kategorisierung der Unfälle nach dem Regulationsniveau der zum Unfall führenden Handlung zu folgendem Resultat (Tab. 11):

Der Befund von SCHENK und SCHMIDT, daß Unfälle häufiger durch Handlungen niederen Regulationsniveaus verursacht werden, ist mehrfach bestätigt. Analoge bekannte

Tab. 11: *Beispiel für die Kategorisierung der Unfälle nach dem psychischen Regulationsniveau der Arbeitshandlungen, durch die sie entstanden sind, mit der Angabe der absoluten und relativen Häufigkeiten (nach* SCHENK *und* SCHMIDT *1972)*

Regulationsniveau der zum Unfall führenden Handlung	Erläuterung	Unfallhäufigkeit absolut	%
Sensumotorisch: Fehlanpassung, da die Handlungsregulation nur auf sensumotorischer Ebene erfolgte	Fehlanpassung, da objektive Sachverhalte zwar wahrgenommen wurden, Handlungen jedoch ausblieben		
	Fehlanpassung, da objektive Sachverhalte zwar wahrgenommen wurden und Handlungen auslösten, die allerdings ohne bedeutsame aktuelle kognitive Regulation abliefen	82	49,0
Perzeptiv-begrifflich: Fehlanpassung, da die Verkehrssituation keine oder nur perzeptive Prozesse auslöste	Fehlanpassung, da Wahrnehmung objektiver Sachverhalte nicht erfolgte, obwohl das leicht möglich war	5	3,0
Intellektuell: Fehlanpassung, da die Handlungsregulation zwar auf integrativer Ebene, aber nur unvollständig verlief	Fehlanpassung, da objektive Sachverhalte zwar wahrgenommen wurden und Handlungen auslösten, die kognitiven Anteile jedoch inadäquat oder unzureichend gesichert waren	55	39,0
	Fehlanpassung, da objektive Sachverhalte zwar wahrgenommen wurden und Handlungen auslösten, die auch im wesentlichen angemessen kognitiv reguliert wurden, mit Ausnahme einiger Details, die das Eintreten des Unfalls bewirkten	16	9,0
		158	

Belege für negative Auswirkungen niederer psychischer Regulationsebenen bei Arbeitstätigkeiten sind „Einstellungs- und Erwartungsfehler, die einer zweckmäßigen Gesetzmäßigkeit des Wahrnehmens, nämlich der Einstellungsbildung entsprechen, oder Beharrungs- oder Stereotypisierungsfehler als Folge der Gesetzmäßigkeit der psychischen Automatisierung von Handlungskomponenten unter relativ stabilen Ausführungsbedingungen" (HACKER 1978, S. 337). Sie müssen nicht zwangsläufig zu Unfällen führen. Diese sind aber ihre extreme Konsequenz. Beziehungen zwischen Qualität der psychischen Regulationsgrundlagen und dem Unfallgeschehen konnte ARLT (1979) nachweisen. Er ermittelte, daß Werktätige den Gefährdungsgrad bestimmter Arbeitssituationen und die Wahrscheinlichkeit ihres Auftretens teilweise falsch beurteilen, indem sie objektiv gegebene Gefahren unterschätzen und als Folge davon vorgeschriebene Sicherheitshandlungen unterlassen. Dies macht deutlich, daß der Arbeitspsychologe für die Analyse und Auswertung des Unfallgeschehens ebenfalls gefordert und seine Mitwirkung bei der Ableitung von zur Unfallsenkung führenden Maßnahmen unerläßlich ist.

2.3. Zusammenfassung

Die Analyse der diskutierten Daten kann helfen, Arbeitstätigkeiten oder Betriebsabteilungen zu identifizieren, bei denen die Gestaltung des Arbeitsinhalts bzw. der Arbeitsbedingungen noch nicht voll befriedigt, bzw. festzustellen, wo in einem Betrieb mit den Mitteln der psychologischen Arbeitsgestaltung Verbesserungen zu erwarten sind. Dabei kann die Auswertung einzelner Datengruppen für sich nicht immer ein zuverlässiges Indiz für vorhandene Probleme sein. Vielmehr sollte nach dem Prinzip der Kriterienkonvergenz verfahren werden, d. h., verschiedene Datengruppen sollten analysiert und in ihrer Aussagerichtung verglichen werden. Häufen sich auf diese Weise Hinweise auf Probleme, so kann eine solche Kriteriumskombination als genügend sicherer Indikator für eine Untersuchungs- und Gestaltungsbedürftigkeit der entsprechenden Arbeitstätigkeiten interpretiert werden. Die Analyse betrieblicher Daten kann also Siebtest für das Erkennen psychologischer Gestaltungsprobleme sein.

3. Psychologische Auftrags- und Bedingungsanalyse

3.1. Arbeitsauftrag und Anliegen der psychologischen Auftrags- und Bedingungsanalyse

Nachdem mit Hilfe der Analyse betrieblicher Daten Untersuchungsschwerpunkte identifiziert sind, werden psychologische Arbeitsanalysen mit der Ermittlung der Determinanten der Arbeitstätigkeit durch den Produktionsprozeß und der mit ihm gegebenen Arbeitsaufträge fortgesetzt, wenn sie Arbeitsgestaltungsmaßnahmen anstreben, denn Arbeitsgestaltungsmaßnahmen betreffen zum großen Teil auch Veränderungen des Arbeitsprozesses. Der Produktionsprozeß ist oft selbst Gestaltungsgegenstand. Um Veränderungen zu begründen, muß der Ausgangspunkt angegeben werden können.

Arbeitsaufträge und die Bedingungen für ihre Abarbeitung werden durch die Produktionsverhältnisse bestimmt. Arbeitsaufträge sind die kleinsten Teile betrieblicher Pläne. Sie betreffen Abschnitte eines Produktionsprozesses, deren Ausführung dem Menschen obliegt. Durch ihre relativ selbständige Funktion für den Produktionsprozeß werden sie voneinander abgegrenzt. Jeder Arbeitsauftrag hat ein Ziel für den Produktionsprozeß. Von diesem her ergibt sich sein Umfang. Der Inhalt von Arbeitsaufträgen hängt von dem technisch-technologischen Niveau und der Organisation des Produktionsprozesses ab.

Arbeitsaufträge werden bereits in der Projektierungsphase von Produktionsprozessen festgelegt. Durch die Funktionsverteilung zwischen Mensch und Maschine sind sie wesentlich determiniert. Auch Arbeitsanalysen, die auf das Projektieren von Arbeitstätigkeiten bei neu einzuführenden Technologien und Arbeitsmitteln zielen, sollten ausgehen von der Analyse der möglichen Arbeitsaufträge. Das ist in diesem Falle möglich mit Hilfe des Untersuchens bereits bearbeiteter, vergleichbarer Aufträge und Tätigkeiten, denn der Wiederverwendungsgrad von Anlagen und Maschinen beträgt bei neu gestalteten Technologien etwa 80% (Schmidt 1977). Demzufolge sind auch neu zu projektierende Arbeitstätigkeiten schon vorhandenen ähnlich bzw. teilweise mit ihnen identisch.

Auftragsanalysen gehen aus von Analysen des Produktionsprozesses, deren Bestandteil die untersuchten Arbeitstätigkeiten sind. Dieser Ausgangspunkt ist wichtig, weil die meisten Anwendungsrichtungen psychologischer Analyseergebnisse, z. B. Arbeitsgestaltungsmaßnahmen in organisatorischer Hinsicht oder in Bezug auf die Arbeitsmittel, die Gestaltung von Trainingsverfahren oder auch die Auswahl von Schonarbeitsplätzen, auf die objektiven Bedingungen des Produktionsprozesses bezogen sein müssen und weil psychologische Arbeitsanalysedaten nur mit Bezug auf diese Bedingungen interpretiert werden können, denn „ausschlaggebende Eigenschaften der psychischen Regulation von Arbeitstätigkeiten sind nicht aus der jeweiligen Arbeitstätigkeit selbst, sondern nur aus dem übergeordneten Produktionsprozeß verständlich" (Hacker 1978, S. 31). Diese ausschlaggebenden Eigenschaften von Arbeitstätigkeiten betreffen z. B. deren Konsequenzen für den Produktionsprozeß, für sein ökonomisches Ergebnis. Von ihrem äußeren Ablauf und dem Niveau ihrer psychischen Regulation her sehr ähnliche Tätigkeiten können in ihrer Rolle für den Produktionsprozeß sehr unterschiedlich sein, je nachdem ob sie z. B. in irreversiblen Eingriffen in den Produktionsprozeß bestehen, die sich auf die Qualität und/oder Menge des Produkts auswirken können, oder ob sie beliebig wiederholt werden können, wenn sie nicht gelingen, und nur Hilfsfunktion haben. Die Auftragsanalyse ist deshalb eine wichtige Etappe im Rahmen psychologischer Arbeitsanalysen. Sie ist allerdings nicht für alle Anliegen obligatorisch. Für Fragen der Tauglichkeit und Eignung, für Aufgaben der Berufsberatung und -lenkung sind beispielsweise umfangreiche Auftragsanalysen erläßlich. Hier genügen globale Screeningmethoden, um die wesentlichen Eigenschaften von Arbeitstätigkeiten auszuweisen.

Die Kennzeichnung der Arbeitsaufträge verlangt die Angabe der Einbindung der vom Menschen auszuführenden Produktionsabschnitte in den gesamten Produktionsprozeß. Die Funktionen der Arbeitsaufträge und damit ihre Planungs- und Kontrollmöglichkeit werden ersichtlich aus den Auswirkungen auf den Produktionsprozeß, z. B. auf die Menge und/oder Qualität des Produkts, den Zustand der Maschinen und Anlagen oder den organisatorischen Ablauf des Produktionsprozesses.

Im Rahmen einer gegebenen Mensch-Maschine-Funktionsteilung werden Arbeitsaufträge durch die Gestaltung der Arbeitsmittel (Maschinen, Anlagen, Werkzeuge) modifiziert. Durch Festlegungen über die Arbeitsteilung zwischen den Menschen werden sie Personen zugeordnet.

Arbeitsaufträge werden dem Menschen durch Arbeitsanweisungen übergeben oder durch den Menschen selbst aus übertragenen Verantwortlichkeiten oder persönlichen Zielen abgeleitet. Im ersten Fall enthalten sie Angaben über die Durchführung der Arbeitshandlungen, die der Bewältigung des Auftrags dienen, und Beschreibungen der Funktionsweise zu benutzender Arbeitsmittel. Dabei werden in der Regel mehrere Arbeitsaufträge an eine Person übertragen. Für die zeitliche Organisation der Abfolge ihrer Bewältigung und teilweise auch für die Bewältigungsmethoden einzelner Aufträge bestehen oft Freiheitsgrade. Das bedeutet, Arbeitstätigkeiten sind umfangreicher als Arbeitsaufträge und sie sind durch letztere nicht völlig determiniert.

Die Auftragsanalyse ist produktionsprozeßorientiert. Singleton (1974) spricht in diesem Zusammenhang von Aufgabenanalyse (task analysis). Weil aber der Begriff der Aufgabenanalyse von einigen Autoren (z. B. Miller 1966, Hackman 1969, vgl. auch Hoyes 1974 und Frieling 1975) zur Beschreibung der Prozesse der Aufgabenerledigung, also zur Kennzeichnung von regulativen Vorgängen benutzt wird, die sich beim Menschen abspielen, wird hier der Begriff Auftragsanalyse bevorzugt. Es geht um die Kennzeichnung der objektiven, vom Werktätigen unabhängigen Aufträge und Bedingungen der Arbeitstätigkeiten (task qua task-approach im Sinne von Hackman 1969). Demgegenüber ist die psychologische Tätigkeitsanalyse personenorientiert. Sie untersucht Arbeitsweisen von Werktätigen, um die Gesetzmäßigkeiten der psychischen Tätigkeitsregulation — und in den meisten Fällen auch deren Probleme — aufzudecken. Die Auftragsanalyse wird vor der psychologischen Tätigkeitsanalyse durchgeführt. Ihr Ziel ist die Untersuchung der Arbeitsaufträge der Werktätigen bis hin zur Kennzeichnung ihrer Bewältigungsmöglichkeiten in der Arbeitstätigkeit.

Abb. 17 gibt in schematischer Form die verschiedenen Analyseebenen und die Analyse-

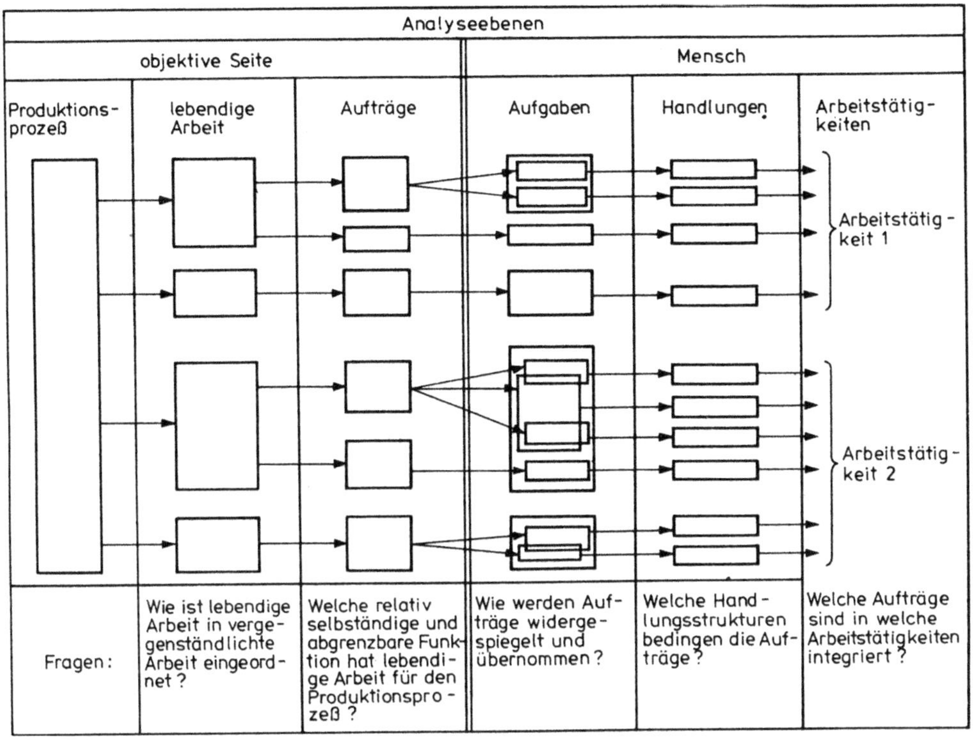

Abb. 17: Schematische Darstellung der in psychologischen Arbeitsuntersuchungen relevanten Analyseebenen.

reihenfolge an. Auszugehen ist von dem Produktionsprozeß. Die Art der Einordnung lebendiger Arbeit in ihn ist ein erster Analyseschritt, und dieser bereitet die Klärung eines zweiten, nämlich die Ermittlung der Funktionen lebendiger Arbeit für den Produktionsprozeß vor. Das führt dann zur Kennzeichnung der Arbeitsaufträge, die Abschnitte lebendiger Arbeit mit relativ selbständiger und abgrenzbarer Funktion für den Produktionsprozeß sind. Dieser Analyseschritt ist wichtig, denn er stellt den Schlüssel für das Verständnis nachfolgender Methoden dar. Die Beobachtungsresultate im Rahmen der Tätigkeitsanalyse müssen die Zielsetzung des beobachteten Verhaltens berücksichtigen (vgl. FRENZ und FREY 1981). Diese ist bei Arbeitsanalysen nur aus der Ermittlung der Funktion der Arbeitsaufträge für den Produktionsprozeß bestimmt und kann sehr unterschiedlich sein. Auf die Ableitung von Handlungszielen aus der Einordnung der Handlungen in ein ihnen übergeordnetes System verweisen auch v. CRANACH, KALBERMATTEN, INDERMÜHLE und GUGLER (1980). Die Funktion der Arbeitsaufträge kann sehr unterschiedlich sein. Sie kann die Vorbereitung des Produktionsprozesses betreffen, die Veränderung des Arbeitsgegenstandes, die Veränderung oder Regelung eines Prozesses, die Kontrolle des Produkts oder auch das Schaffen und Gewährleisten von organisatorischen und technisch-technologischen Bedingungen für den Produktionsprozeß. Durch die Arbeitsaufträge werden die Art und der Rahmen von Handlungszielen abgesteckt, denn die Funktion, die Arbeitsaufträge für den Produktionsprozeß haben, wird von den

Arbeitenden als Ziel ihrer Arbeitshandlungen widergespiegelt, indem sie Aufträge als Aufgabe übernehmen und bearbeiten. Es ist dabei für die psychische Handlungsregulation entscheidend, ob Handlungsergebnisse zu irreversiblen Folgen für den Produktionsprozeß führen oder ob sie beispielsweise das Vorbereiten von Bedingungen betreffen, das ohne wesentliche Konsequenzen wiederholt werden kann, wenn es nicht forderungsgerecht gelingt. Handlungsziele sind durch die Arbeitsaufträge selbstverständlich nicht determiniert, sondern es ist nur der mehr oder weniger große Spielraum für ihre Ableitung angegeben. Doch den zu kennen ist für die psychologische Tätigkeitsanalyse notwendig, denn aus der Kenntnis der Funktion einzelner Arbeitsaufträge für den Produktionsprozeß ist schließlich auch ableitbar, in welchem Umfang im Produktionsprozeß die Ergebnisse bzw. der Erfolg der einzelnen Arbeitshandlungen ablesbar, also rückgemeldet wird.

Durch die Differenziertheit oder Grobheit, mit der Arbeitshandlungen an Hand ihrer Konsequenzen bewertet werden, wird die Übernahme von Aufträgen und die psychische Regulation von Handlungen beeinflußt. Das drückt sich im einzelnen in ihrem Anteil an der Entstehung von Fehlern, erhöhtem Materialverbrauch, Zeitverlust und ähnlichem aus. Von der Genauigkeit, mit der solche Handlungskonsequenzen zurückgemeldet werden, hängt die Ausführung der Arbeitshandlungen ab.

Die in Abb. 17 links dargestellten Analyseebenen sind Gegenstand der psychologischen Auftragsanalyse, die rechts dargestellten Gegenstand der psychologischen Tätigkeitsanalyse. Für die in der Abbildung dargestellten beiden ersten Ziele der psychologischen Auftragsanalyse,

— die Einordnung der lebendigen Arbeit in vergegenständlichte Arbeit und
— die Angabe der Funktion der lebendigen Arbeit für den Produktionsprozeß,

können teilweise vorhandene Gliederungen des Produktionsprozesses oder Gliederungen für die lebendige Arbeit genutzt werden. Solche liegen partiell vor. In differenzierterer Form existieren sie für die Produktfertigung bei mechanisierter Produktion. So enthält die dazu in arbeitsökonomischer Literatur übliche Gliederung (vgl. Abb. 18) in der

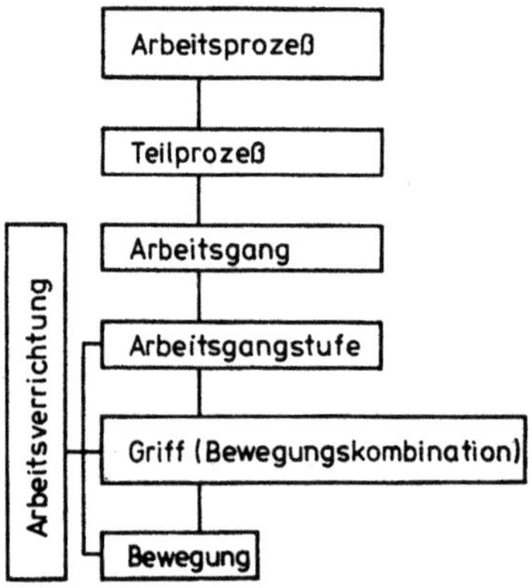

Abb. 18: Gliederungsschema des Arbeitsprozesses (nach Autorenkollektiv 1975).

Ebene „Arbeitsgang" eine Teilung in vergegenständlichte, nämlich von Maschinen und Anlagen ausgeführte Arbeit, in lebendige, weil vom Menschen ausgeführte Arbeit, und in Arbeitsgänge, die beiden Kategorien angehören. Diese für die manuelle und mechanisierte Produktion verbreitete Gliederung ermöglicht in der Ebene „Arbeitsgang" eine schnelle Erfassung der Einordnung lebendiger in vergegenständlichte Arbeit und kann deshalb für die Auftragsanalyse genutzt werden. Die weiteren in diesem Schema enthaltenen Gliederungen sind für psychologische Arbeitsanalysen irrelevant, weil sie nicht zu Handlungseinheiten führen, sondern zu Bewegungskategorien. Für die psychologische Arbeitsanalyse ist jedoch die Ermittlung der psychischen Regulation der Arbeitshandlungen ein wichtiges Ziel, und dies setzt voraus, Regulationseinheiten zu Analyseeinheiten zu machen. Die bis hin zu einzelnen Bewegungen vorgenommenen möglichst feinen Gliederungen sind anderen Zielen verpflichtet. Sie werden seit der Einführung des Zeit- und Bewegungsstudiums praktiziert. Die Entwicklung von Systemen vorbestimmter Zeiten hat diese bis in den Mikroablauf von Arbeitsbewegungen reichende Analyse motiviert.

Der Begriff Arbeitsprozeß entspricht mit seinen Elementen, der Arbeitskraft, dem Arbeitsgegenstand und den Arbeitsmitteln sowie mit seinen zwei Seiten, der stofflichen, die in der Auseinandersetzung des Menschen mit der Natur besteht, und der gesellschaftlichen, die die Beziehungen der Menschen kennzeichnet, die sie eingehen, um Güter zu erzeugen, dem von uns verwendeten Begriff Produktionsprozeß.

In die Kategorie Arbeitsprozeß gehören dabei alle technologischen Prozesse von den Ausgangsstoffen bis zum Fertigprodukt. Mit dem Teilprozeß sind Abschnitte gemeint, die sich z. B. auf die Vorfertigung, die mechanische Bearbeitung oder die Montage beziehen und jeweils aus mehreren Arbeitsgängen bestehen können. Der Arbeitsgang kennzeichnet einen selbständigen Teil des technologischen Prozesses, der aus allen technologisch unmittelbar aufeinander folgenden Arbeiten besteht, die an ein und demselben Arbeitsgegenstand an einem Arbeitsplatz ausgeführt werden. Er ist in der Industrie eine wichtige Bezugsgröße für die Produktionsplanung.

Für das zweite in Abb. 17 gekennzeichnete Analyseziel, das die objektive Seite betrifft, nämlich die Ermittlung der Funktion lebendiger Arbeit für den Produktionsprozeß, leisten die im arbeitswissenschaftlichen Arbeitsstudium entwickelten Zeitgliederungen einen Überblick. Sie sind tätigkeitsbezogen und nehmen eine Kategorisierung der Arbeitszeit der Werktätigen vor. Sie enthalten eine grobe Unterteilung der Arbeitszeit in Anteile, die der Erfüllung verschiedener Aufträge dienen, z. B. Vorbereitung, Bearbeitung des Arbeitsgegenstandes, Wartung und andere technologisch oder organisatorisch bedingte Kategorien. Auch hier existieren verschiedene Gliederungen. Hauptsächlich für manuelle und mechanisierte Arbeiten zugeschnitten ist das in der TGL 2860-56 der DDR enthaltene Zeitgliederungsschema (vgl. Abb. 19). Für Kontroll- und Überwachungstätigkeiten hat STEINBACH (1976) ein Zeitgliederungsschema vorgelegt (vgl. Abb. 20).

Umfassenderen Analyseansprüchen werden die zur Zeit als Standardentwürfe (TGL 36987/02 und 03 und TGL 36988/03) vorliegenden Zeitgliederungen für Be- und Verarbeitungsprozesse (vgl. M. SCHMIDT 1980) gerecht.

Der noch unbefriedigende Methodenbestand für technologische und arbeitswissenschaftliche Gliederungen des Produktionsprozesses wirkt sich natürlich auf die Auftragsanalyse aus.

Die anschließend vorgestellte Methodik hat deshalb mehr den Charakter von heuristischen Regeln zur Auftragsanalyse als daß sie eine vollständige Technologie des Vorgehens enthält. Es werden Analyseziele in systematischer Abfolge erläutert, Datenquellen genannt und Darstellungsarten für die einzelnen Analyseschritte empfohlen.

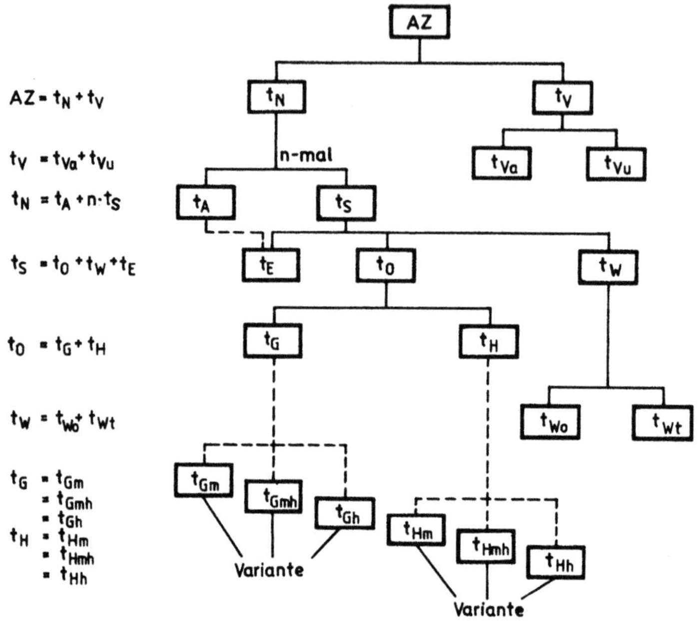

Abb. 19: Schema der Zeitgliederung nach TGL 2860-56.

A_Z Arbeitszeit,
t_N Normzeit,
t_A Vorbereitungs- und Abschlußzeit,
t_S Stückzeit,
t_O operative Zeit,
t_G Grundzeit,
t_{Gm} Grundzeit — Maschine,
t_{Gmh} Grundzeit — Maschine/Hand,
t_{Gh} Grundzeit — Hand,
t_H Hilfszeit,
t_{Hm} Hilfszeit — Maschine,
t_{Hmh} Hilfszeit — Maschine/Hand,
t_{Hh} Hilfszeit — Hand,
t_W Wartungszeit des Arbeitsplatzes,
t_{Wo} Wartungszeit, organisatorisch,
t_{Wt} Wartungszeit, technisch,
t_E Zeit für natürliche Bedürfnisse und arbeitsbedingte Erholungspausen,
t_V Zeitverluste,
t_{Va} Zeitverluste, abhängig vom Arbeiter,
t_{Vu} Zeitverluste, unabhängig vom Arbeiter.

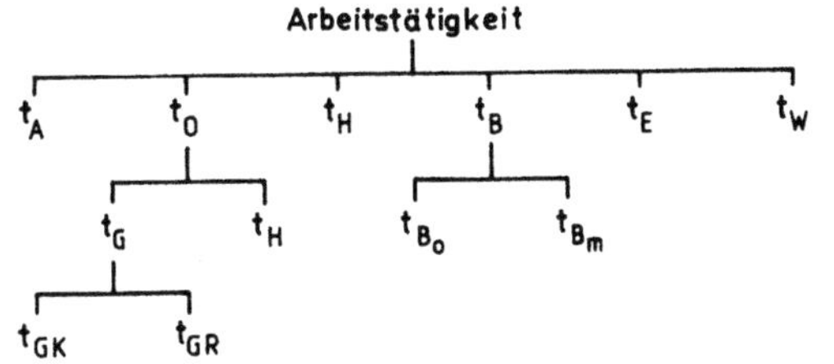

Abb. 20: Zeitgliederungsschema zur Analyse von Kontroll- und Überwachungstätigkeiten (STEINBACH 1976, zit. nach G. SCHMIDT 1977).

t_A Vorbereitungs- und Abschlußzeit,
t_O Operative Zeit,
t_H produktionsbedingte Hilfsverrichtungen,
t_G Grundzeit,
t_{GK} Kontrolle des Verfahrensablaufs,
t_{GR} Regulierung der Fahrweise,
t_W Wartungszeiten,
t_B Bereitschaftszeit,
t_{B_o} Bereitschaftszeit ohne Handlungen,
t_{B_m} Bereitschaftszeit mit Handlungen, die im Zusammenhang mit dem Produktionsablauf stehen,
t_E Zeit für natürliche Bedürfnisse und arbeitsbedingte Erholungspausen.

3.2. Methodik der psychologischen Auftragsanalyse

Für die Auftragsanalyse können im Betrieb vorhandene Gliederungen und Materialien wie technologische Unterlagen, Beschreibungen von Arbeitsmitteln und -systemen, Funktionspläne usw. genutzt werden. Es ist in der Regel erforderlich, die daraus erhaltenen Informationen zu ergänzen durch Befragungen von Betriebsexperten und Werktätigen, kurze Beobachtungsinterviews an den Arbeitsplätzen und nötigenfalls stichprobenweise Arbeitsablaufstudien. Diese haben dann den Charakter zusätzlicher ergänzender Erhebungen und sie beziehen sich auf bestimmte, den betrieblichen Unterlagen nicht vollständig entnehmbare Sachverhalte. Die Sammlung und Aufbereitung der Daten erfolgt schrittweise (s. Abb. 21).

3.2.1. Darstellung der technologischen Gliederung des Produktionsprozesses mit der Angabe der Mensch-Maschine-Funktionsteilung und der Einordnung der Arbeitsaufträge in technologische Teilprozesse

Der zu untersuchende Produktionsprozeß wird zunächst nach den stofflichen Veränderungen, die in ihm vollzogen werden, in Teilprozesse und möglichst bis zu Arbeitsgängen gegliedert. Die bestehende Mensch-Maschine-Funktionsteilung ist anhand dieser Gliederung auszuweisen. Auf die dem Menschen zugewiesenen Abschnitte des Produktionsprozesses beziehen sich Arbeitsaufträge. Die Grobtechnologie und auch Zeitgliederungsschemata können die erste Übersicht erleichtern. Abb. 22 demonstriert

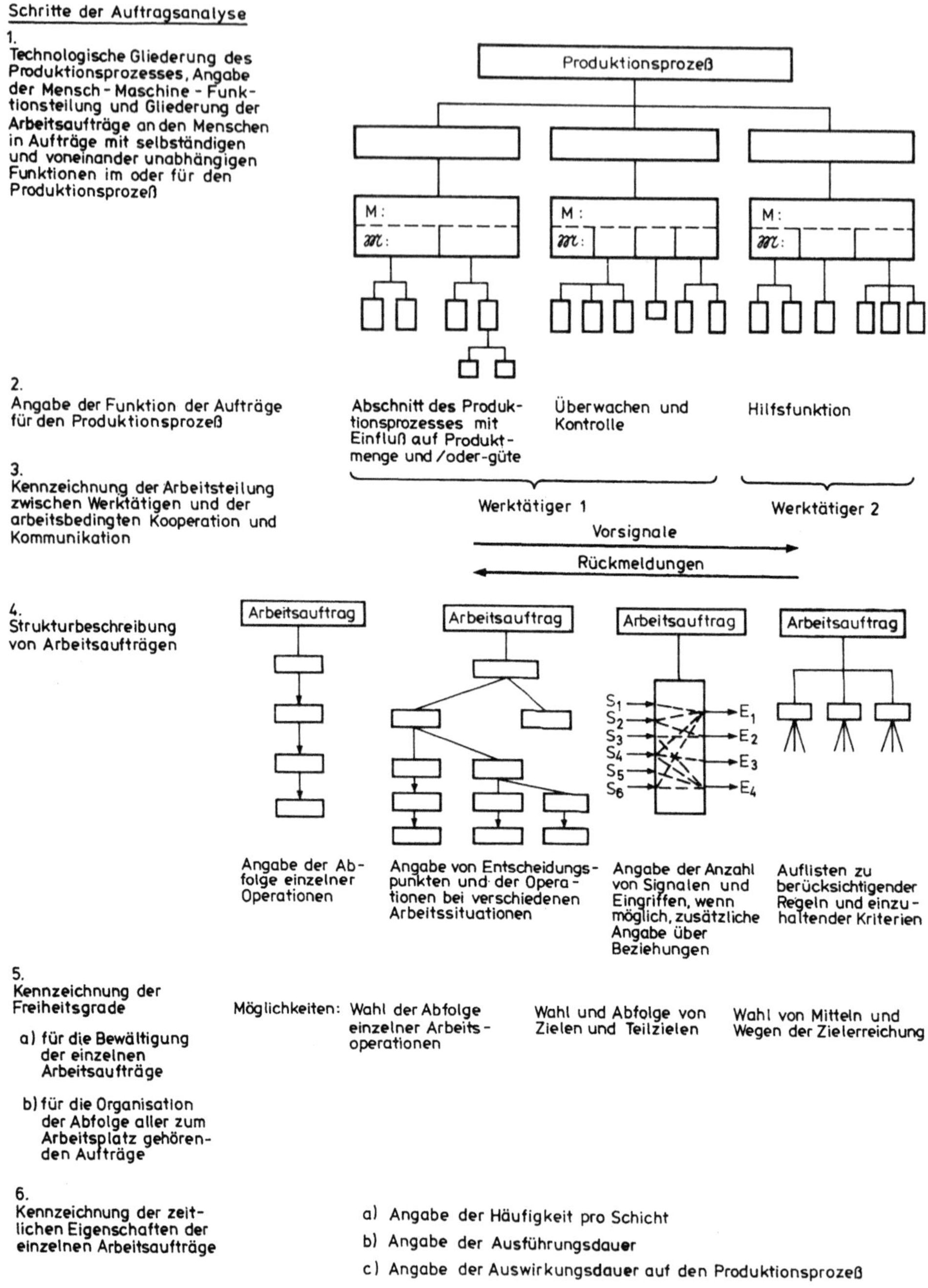

Abb. 21: Schematische Übersicht über die Schritte der Auftragsanalyse.

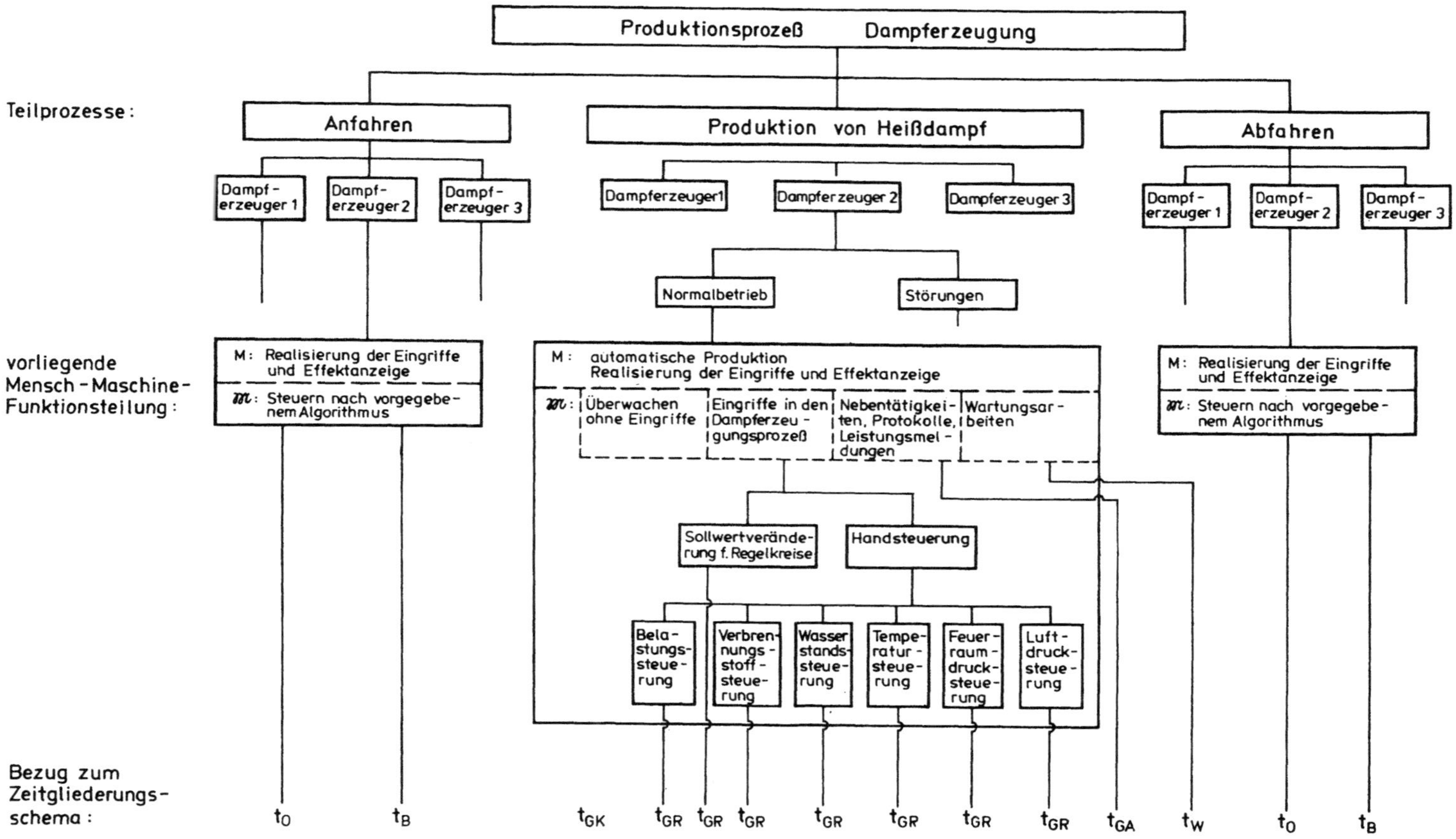

Abb. 22: Schematische und vereinfachte Gliederung des Produktionsprozesses der Dampferzeugung mit der Angabe der im Normalbetrieb anfallenden Arbeitsaufträge.

diesen Analyseschritt am Beispiel des Dampferzeugungsprozesses in einem Heizkraftwerk.

Die Mensch-Maschine-Funktionsteilung in dem automatisierten Produktionsprozeß ist so beschaffen, daß der Mensch beim An- und Abfahren der Dampferzeuger steuernd, im Normalbetrieb der Produktion von Heißdampf im wesentlichen überwachend, bei Ausfall automatischer Regelsysteme regelnd und bei Sollwertveränderungen für Regelkreise steuernd tätig ist. Die Abbildung macht weiter deutlich, daß die Gliederung des Produktionsprozesses in der Regel in mehreren Stufen erfolgt, wobei die Gliederungstiefe für einzelne technologische Teilprozesse durchaus sehr unterschiedlich sein kann (vgl. auch PLATH 1977, 1978). Der Bezug zum Zeitgliederungsschema ist hergestellt und zeigt, daß es eine Groborientierung erleichtert, jedoch zur Vorbereitung von Arbeitsanalysen, die Probleme bei der Bewältigung von Arbeitstätigkeiten identifizieren und lösen helfen sollen, differenzierungsbedürftig ist.

Im Beispiel werden die Grenzen des Zeitgliederungsschemas besonders durch die Kategorie t_{GR} veranschaulicht. Sie ist im Zeitgliederungsschema von STEINBACH (1976) bereits eine der feinsten Kategorien. In ihr werden aber verschiedene Aufträge zusammengefaßt, deren Struktur unterschiedlich sein kann und hinter denen sich unterschiedliche psychische Regulationsprobleme verbergen können.

Die Darstellung der Mensch-Maschine-Funktionsteilung ist gleichzeitig die Voraussetzung für die Analyse der Mensch-Maschine-Kommunikation, weil mit ihr die Orte der Mensch-Maschine-Kommunikation angegeben sind.

3.2.2. Kennzeichnung der Funktion der Arbeitsaufträge für den Produktionsprozeß

Für alle Aufträge, die durch die Gliederung des Produktionsprozesses nach technologischen Gesichtspunkten ausgewiesen sind, wird die Funktion für den Produktionsprozeß gekennzeichnet. Dazu gehören Angaben darüber, ob Arbeitsaufträge Hilfsfunktion für den Produktionsprozeß haben, die nicht zu einer Veränderung des Arbeitsgegenstandes oder -prozesses führen, ob sie zur Überwachung und Kontrolle des Produktionsprozesses auffordern, also parallel zu ihm erfolgen, oder ob sie Abschnitte des Produktionsprozesses darstellen, nämlich den Arbeitsgegenstand verändernde Arbeitsgänge sind, bzw. ob sie steuernde oder regulierende Eingriffe in den Prozeß beinhalten. In dieser Aufstellung werden auch Aufträge erfaßt, die den Produktionsprozeß sichern, aber ihm nicht direkt zugehören und deshalb auch keinen unmittelbaren Einfluß auf sein Endprodukt haben, z. B. Aufträge für Wartungs- und Instandhaltungsarbeiten, produktionsorganisatorische Aufträge oder solche zur Dokumentation wie z. B. die Protokollierung von Produktionszuständen und -ergebnissen.

Diese Kategorisierung wird bereits durch die Zeitgliederungsschemata vorgenommen. Das Analyseziel dieses Schrittes sollte aber darüber hinaus für die den Arbeitsgegenstand bzw. den Prozeß verändernden technologischen Etappen noch die inhaltliche Kennzeichnung der Konsequenz der einzelnen Arbeitsaufträge für den Produktionsprozeß sein. Dazu gehören Angaben über ihre Einflußmöglichkeiten auf die Produktmenge, die Produktgüte, und zwar danach, auf welche ihrer Parameter Einfluß genommen wird, den Materialverbrauch bzw. den Verbrauch an Einsatzstoffen und die Arbeitsmittel (Lebensdauer von Maschinen und Anlagen). Methodisch können diese Angaben durch Befragungen des leitenden Ingenieurs oder Technologen gewonnen werden. Mit ihnen erhält der Untersucher die Voraussetzungen für eine ursachenbezogene Leistungsauswertung, die Bestandteil psychologischer Tätigkeitsanalysen ist. Eine differenzierte Leistungs- insbesondere Fehleranalyse führt aber nur dann weiter, wenn von der Art der Fehler auf den Ort ihrer Entstehung geschlossen werden kann. Das soll durch den zweiten Schritt der Auftragsanalyse vorbereitet werden.

3.2.3. Darstellung der Arbeitsteilung und -kombination zwischen den Menschen und der arbeitsbedingten Kooperation und Kommunikation

Die Arbeitsteilung zwischen den Menschen kann betrieblichen Unterlagen (Funktionsplänen) entnommen werden und ist durch Befragungen des jeweiligen Leiters und der Werktätigen zu ergänzen. Angaben über die Arbeitsteilung und -kombination sind zu erweitern um die Kennzeichnung der arbeitsbedingten Kooperation und Kommunikation.

Die Arbeitsteilung und -kombination bestimmen den Inhalt und den Umfang von Arbeitstätigkeiten. Damit hängt von ihnen entscheidend ab, in welchem Maße eine Arbeitstätigkeit die Eigenschaften besitzt, die für ihre Auswirkungen auf den Menschen bedeutsam sind, nämlich Vielseitigkeit der Anforderungen, Vollständigkeit der Handlungen, Selbständigkeit der Handlungsausführung, Einsicht in die Bedeutsamkeit der Arbeitshandlungen für den Produktionsprozeß und die Gesellschaft, Kontrollmöglichkeiten eigener Arbeitshandlungen (vgl. HACKMAN und OLDHAM 1974, VOLPERT 1974, FRESE 1978, HACKER 1980, WOLFF und WOLFF 1980). Allgemein gilt, je extremer die Arbeitsteilung um so ungünstiger sind Arbeitstätigkeiten bezogen auf diese Eigenschaften zu beurteilen und um so negativer sind ihre Auswirkungen auf den Menschen. Die Arbeitsteilung und -kombination bedingt die Art und den Umfang von Kooperation und arbeitsbedingter Kommunikation. Diese haben ihrerseits wiederum großen Einfluß auf die genannten Eigenschaften der Arbeitstätigkeit, denn bei dem gegenwärtig hohen Mechanisierungs- und Automatisierungsgrad ist beispielsweise für einzelne Werktätige das Erkennen der Bedeutung einzelner Arbeitshandlungen für den Produktionsprozeß insgesamt nur noch vermittelt über Kooperationsmöglichkeiten zu anderen Werktätigen gegeben, weil der dem einzelnen unmittelbar zugängliche Ausschnitt des Produktionsprozesses zu klein ist. Rückmeldungen über die Resultate von Arbeitshandlungen werden vielfach über andere Werktätige vermittelt. Kooperation und Kommunikation sind erforderlich, wo komplexe Produktionssysteme zu beherrschen sind.

Über die durch den Produktionsprozeß und die Funktion seiner Arbeitsaufträge bedingten Inhalte für Kooperation und Kommunikation hinaus sind diese auch soziale Stimuli und führen zu sozialen Rückmeldungen, die aus der gesellschaftlichen Wertung von Arbeitsergebnissen und Arbeitsweisen, aber auch aus der Struktur der Arbeitskollektive resultieren.

Die Erfassung der Arbeitsteilung und -kombination führt zur Beschreibung von Kooperation und Kommunikation. Dabei müssen über die in der Gliederung des Produktionsprozesses ausgewiesenen Arbeitsaufträge hinaus auch Unterstellungsstrukturen berücksichtigt werden.

Der erste Schritt ist die Erfassung der Kooperationsstruktur. Die bereits durchgeführten Etappen der Auftragsanalyse, die Kenntnis der räumlichen Bedingungen und Befra-

gungsergebnisse sind die Grundlage. Eine Zuordnung zu den folgenden Kategorien wird vorgenommen:
— kooperationslose, isolierte Arbeit,
— kooperationslose Arbeit im Raumverband,
— Arbeit im Sukzessivverband und
— Arbeit im Integrativverband, d. h. gemeinsame Erfüllung von Arbeitsaufträgen durch mehrere Personen (vgl. STROHBACH 1975, HACKER 1978, HACKER u. a. 1978). Für Arbeiten, die im Sukzessiv- oder Integrativverband ausgeführt werden, wird die Analyse fortgesetzt, indem für formale Gruppierungen der Kooperations- und Kommunikationsinhalte die Kommunikationsrichtung (geben vs. empfangen), die Verbindlichkeit (obligatorisch vs. fakultativ), die Häufigkeit pro Schicht und die Anzahl der Kooperations- und Kommunikationspartner erfaßt werden (s. Tab. 12).

Tab. 12: *Schema zur Beschreibung der Arbeitsaufträge hinsichtlich arbeitsbedingter Kooperation und Kommunikation (für einzelne Arbeitsaufträge werden die erforderliche Kooperation und Kommunikation durch Ankreuzen gekennzeichnet)*

Kooperations- und Kommunikationsinhalte	Geben	Empfangen	Obligatorisch	Fakultativ	Pro Arbeitsschicht	Seltener	Anzahl der Kooperations- und Kommunikationspartner
Anweisungen							
Meldungen bzw. Rapporte							
Informationen über den aktuellen Zustand des Produktionsprozesses							
Hilfeleistungen							
Rückmeldungen über Arbeitsergebnisse							
Vorsignale für Arbeitshandlungen							

Dabei betreffen die bei den ersten Gruppen der formalen Kooperations- und Kommunikationsinhalte solche, die aus einem Unterstellungsverhältnis resultieren. Die übrigen Gruppen beziehen sich auf Inhalte, die eine kooperative Bewältigung einzelner Aufträge kennzeichnen. Hilfeleistungen sind dabei Ausdruck einer flexiblen Arbeitsteilung.

Eine personenbezogene Zusammenfassung der arbeitsbedingten Kooperation und Kommunikation ist über die auftragsbezogene Beschreibung hinaus sinnvoll. Durch die Angabe der Anzahl der Kooperations- bzw. Kommunikationspartner werden Vergleiche des Kommunikationsumfangs erleichtert.

3.2.4. Kennzeichnung der Grobstruktur der einzelnen Arbeitsaufträge

Dies ist der schwierigste Teil der Auftragsanalyse, und er kann nicht vollkommen gelingen, denn wie MILLER (1966) schreibt, ist das Anliegen dieser Strukturbeschreibung paradox. Arbeitsaufträge an den Menschen entstehen zum Teil, weil die Fähigkeit des Menschen zum Improvisieren benötigt wird. Eine klare Vorhersage aller Auftragsvarianten als Voraussetzung einer Strukturbeschreibung ist vor allem bei Zustandsbeurteilungen und Eingriffsplanungen in teilautomatisierten und automatisierten Mensch-Maschine-Systemen unmöglich. Analoge Aufträge können in einen unterschiedlichen Kontext eingebunden sein, der sich aus dem Ablauf des Produktionsprozesses und kurzfristigen aktuellen Einflüssen ergibt. Sie werden dadurch verändert. Ihre Bewältigung muß auf den Kontext Bezug nehmen.

Es kann deshalb nur das Ziel der Angabe der Grobstruktur dieser Arbeitsaufträge sein, unterschiedliche Komplexitätsgrade zu kennzeichnen, die mit genutzt werden können, um Hypothesen über psychische Regulationsvorgänge bei der Auftragsbewältigung abzuleiten, die ihrerseits durch psychologische Tätigkeitsanalysen überprüft werden müssen.

Die Variationsbreite der Aufträge ist in Analogie zur Beschreibung von Problemen in der Denkpsychologie angebbar, nämlich durch die Art der Ausgangssituation, in der Aufträge vorkommen, durch die Art und den Grad der Vorgabe der Transformationen bzw. Teilhandlungen, also der Aktionsprogramme, durch die der Auftrag abzuarbeiten ist, und durch die Art der Kennzeichnung des Auftragsziels.

Die Ausgangssituation variiert bei Arbeitsaufträgen in den Dimensionen Stabilität (stabil vs variabel), Kompliziertheit und Komplexität (vgl. KLAUS 1968). Dabei ist die Kompliziertheit durch die Anzahl unterschiedlicher Elemente bezeichnet, die eine Ausgangssituation kennzeichnen, und die Komplexität durch die Art und Zahl der zwischen den Elementen einer Situation bestehenden Relationen. So ist beispielsweise die Ausgangssituation für einen Arbeitsauftrag für das Bestücken einer Leiterplatte mit sieben Bauelementen, der sich pro Schicht einige hundertmal wiederholt, sehr stabil, weil die Leiterplatten stets denselben Vorfertigungsgrad aufweisen. Sie ist nicht kompliziert, weil nur acht Elemente bestimmend sind, nämlich die Leiterplatte und die sieben Bauelemente, und sie ist auch nicht komplex, weil die Beziehungen zwischen diesen Elementen überschaubar und konstant sind. Im Gegensatz dazu ist eine Ausgangssituation für das Regulieren der Fahrweise von Dampferzeugern in einem Heizkraftwerk nicht stabil, weil je nach zu erzeugender Dampfmenge, je nach dem Funktionszustand der Aggregate, je nach der Qualität der Kohle oder des Öls usw. in nicht immer vorhersehbarer Abfolge Sollwertabweichungen von Parametern auftreten können, also eine Situationsanalyse und -diagnose vor dem Handeln erforderlich wird. Eine solche Ausgangssituation ist auch komplizierter, weil größenordnungsmäßig zirka 50 Parameter kontrolliert und wenn erforderlich beeinflußt werden müssen, sie ist auch komplexer, weil zwischen den Bestimmungselementen, den Parametern, vielschichtige Relationen bestehen, weil der Arbeitsauftrag die Regelung eines vernetzten dynamischen Systems verlangt.

Von der Stabilität der Ausgangssituation ist es abhängig, ob die Bearbeitung eines Auftrags eine Situationsanalyse erfordert oder nicht. Bei hoher Stabilität, die immer auch durch einen hohen Wiederholungsgrad gekennzeichnet ist, entfällt eine Situationsanalyse, weil die Ausgangssituation des Auftrags intern repräsentiert ist und die hohe Stabilität auch gute Voraussetzungen für die psychische Automatisierung darstellt. Geringe Stabilität, also variable Ausgangssituationen, erfordert eine Situationsanalyse. Von der Kompliziertheit und Komplexität hängt es dann ab, in welcher Form sie durchführbar ist. Bei geringer Kompliziertheit und Komplexität, bei der die Varianten möglicher Ausgangssituationen überschaubar sind und häufig wiederkehren, sind gute Bedingungen für ihre vollständige interne Repräsentation gegeben, so daß die Situationsanalyse in Form des Wiedererkennens eines von mehreren intern repräsentierten Zuständen ablaufen kann.

Hohe Kompliziertheit und Komplexität sind durch einen erheblich geringeren Wiederholungsgrad identischer Ausgangssituationen gekennzeichnet. Damit sind schlechtere Voraussetzungen für eine vollständige interne Repräsentation gegeben, und es ist wahrscheinlich, daß nicht jede einzelne Situation intern repräsentiert ist, sondern typische Muster und Regeln (vgl. MATERN 1976, MATERN u. a. 1978, DUNCAN und SHEPHARD 1975, G. SCHMIDT 1975, BRIGHAM und LAIOS 1975), mit deren Hilfe aktuell eine Situationsanalyse — wahrscheinlich denkend — vorgenommen wird.

Die Art der durch die Kompliziertheit und Komplexität bedingten Situationsanalyse beeinflußt auch die Art der Vorgabe und die Verfügbarkeit von Aktionsprogrammen. Bei geringer Kompliziertheit und Komplexität mit überschaubarer Anzahl unterschiedlicher Ausgangssituationen sind in Arbeitsaufträgen die Schritte ihrer Bewältigung vorgegeben, sie müssen gelernt werden und sind gut verfügbar. Hohe Kompliziertheit und Komplexität bedingen eine Vielzahl von Varianten der Ausgangssituation. Arbeitsaufträge enthalten nicht Vorschriften für jede Variante, sondern verallgemeinerte Regeln, die entsprechend einer Reihe von Kriterien selbständig zu kombinieren und an die jeweilige Situation anzupassen sind. Aktionsprogramme sind hier also in geringerem Maße verfügbar. Sie müssen aktuell überwiegend aus Teilprogrammen, Regeln und Anwendungsbedingungen erzeugt werden.

Es ist auch möglich, daß für eine Ausgangssituation Aktionsprogramme nicht verfügbar sind. In einem solchen Fall sind prinzipiell zwei Wege möglich, um eine Anwendbarkeit von Aktionsprogrammen zu erreichen oder Bedingungen zu schaffen, für die sie erzeugbar sind. Das ist einmal eine Analyse der Ausgangssituation mit der Ableitung von Teilaufgaben aus ihr, die die Anwendung oder Erzeugung von Aktionsprogrammen gestatten, oder eine Konkretisierung oder Modifikation von Zielen, durch die ebenfalls die Ableitung von Teilaufgaben möglich wird. Im Gegensatz zur Denkpsychologie, bei der man Probleme danach klassifiziert, welches dieser drei Bestimmungsstücke vorgegeben und welches nicht vorgegeben ist (KLIX 1971), oder in welchem Maße diese Bestimmungsstücke offen oder geschlossen sind (vgl. DÖRNER 1974), sind für Arbeitsaufträge in der Produktion Ziele immer vorgegeben, aber dies geschieht doch in unterschiedlicher Differenziertheit. Sie sind entweder anschaulich zugänglich als herzustellendes Halbfabrikat oder Erzeugnis oder in Form von Solleigenschaften, die ein Erzeugnis oder ein zu regulierender Prozeß aufweisen sollen und für die mitunter innerhalb bestimmter Toleranzen situationsabhängig Gewichtsverschiebungen zwischen einzelnen Eigenschaften möglich sind, die sich als Veränderbarkeit von Teilzielhierarchien, Teilzielabfolgen oder als Möglichkeit zu Zielkonkretisierungen äußern.

Für die Auftragsanalyse kann durch Ermittlung der Stabilität, Kompliziertheit und Komplexität der Ausgangssituation für das Bearbeiten von Aufträgen durch den Grad der Vorgabe von Aktionsprogrammen durch Ausbildung und Arbeitsanweisungen und durch das Erfassen, ob Zielkonkretisierungen, -modifizierungen oder Veränderungen der Teilzielabfolgen möglich sind, eine Zuordnung zu einer Rangreihe unterschiedlich komplexer Auftragsstrukturen erfolgen. In Abb. 23 ist dies schematisch dargestellt. Die

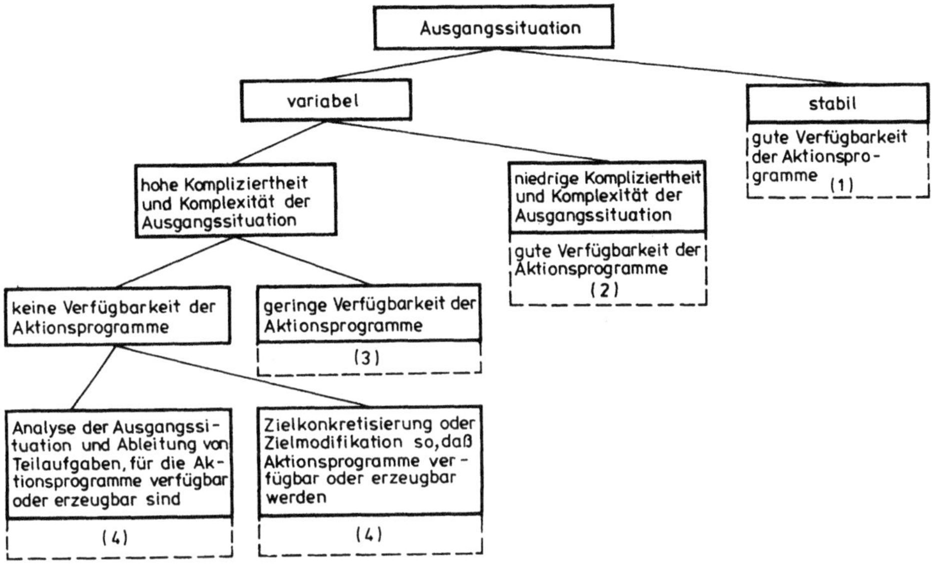

Abb. 23: Schematische Darstellung der Eigenschaften von Arbeitsaufträgen, die für die Zuordnung zu einer Rangreihe unterschiedlich komplexer Auftragsstrukturen zu prüfen sind (die Ziffern bezeichnen die im Text erläuterten Auftragstypen).

Ziffern bezeichnen verschiedene Typen von Auftragsstrukturen, die im folgenden erläutert werden. Bei Aufträgen, für deren Abarbeitung Aktionsprogramme gut verfügbar sind, weil sie in der Ausbildung vermittelt, häufig wiederholt und/bzw. durch den Bau der Arbeitsmittel erzwungen sind, werden Strukturdarstellungen möglich, die gleichzeitig die Abarbeitung der Aufträge kennzeichnen. Dies ergibt sich, weil die Methoden der Auftragserfüllung weitgehend festgelegt sind, also keine Freiheitsgrade für die Auswahl von Teilzielen und Strategien bestehen, sondern Freiheitsgrade höchstens bezogen auf das Arbeitstempo und zum Teil auf die Abfolge von Operationen existieren. Algorithmen unterschiedlicher Formen sind für ihre Beschreibung nutzbar (vgl. WENDRICH 1973, J. RICHTER und SEEBER 1974, SINGLETON 1975, HACKER 1978).

Algorithmen sind „eindeutig bestimmte Verfahren zur schematischen Lösung einer Klasse von Aufgaben“ (KLAUS 1968). Sie können linear sein, d. h. eindeutig bestimmte Folgen von Grundoperationen enthalten, oder verzweigt. Dann hängen Operationen von den Ergebnissen der vorangegangenen Operation ab. Bedingungen müssen geprüft werden, um den nächsten Operationsschritt festzulegen.

Für die Darstellung von Algorithmen gibt es unterschiedliche Möglichkeiten, z. B. als Programmablaufplan (s. TGL 22451) oder die LJAPUNOWsche Schreibweise. Was können algorithmische Beschreibungen im Rahmen der psychologischen Arbeitsanalyse leisten?

Sie ermöglichen eine sehr differenzierte Beschreibung von Arbeitshandlungen, die nützlich ist für einige Gestaltungsanliegen, z. B. für Entscheidungen über Mensch-Technik-Funktionsteilung.

Für die Vergegenständlichung menschlicher Arbeit, d. h. für die Übergabe vorher von Menschen übernommener Arbeitsaufträge an die Technik, ist die Formalisierung der ursprünglich menschlichen Arbeit die Voraussetzung. Sie kann durch Algorithmen erfolgen.

Die Forderung nach eindeutiger Beschreibung einer Lösung weist aber schon darauf hin, daß algorithmische Darstellungen nicht bei allen Arbeitstätigkeiten möglich sind, denn Freiheitsgrade in der Ziel- und Mittelwahl machen es schwer, einen eindeutigen Lösungsweg formal zu kennzeichnen, oder die Beschreibung aller denkbaren Lösungsvarianten würde zu unübersichtlichen Darstellungen führen. Diese Problematik veranlaßte LANDA (1969) zu der Schlußfolgerung: „Der Begriff des Algorithmus, der sich auf die Umbildung von Objektklassen bezieht und nach einer völligen Formalisierung dieses Prozesses verlangt, ist unmittelbar in der Pädagogik und Psychologie wenig anwendbar" (S. 33). Algorithmische Darstellungen beschränken sich deshalb auf vergleichsweise wenig komplexe Arbeitsaufträge.

Bei der Entscheidung über die Wahl von Algorithmen als Darstellungsmethode von Arbeitsaufträgen im Rahmen der psychologischen Arbeitsanalyse sind zwei Probleme zu berücksichtigen.

1. Es ist ein hoher Analyseaufwand erforderlich, der für einige Anliegen, wie z. B. Veränderungen der Mensch-Technik-Funktionsteilung, notwendig, für viele Anliegen aber überflüssig ist.
2. Die algorithmische Darstellung löst nicht das Einheitenproblem in der Arbeitsanalyse. Die Gliederung in logisch unterschiedliche Operationen bei der Abarbeitung von Handlungen muß nicht psychologisch relevant sein. Meist ist sie unterhalb der Ziel- und Teilzielebene.

Bei wenig komplexen Aufträgen entfällt das Argument des hohen Analyseaufwandes. Hier werden Algorithmen häufig genutzt. Die folgenden drei Beispiele demonstrieren, wie mit ihrer Hilfe Beschreibungen vorgenommen werden und Quantifizierungen der Komplexität möglich sind. Doch zeigt schon das dritte Beispiel, nämlich die algorithmische Kennzeichnung des Arbeitsauftrags „Anfahren eines Dampferzeugers", wie umfangreich solche Beschreibungen werden, wenn es sich nicht mehr um ganz elementare Arbeitsaufträge handelt.

Gehören Aufträge dem Typ 1 an, sind sie also durch eine stabile oder streng vorgegebene Ausgangssituation gekennzeichnet, so daß eine Situationsanalyse entfällt, so sind Algorithmen in Form linearer Programmablaufpläne geeignete Beschreibungsmittel. Beispiele für solche Aufträge betreffen Montagearbeiten, Schalthandlungen, manche Kontroll- und Bedienhandlungen. Abb. 24 zeigt die mögliche Darstellung als Programmablaufplan für eine Schalthandlung an Elektroanlagen. Hier wird durch den Bau der Schaltanlagen diese Reihenfolge der Arbeitsoperationen erzwungen. An der Anzahl der Operationen wird der Umfang der Aktionsprogramme ablesbar.

Die Bearbeitung von Aufträgen mit variabler Ausgangssituation, die durch geringe Kompliziertheit und Komplexität gekennzeichnet ist, so daß der Umfang möglicher Varianten überschaubar ist, erfordert eine Situationsanalyse, weil Aktionsprogramme der jeweiligen Variante der Ausgangssituation zuzuordnen oder ihr gemäß zu modifi-

Abb. 24: Beispiel für die Darstellung des Arbeitsauftrags, der die Schalthandlung „Freigabebereitmachen" beinhaltet, als Programmablaufplan (PAP).

zieren sind. Beispiele sind Bedienaufgaben, Aufgaben der Störungsbeseitigung, das Anfahren von Anlagen. Ihre Beschreibung kann durch verzweigte Programmablaufpläne erfolgen. Abb. 25 enthält eine mögliche algorithmische Beschreibung eines Ausschnitts vom Arbeitsauftrag der Störungsbeseitigung bei einer Mehrmaschinenbedienung. Die Komplexität so beschriebener Aufträge ist quantifizierbar und vergleichbar durch

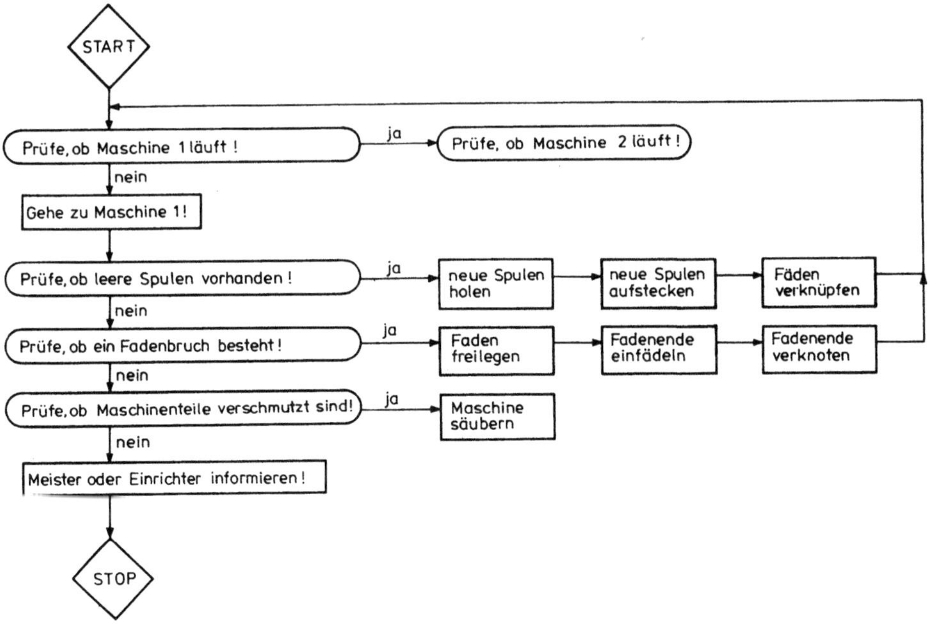

Abb. 25: Beispiel einer algorithmischen Beschreibung für einen Ausschnitt aus einem Arbeitsauftrag der Störungsbeseitigung.

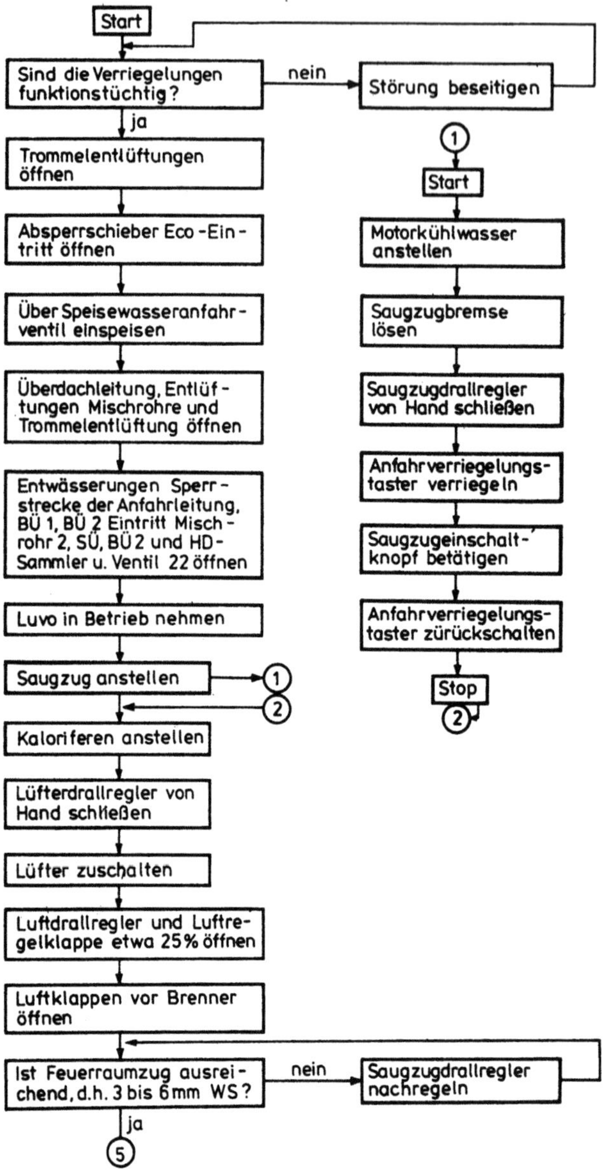

Abb. 26: Algorithmische Beschreibung des Arbeitsauftrages „Anfahren eines Dampferzeugers in einem Heizkraftwerk" (nach GRUNOW 1978).

Auszählen der Entscheidungspunkte und der Anzahl abzuarbeitender Operationen. Abb. 26 gibt ein Beispiel für einen komplexeren algorithmisch beschreibbaren Arbeitsauftrag, nämlich das Anfahren eines Dampferzeugers in einem Heizkraftwerk.

Sind Aktionsprogramme nicht oder nur in geringem Maße verfügbar, weil die Ausgangssituation für das Bearbeiten der Aufträge variabel, kompliziert und komplex ist, so

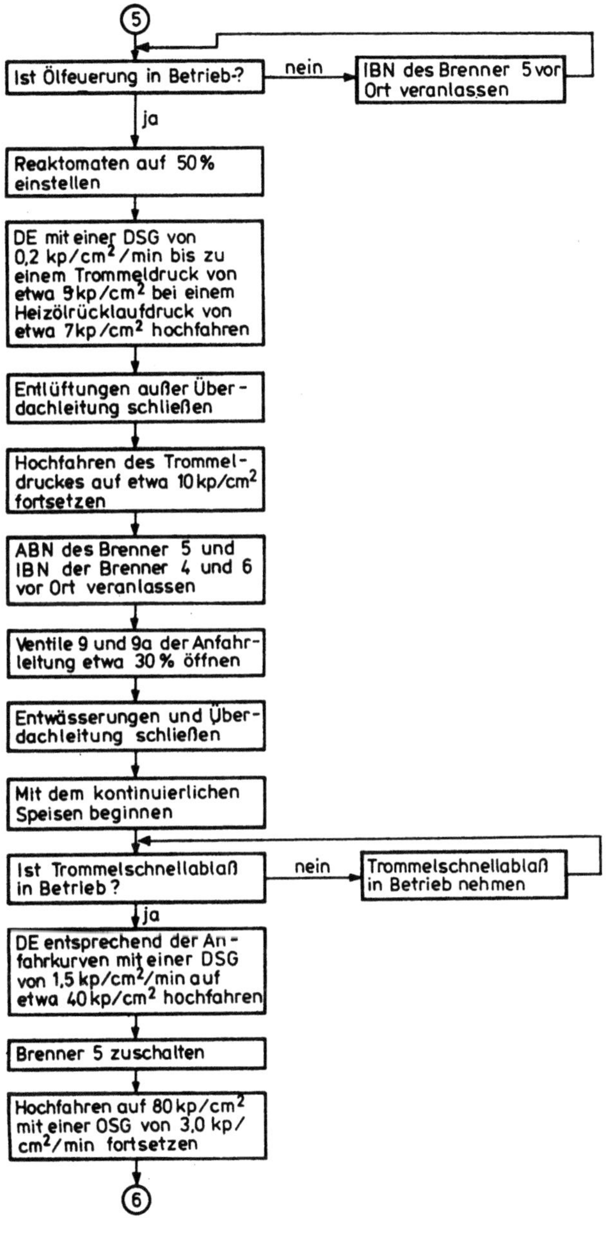

können Strukturdarstellungen nicht die Bewältigungsmethoden kennzeichnen, sondern nur die Ausgangssituation angeben (Typ 3). Die Bewältigungsmethoden sind hier nur durch Tätigkeitsanalysen zugänglich. Eine Möglichkeit der Beschreibung stellen Signaleingriffsmodelle dar (vgl. SINGLETON 1975, MATERN 1976). Mit ihnen ist der Transformationsraum für die Überführung des Ausgangs- in den Sollzustand und damit der Suchraum für Wege der Auftragsbewältigung angegeben. Die Methode der Auftrags-

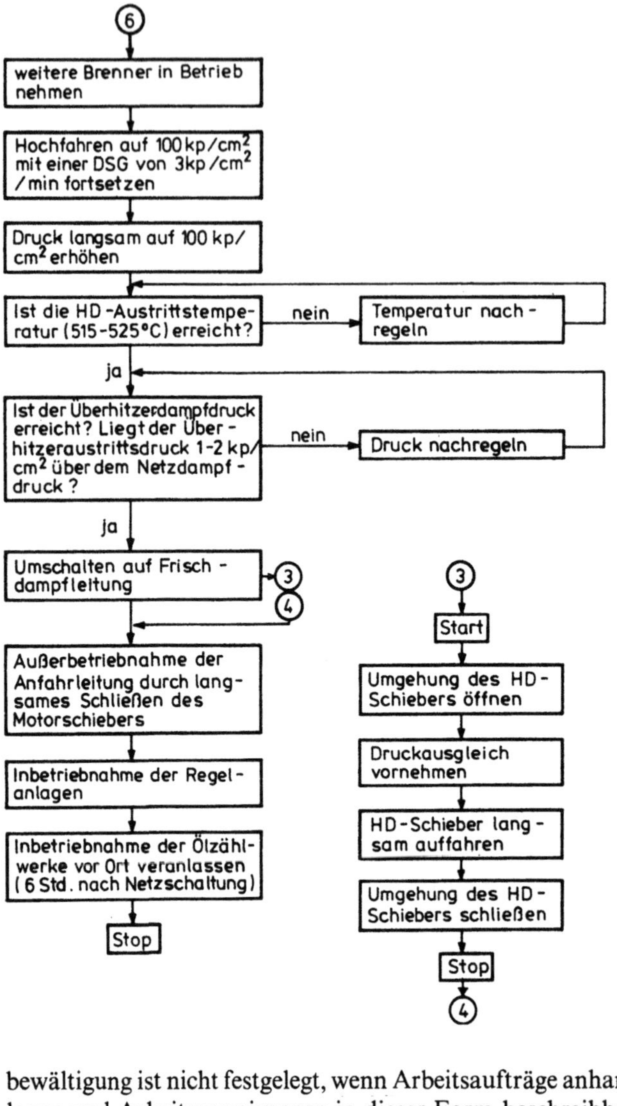

bewältigung ist nicht festgelegt, wenn Arbeitsaufträge anhand der technologischen Unterlagen und Arbeitsanweisungen in dieser Form beschreibbar sind, weil zahlreiche Situationen, veranschaulicht durch unterschiedliche Kombinationen der Ausprägung der Signale, möglich und damit genauere, z. B. algorithmische Beschreibungen der Auftragsbewältigung nur schwer, nämlich mit großem Aufwand und in unübersichtlicher Form, zu leisten sind. Freiheitsgrade bestehen für die Auswahl aus der Menge der möglichen Eingriffe, für ihre Abfolge und für ihre Intensität. Beispiele so beschreibbarer Arbeitsaufträge sind solche der Prozeßüberwachung, bei denen eine Anzahl von Parametern innerhalb vorgegebener Sollwertgrenzen zu halten ist und Abweichungen durch Eingriffe in den Prozeß zu beseitigen sind. Signal-Eingriffsmodelle enthalten in schematischer Auflistung alle Parameter, die überwacht und beeinflußt werden müssen, die also Signal sind oder sein können. Ihnen gegenüber werden alle Eingriffsmöglich-

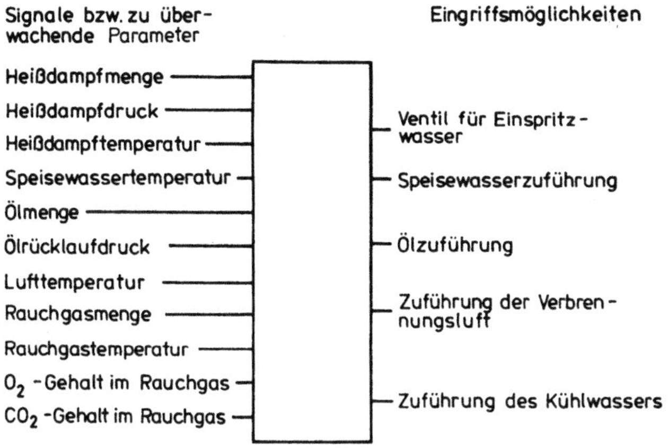

Abb. 27: Vereinfachtes Signal-Eingriffsmodell für den Dampferzeugungsprozeß (nach GRUNOW 1978).

keiten, die der Werktätige nutzen kann, angegeben. Wenn möglich wird zusätzlich gekennzeichnet, welche Parameter durch welche Eingriffe beeinflußt werden können. Abb. 27 gibt ein Beispiel der Darstellungsmöglichkeiten von Signaleingriffsmodellen.

Die Komplexität solcher Arbeitsaufträge wird quantifizierbar durch die Anzahl der zu überwachenden Signale und zur Verfügung stehender Eingriffsmöglichkeiten (s. Abb. 28 und MATERN 1976, 1978).

Ein noch komplexerer Auftragstyp ist der Typ 4, der erfordert, daß aus gegebenen Aufträgen zunächst Aufgaben abgeleitet werden, um eine Verfügbarkeit von Aktionspro-

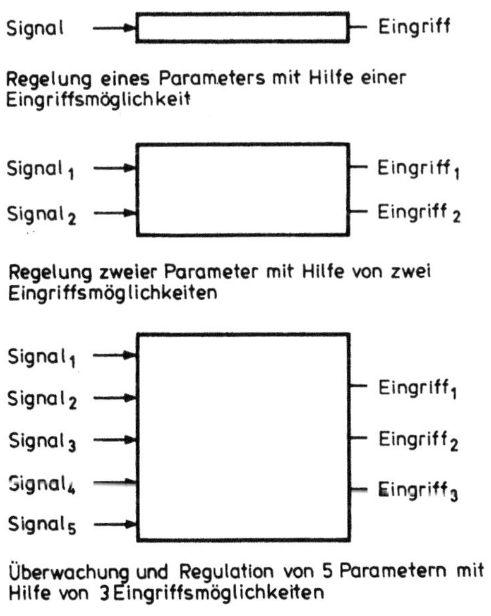

Abb. 28: Beispiele für unterschiedlich komplexe, durch Signal-Eingriffsmodelle dargestellte Aufträge.

grammen zu erreichen. Er hat Problemcharakter und fordert selbständige Denkprozesse. Ein Beispiel wäre der Arbeitsauftrag der Zugverschickung bei der Verteilung der Kohle .von den Tagebauen an verschiedene Verbraucher, dessen Sollzustand durch die ausreichende und qualitätsgerechte Versorgung der Verbraucher sowie durch das Vermeiden eines Leerzugmangels bei den Tagebauen gekennzeichnet ist.

Die Bewältigung dieses Auftrags wird durch wechselnde qualitative und quantitative Produktionsparameter bei den Tagebauen, durch Veränderungen im Streckennetz und auch durch einen variablen Bedarf der Verbraucher erschwert. Eine spezifische, nämlich der jeweiligen Situation angemessene Planung der Auftragsbewältigung ist erforderlich. Beispiele für Aufgabentypen, zu denen der Auftrag der Zugverschickung je nach Ausgang des Informierens über die aktuelle Situation werden kann, enthält Abb. 29. Die Abarbeitungsregeln und Inhalte der Absprachen mit den Kooperationspartnern unterscheiden sich dabei zwischen den Aufgabentypen.

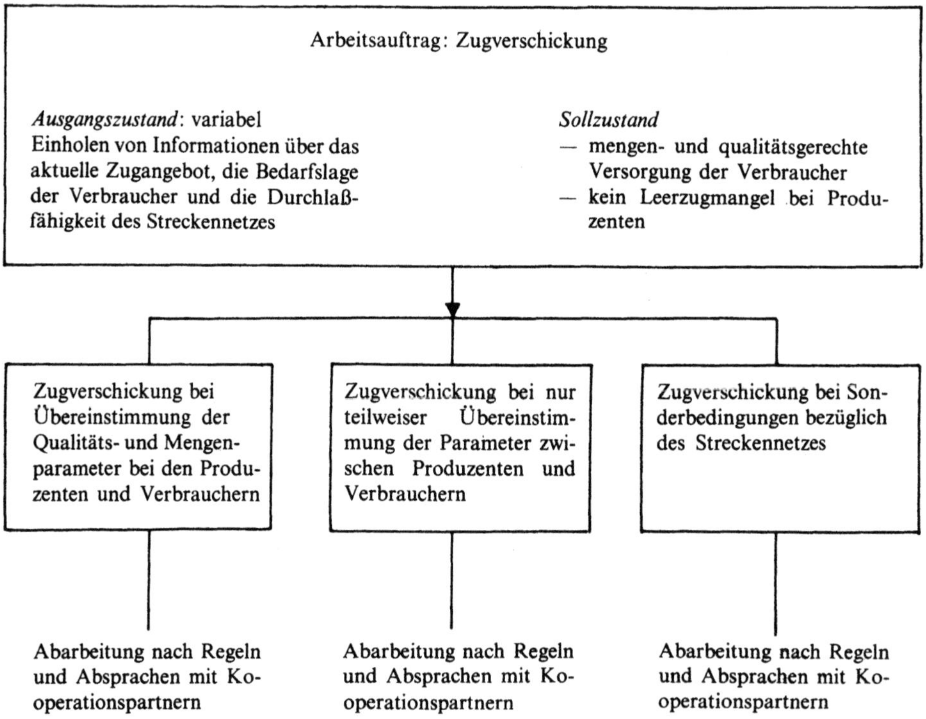

Abb. 29: Beispiel eines Arbeitsauftrags, der nur durch eine gegebene Ausgangssituation und den Sollzustand gekennzeichnet werden kann und für dessen Bewältigung Freiheitsgrade bestehen.

3.2.5. Kennzeichnung der Freiheitsgrade bei der Auftragsbewältigung

Freiheitsgrade bezeichnen objektive Wahlmöglichkeiten für den Arbeitenden zwischen mehreren Arbeitsweisen, die alle zum geforderten Resultat führen. Sie können in Abhängigkeit von der Auftragsstruktur sehr unterschiedlicher Art sein (vgl. Abb. 23). Je komplexer ein Arbeitsauftrag, um so mehr Freiheitsgrade weist seine Bewältigung auf. Bei Auftragsstrukturen des Typs 1, bei dem die Arbeitsoperationen in ihrer Abfolge festgelegt sind, bestehen Freiheitsgrade gar nicht, wenn Arbeitsplätze eine strenge Taktbildung aufweisen, wie z. B. an Montagebändern. Entfällt diese Taktbindung, so können sie die Wahl des Arbeitstempos und/oder eine Mengengliederung, bezogen auf die Anzahl zu fertigender Produkte, während der Arbeitsschicht betreffen. Bei Auftragsstrukturen des Typs 2 können zusätzlich Wahlmöglichkeiten für die Abfolge von Diagnoseschritten und Teilhandlungen bestehen.

Für Aufträge des Typs 3, die durch Signal-Eingriffsmodelle, nicht aber präziser, z. B. algorithmisch, beschrieben werden können oder bei denen dabei ein unvertretbar hoher Aufwand zu leisten wäre, sind die Wege der Zielerreichung grob durch die Eingriffsmöglichkeiten festgelegt. Freiheitsgrade bestehen hier aber bezüglich der Dosierung und Kombination von Eingriffen, die allgemeiner als Wahl von Arbeitsoperationen und Teilhandlungen beschreibbar sind. Ein einfaches Beispiel enthält Abb. 30.

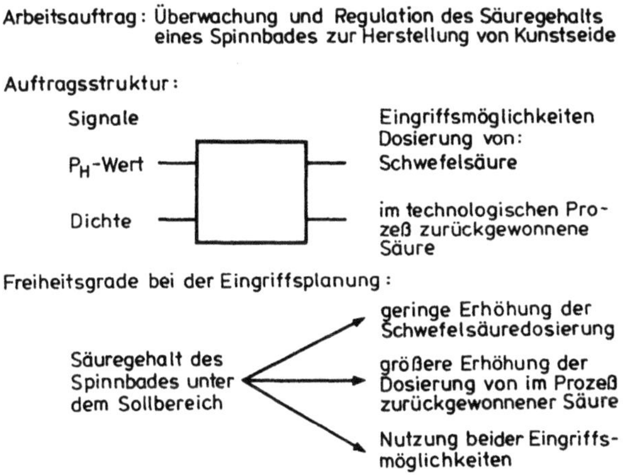

Abb. 30: Vereinfachter Ausschnitt aus einem durch Signal-Eingriffsmodelle beschreibbaren Arbeitsauftrag mit der Angabe von Freiheitsgraden bei der Eingriffsplanung.

Bei global gestellten Arbeitsaufträgen, die vom Bearbeiter zunächst eine Untersetzung in mehrere präziser umrissene Teilaufgaben verlangen, bestehen Freiheitsgrade für den Redefinitionsprozeß in diese Teilaufgaben und damit verbunden bezüglich der Wahl von Mitteln und Wegen der Zielerreichung. Sie betreffen zum Beispiel die Abfolge und Gewichtung, mit der Ziele und Teilziele verfolgt werden. Für viele gleichzeitig zu berücksichtigende Forderungen in Arbeitsaufträgen, z. B. sparsamer Materialverbrauch, schonender Umgang mit Maschinen und Anlagen, Erzielen hoher Qualität und Menge des erzeugten Produkts, sind durchaus situationsabhängig die Prioritäten unterschiedlich zu setzen, und der Werktätige kann über sie sowie teilweise auch über die Wege zu ihrer Erfüllung selbständig entscheiden. Freiheitsgrade können sich also bei komplexen Arbeitsaufträgen auf die Wahl und die Abfolge von Zielen und Teilzielen und die Wahl der Mittel zu ihrer Realisierung beziehen.

Für die einzelnen Aufträge kann der Typ vorhandener Freiheitsgrade erfragt werden, und mehr als eine Bestimmung der vorliegenden Art von Freiheitsgraden ist durch die Auftragsanalyse nicht zu leisten. Genauere Ermittlungen können nur durch psychologische Tätigkeitsanalysen erfolgen; denn wenn Freiheitsgrade existieren, werden sie von verschiedenen Personen durchaus in unterschiedlichem Umfang in Anspruch genommen, und genutzte Freiheitsgrade müssen nicht in jedem Fall bewußt sein.

Diskrepanzen zwischen den objektiven und den subjektiven, d. h. widergespiegelten und genutzten, Freiheitsgraden sind möglich. Subjektive Freiheitsgrade können einen geringeren Umfang als objektive haben, wenn Menschen einen Teil der objektiv gegebenen Wahlmöglichkeiten für die Planung von Arbeitshandlungen übersehen und deshalb nicht in Anspruch nehmen. Auch der umgekehrte Fall ist möglich. Subjektiv können mehr Freiheitsgrade als objektiv gegeben gesehen werden. Die fälschliche Nutzung objektiv nicht gegebener Freiheitsgrade kann zu Fehlern führen und Korrekturen erfordern. Die Übereinstimmung von objektiven und subjektiven Freiheitsgraden ist die Voraussetzung für eine optimale Handlungsregulation.

Freiheitsgrade für die Handlungsausführung sind in subjektiver Hinsicht über die Relation zum Umfang der objektiv widergespiegelten und genutzten hinaus in einer weiteren Hinsicht gegeben. Sie existieren auch hinsichtlich der Art der zur Bewältigung genutzten Handlungsprogramme (aktuelle Erzeugung aus Rahmenprogrammen und Vorschriften vs. Abrufen fertiger Programme aus dem Langzeitgedächtnis). Werktätige können zwischen Bewältigungsstrategien der selbständigen Auswahl und situationsbezogenen Modifikation von Handlungsprogrammen, also einer vorwiegend denkenden Auftragsbewältigung, und einer vorwiegend reproduktiven Auftragsbewältigung wählen, bei der nach einer Grobdiagnose der Arbeitssituation Handlungsprogramme aus dem Gedächtnis abgerufen und abgearbeitet werden, ohne daß eine Berücksichtigung spezifischer Merkmale der Arbeitssituation erfolgt. Dies betrifft Prozesse der Auftragsübernahme (Redefinition von Aufträgen), die den technologischen Rahmenbedingungen und der Auftragsstruktur nicht entnehmbar, nicht erfragbar und daher im Rahmen der Auftragsanalyse nicht zu ermitteln sind. Ihre Ermittlung ist nur durch Tätigkeitsanalysen zu leisten.

3.2.6. Kennzeichnung der zeitlichen Charakteristika der einzelnen Aufträge

Die Funktion dieses Analyseschrittes besteht im Kennzeichnen der Voraussetzungen für den Erwerb und die Festigung von Handlungsprogrammen im Arbeitsprozeß. Er soll helfen, Hypothesen über den Typ der bei der Abarbeitung der Aufträge zu erwartenden psychischen Regulation abzuleiten. Deshalb werden erhoben: der Wiederholungsgrad von Aufträgen, die zeitliche Dauer ihrer Bewältigung und die Möglichkeiten einer Effektkontrolle durch den Werktätigen selbst, die auch von zeitlichen Bedingungen, nämlich dem sofortigen oder verzögert eintretenden Wirksamwerden der Arbeitsaufträge abhängig sind. Für jeden Auftrag sollen dazu die folgenden Fragen beantwortet werden:

a) Wie häufig treten einzelne Arbeitsaufträge auf?
Für die Zwecke der Auftragsanalyse genügt eine Groberfassung, die Hypothesen ermöglicht über die Stabilität der zur Auftragsbewältigung genutzten Handlungsprogramme, über Lernmöglichkeiten und -notwendigkeiten im Arbeitsprozeß, über Zeitdruck und über die Auswirkungsrichtung der Auftragserfüllung auf die Beanspruchung der Werktätigen. Dazu ist es wichtig zu ermitteln, ob ein Arbeitsauftrag in jeder Arbeitsschicht abzuarbeiten ist und wenn ja, wie oft. Tritt er seltener als einmal pro Arbeitsschicht auf, so sollte erfragt werden, in wie vielen Arbeitsschichten er durchschnittlich einmal auftritt.

Die Ermittlung der Auftrittshäufigkeit der Arbeitsaufträge pro Arbeitsschicht ist wesentlich zur hypothetischen Kennzeichnung des psychischen Regulationsniveaus bei den Arbeitshandlungen. Darauf wird zunächst anhand der Strukturdarstellung der Arbeitsaufträge geschlossen. Dabei gilt als Faustregel, daß Arbeitsaufträge des Typs 1 und Typs 2 (vgl. Abb. 23) mit Arbeitstätigkeiten ausgeführt werden, die auf niederen psychischen Regulationsniveaus reguliert werden, wobei als lineare Programmablaufpläne darstellbare zumeist sensumotorisch reguliert werden und mit verzweigten Programmablaufplänen kennzeichenbare Aufträge in der Mehrzahl mit Handlungen abzuarbeiten sind, die auf perzeptiv-begrifflichem Niveau reguliert werden. Für die Bewältigung komplexerer Arbeitsaufträge, nämlich solcher, die als Signal-Eingriffsmodelle, und solcher, für die vom Werktätigen zunächst eine selbständige Untersetzung in Teilaufgaben gefordert ist, sind im allgemeinen intellektuell regulierte Arbeitstätigkeiten nötig. Diese Faustregel gilt allgemein. Sie hat jedoch auch ihre Ausnahmen, und diese lassen sich größtenteils durch die Ermittlung der Auftrittshäufigkeiten der Aufträge begründen. So werden beispielsweise streng algorithmisch beschreibbare Arbeitsaufträge nicht perzeptiv-begrifflich, sondern intellektuell reguliert, wenn sie sehr selten auftreten. Ein typisches Beispiel ist das Anfahren von Anlagen in der automatisierten Industrie, das bei hochautomatisierten Prozessen ein- bis zweimal im Jahr vorkommt und bei einem 4-Schichtsystem dann nicht einmal von jedem Werktätigen erlebt wird. Bei so seltenem Auftreten von Arbeitsaufträgen liegen die für ihre Abarbeitung benötigten Handlungsprogramme nicht auf dem Niveau psychischer Automatismen vor, sondern mehr in Form hierarchisch strukturierter Abarbeitungsvorschriften, die als technologische Teiletappen bezeichnende Superzeichen, als mentale Abbilder über die technologischen Vorgänge und die Funktionsweise der Bestandteile der Anlage existieren und die einzelne gedächtnismäßig gespeicherte Arbeitsschritte zusätzlich denkend generieren (vgl. Bainbridge 1976, Leplat 1976, Matern 1976, Brigham und Laios 1975, Goede 1974, Goede, Paul und Richter 1975, McLeod und McCallum 1975, Oschanin 1976).

Die Ermittlung der Auftrittshäufigkeit kann helfen, begründet abzuleiten, wann bei Arbeitsaufträgen des Typs 1 und des Typs 2 eine intellektuell regulierte Abarbeitung wahrscheinlich ist.

Als nächstes soll ermittelt werden:

b) Wie lange dauert die Ausführung des einzelnen Arbeitsauftrags?
Die Beantwortung dieser Frage hilft ebenfalls, Hypothesen über das psychische Regulationsniveau zu begründen, weil kurze Ausführungszeiten mit einfacheren und deshalb leichter automatisierbaren Handlungsprogrammen korrespondieren als längere Zeit beanspruchende Arbeitshandlungen.

Zusätzlich ist es nützlich zu erfragen:
c) Wieviel Zeit pro Arbeitsschicht wird für das Abarbeiten eines jeden Arbeitsauftrags verbraucht?
Diese Angaben ergeben sich auch für jeden Arbeitsauftrag aus der Auftrittshäufigkeit des Arbeitsauftrags multipliziert mit der Dauer seiner einmaligen Abarbeitung. Da im Rahmen der Auftragsanalyse eine Groberfassung der zeitlichen Charakteristika der einzelnen Aufträge mit Befragungen vorgenommen wird, ist es zweckmäßig, mit Hilfe dieser Frage die Grobangaben von einem zweiten Gesichtspunkt aus zu ergänzen. Durch die Beantwortung dieser Frage für jeden Arbeitsauftrag kann zusammen mit den hypothetischen Schlußfolgerungen über das bei ihrer Abarbeitung wahrscheinliche Regulationsniveau der Arbeitshandlungen angegeben werden, welcher Zeitanteil pro Arbeitsschicht etwa mit Arbeitshandlungen niederen Regulationsniveaus und welcher Zeitanteil etwa mit intellektuell regulierten Arbeitshandlungen ausgefüllt ist.

Schließlich ist es zweckmäßig zu erfragen:
d) Wie lange dauert es, bis ausgeführte Arbeitsaufträge im Produktionsprozeß wirksam werden?
Die Beantwortung dieser Frage vereindeutigt die Angaben über die gegebenen Möglichkeiten für eine Effektkontrolle der ausgeführten Arbeitshandlungen durch den Werktätigen selbst. Sie setzt eine möglichst unmittelbare Kenntnis der Auswirkungen von Arbeitshandlungen voraus. Nur dann ist es möglich, diese Kenntnis in der Handlungsregulation zu berücksichtigen (vgl. Matern 1979, 1980).

Was leistet eine in diesen sechs Schritten durchgeführte Auftragsanalyse?
Sie ist die Voraussetzung für die Durchführung von psychologischen Tätigkeitsanalysen und für eine psychologische Grobbewertung von Arbeitstätigkeiten. Psychologische Tätigkeitsanalysen sind Feinanalysen, mit denen das Niveau, Probleme und Auswirkungen der psychischen Tätigkeitsregulation ermittelt werden, um Tätigkeiten zu bewerten und Gestaltungsrichtungen begründen zu können. Sie untersuchen dazu die Bewältigung der Arbeitsaufträge durch einzelne Werktätige. Zeit- und Ablaufstudien werden durchgeführt. Die in ihnen erhobenen Daten benötigen einen objektiven Bezug für ihre Auswertung und Interpretation. Diesen stellt die Gliederung der Arbeitstätigkeit in Aufträge dar (vgl. auch Köhler 1979, 1980).

Die Auftragsanalyse kennzeichnet also die unabhängigen Variablen, denen die in psychologischen Tätigkeitsanalysen erhobenen abhängigen Variablen, wie z. B. die Vorgehensweisen, die Beanspruchung, die Leistung zugeordnet werden müssen, denn die Durchführung, Auswertung und Interpretation psychologischer Tätigkeitsanalysen erfolgt wie jede Untersuchung durch den Bezug abhängiger Variabler auf unabhängige.

Dieses Vorgehen entspricht einer Bestimmung von Analyseeinheiten in der Reihenfolge „von oben nach unten", d. h. von übergeordneten zu untergeordneten Einheiten. Dadurch sind verschiedene Analyseebenen aufeinander beziehbar (vgl. auch v. Cranach, Kalbermatten, Indermühle und Gugler 1980).

Nur so können verallgemeinerbare Aussagen gewonnen und für identifizierte Probleme die Orte und Richtungen für Veränderungen angegeben werden. Die Auftragsanalyse liefert für Arbeitsablauf- und -zeitstudien im Rahmen der psychologischen Tätigkeitsanalyse ein erstes, für manche Anliegen noch zu differenzierendes Kategorienschema, d. h., Aufträge sind die Kategorien, für die Ausführungszeiten, Fehler und Arbeitsweisen in Tätigkeitsanalysen erhoben werden. Sie liefert weiter die Voraussetzung für detaillierte, nämlich auftragsbezogene Leistungs- und Fehleranalysen, weil aus ihr hervorgeht, wie und in welchem Maße die Mengenleistung und die Qualität des Produkts durch die Bearbeitung der einzelnen Aufträge beeinflußt werden kann. Solche Analysen sind wiederum die Voraussetzung für die Bewertung der Qualität der psychischen Regulationsgrundlagen, denn eine qualitätsgerechte Auftragserfüllung beim Fehlen von Fehlbeanspruchungen läßt auf angemessene Regulationsgrundlagen schließen, während eine gehäufte fehlerhafte Auftragsausführung und/oder negative Beanspruchungsfolgen auf gestaltungsbedürftige Regulationsgrundlagen oder Arbeitsaufträge hinweisen.

3.3. Beziehung zwischen Auftrag, Tätigkeit und psychischer Regulation

Die Auftragsanalyse widmet sich der objektiven Kennzeichnung der lebendigen Arbeit eines Produktionsprozesses. Die psychologische Tätigkeitsanalyse fragt nach der psychischen Regulation und bewertet Tätigkeiten. Für eine angemessene Interpretation und Nutzung letzterer müssen die Beziehungen zwischen Auftrag und psychischer Regulation und deren Auswirkungen auf die Leistung und Beanspruchung, also die Beziehungen zwischen unabhängigen und abhängigen Variablen, in der Arbeitsanalyse geklärt sein.

Arbeitsaufträge werden von der arbeitenden Person zunächst wahrgenommen und übernommen. Das kann entsprechend ihren Persönlichkeitseigenschaften und Leistungsvoraussetzungen unterschiedlich erfolgen. In der Literatur hat sich der von Hackman (1969) in die Auftragsanalyse eingeführte Begriff der Redefinition von Aufträgen eingebürgert. Damit ist der gleiche Sachverhalt gemeint, wie er für das Problemlösen als die Abhängigkeit des Problemverständnisses von subjektiven Faktoren diskutiert wird. Für einen Schwachsinnigen gibt es viele Probleme nicht, weil er sie nicht wahrnimmt. Das gleiche Problem kann je nach Vorbildung oder Darbietungsvarianten sehr unterschiedlich widergespiegelt und deshalb auch sehr unterschiedlich gelöst werden (vgl. Jülisch und Krause 1976, Sydow 1975).

In handlungspsychologischen Grundlagenforschungen ist gezeigt, daß gleiche Aufträge subjektiv unterschiedlich aufgefaßt werden können. Sind Funktionen zu erlernen und anzuwenden, so bilden Probanden dies entweder als Aufgabe der Regelsuche und -anwendung, als Klassifikationsaufgabe oder als Zuordnungsaufgabe ab (vgl. Matern 1976, Kasvio 1978).

Hacker (1977) hat bei simulierten Montagetätigkeiten, die streng nach hierarchischen Regeln aufgebaut waren, festgestellt, daß sie durch

— unvermitteltes Behalten der Einzelitems oder
— Erzeugen der Itemsequenz durch Regelnutzung oder
— die Kombination von Einheitenbildung und Erzeugen der Abfolge nach Regeln oder
— die Kombination von unvermitteltem Behalten und Erzeugen abgearbeitet werden

können.

Unterschiedliche Aufgabenauffassung führt zu verschiedenen mentalen Repräsentationen der Aufträge und ihrer Bedingungen und daraus resultieren unterschiedliche Vorgehensweisen. Die Frage nach Regelhaftigkeiten bei Prozessen der Redefinition von Aufträgen liegt nahe. Vorliegende Befunde weisen darauf hin, daß von den möglichen Aufgabenklassen die gewählt wird, die bei Sicherung der Auftragserfüllung den geringsten Aufwand erfordert (Bruner 1956, Hacker und Matern (1979). Untersuchungen von Richter u. a. (1980) weisen darauf hin, daß nicht generell eine Minimierung des Aufwandes angestrebt wird, sondern eher eine Optimierung. Bei der Wahrnehmung und Übernahme von Aufträgen spielen Effektivitätskalküle eine Rolle. Sie hängen von den jeweils schon vorhandenen und für die Auftragserfüllung nutzbaren psychischen Regulationsgrundlagen ab und bestimmen ihrerseits mit, wie und welche weiteren psychischen Regulationsgrundlagen erworben werden. Die anzunehmenden Beziehungen zwischen Aufträgen und ihrer subjektiven Widerspiegelung bis hin zur Leistung und Beanspruchung bei der Auftragsbewältigung gibt Abb. 31 an.

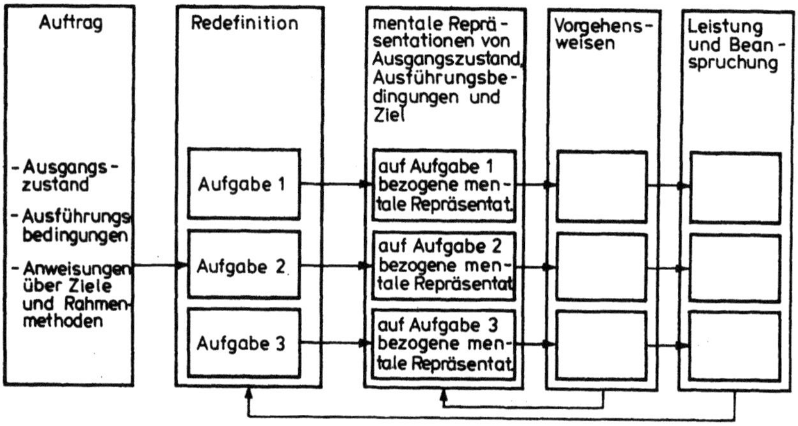

Abb. 31: Schema der Kette von Beziehungen zwischen Auftrag und Leistung und Beanspruchung bei der Auftragsbewältigung (nach Hacker und Matern 1979).

Ein Auftrag kann zu verschiedenen Aufgaben führen. Von der Aufgabenauffassung hängt es ab, welche Eigenschaften des Ausgangszustandes und der Ausführungsbedingungen mit welchem Gewicht abgebildet werden und welche Zielmerkmale bei den meist einen Interpretationsspielraum enthaltenden Zielvorgaben in Anweisungen herausgehoben und welche vernachlässigt werden. Mentale Repräsentationen für den gleichen Auftrag können also unterschiedlich sein, je nachdem, welches Aufgabenverständnis als Vermittlungsglied wirkt. Unterschiedliche mentale Repräsentationen bedingen unterschiedliche Vorgehensweisen und umgekehrt. Hier sind enge Wechselwirkungen anzunehmen. Die Vorgehensweisen unterscheiden sich wesentlich bezüglich des Anteils der beiden Grundformen der kognitiven Tätigkeitsregulation, der Regulation aufgrund aktueller Informationsaufnahme und -verarbeitung und der Regulation auf der Grundlage mnestisch stabilisierter mentaler Repräsentationen. Mit unterschiedlichen Vorgehensweisen korrespondieren schließlich unterschiedliche Leistungs- und Beanspruchungsgrade. Die Beanspruchung hängt in hohem Maße von den Anforderungen an das kurzfristige Behalten, also von dem Umfang aktueller Informationsaufnahme- und -verarbeitungsleistungen ab. Leistung und Beanspruchung wirken unmittelbar zurück auf die Redefinition des Auftrages. Werden die im Auftrag geforderten Ziele nicht erreicht, so wird eine neue Redefinition, also eine andere Aufgabenauffassung notwendig, aus der andere Vorgehensweisen mit besseren Leistungen resultieren. Befinden sich die erreichten Leistungen im Rahmen des im Auftrag geforderten Niveaus, so ist entsprechend einer Reihe von Grundlagenuntersuchungen (Kasvio 1978, Matern 1976, Hacker 1977, Sydow 1975) anzunehmen, daß erneute Redefinitionen des Auftrages erfolgen, um die Beanspruchung zu senken.

Diese Kette von Beziehungen ist bei den meisten Arbeitstätigkeiten anzunehmen. Nur Aufträge, bei denen eine bestimmte Bewältigungsform durch die Technologie und die Arbeitsmittel erzwungen wird, führen unmittelbar zu den Arbeitsoperationen. Das kommt bei einfachen Montagearbeiten vor und auch bei Tätigkeiten, die aus Sicherheitsgründen absolut fehlerfrei ausgeführt werden müssen, z. B. Schalthandlungen im Bereich der Energieversorgung. Die Arbeitsmittel sind hier oft mit Verriegelungen ausgestattet, die Freiheitsgrade bei der Auftragsbewältigung einschränken oder beseitigen. In diesen Fällen verkürzt sich die Kette. Durch die Aufträge sind die Operationen zu ihrer Bewältigung festgelegt und die Variationsbreite von Leistung und Beanspruchung ist gering, verglichen mit anderen Arbeitstätigkeiten. Der größte Teil von Arbeitstätigkeiten beläßt jedoch Freiheitsgrade für die Bewältigung und von der Art ihrer Nutzung hängen Leistung und Beanspruchung ab (vgl. Hacker 1973, Hacker, Rühle und Schneider 1976, Quaas 1976, Rühle 1979).

Bei psychologischen Arbeitsanalysen muß der Untersucher von diesen Beziehungen zwischen Auftrag, Aufgabe, mentalen Repräsentationen, Vorgehensweisen und Leistung und Beanspruchung ausgehen. Analysenziele, die sich auf einzelne Glieder in der Kette beziehen können, müssen ausgewiesen werden und Erklärungen müssen diese Wirkungsweise berücksichtigen.

3.4. Psychologische Grobbewertung von Arbeitstätigkeiten mit Hilfe der psychologischen Auftragsanalyse

Arbeitstätigkeiten werden durch Arbeitsaufträge nicht vollständig determiniert. Immer sind sie auch von der Motivation und dem Wissen und Können der Werktätigen abhängig. So können gleiche Aufträge zu verschiedenen Tätigkeiten führen. Das setzt Bewertungen auf der Grundlage der Auftragsanalyse Grenzen. Dennoch ist durch die Aufträge im wesentlichen der Spielraum für Redefinitionen im Sinne ihrer Übernahme als persönliche Aufgaben vorgegeben. So können beispielsweise Arbeitsaufträge im Bereich der Energieversorgung an Schaltanlagen, die mit Verriegelungen ausgestattet sind, auch durch Redefinitionen nicht zu einem individuellen Entscheidungsspielraum führen, und andererseits wird die Fehlersuche an komplexen Anlagen insbesondere dann, wenn seltene Störungen aufgetreten sind, immer eine intellektuell regulierte Tätigkeit mit selbständiger Wahl der Abfolge einzelner Arbeitsoperationen bleiben. Diese Rahmendetermination der Arbeitstätigkeit durch die Arbeitsaufträge ermöglicht die psychologische Grobbewertung von Arbeitstätigkeiten auf der Grundlage der psychologischen Auftragsanalyse. Dies gilt nicht für alle Bewertungsdimensionen, sondern für die Ebene der Beeinträchtigungsfreiheit und Persönlichkeitsförderung (vgl. Hacker 1974, 1980). Die Grundlage ist der Tatbestand, daß von der Auftragsstruktur auf das psychische Regulationsniveau geschlossen werden kann. Aus ihr geht relativ widerspruchsfrei hervor, ob sensumotorisch oder perzeptiv-begrifflich regulierte Tätigkeitsabschnitte anzunehmen sind, oder ob es sich um intellektuell, d. h. durch Denken regulierte Tätigkeiten handelt, und ob durch die Aufträge vollständige Handlungsstrukturen ermöglicht werden (VOLPERT 1974), d. h. vom Orientieren über die Bedingungen, die Planung und Durchführung bis zur Kontrolle der ausgeführten Tätigkeit, oder um unvollständige Handlungsstrukturen, d. h. solche, bei denen nur vorbereitende, nur durchführende oder nur kontrollierende Tätigkeitsabschnitte an eine Person vergeben sind. Die beiden Eigenschaften von Tätigkeiten — das psychische Regulationsniveau und der Grad der Vollständigkeit von Handlungsstrukturen — bestimmen wesentlich, ob und welche Beeinträchtigungen infolge der Tätigkeitsausführung eintreten können und ob Möglichkeiten zur Weiterentwicklung von Fähigkeiten und zur Bildung von Einstellungen als wichtigen Seiten der Persönlichkeitsförderung gegeben sind.

Sensumotorisch regulierte Tätigkeitsabschnitte enthalten keine Möglichkeit für eine Weiterentwicklung beruflicher Fähigkeiten. Die Regulationsmuster sind dynamische Stereotype. Sie wirken bei längerer Dauer zusammen mit geringen Möglichkeiten zu großmotorischen Bewegungen und gleichbleibenden Maschinengeräuschen monotoniebegünstigend (vgl. HACKER 1968a, PLATH und RICHTER 1978) und können auch das Entstehen von psychischer Sättigung hervorrufen. Analoges gilt für unvollständige Handlungsstrukturen. Perzeptiv-begrifflich regulierte Arbeitstätigkeiten ermöglichen zwar auch keine nennenswerten Weiterentwicklungen von Fähigkeiten und Einstellungen, führen jedoch nicht in dem Maße wie nahezu ausschließlich sensumotorisch regulierte Arbeitsbewegungen zu Monotonie und psychischer Sättigung.

Intellektuell regulierte Tätigkeiten, die überwiegend vollständige Handlungsstrukturen voraussetzen, enthalten Möglichkeiten zur Weiterentwicklung von Fähigkeiten und Einstellungen. Sie begünstigen nicht Monotonie und psychische Sättigung, können aber zu Belastung im Sinne von Ermüdung und Streß führen.

Über diese Grundrelationen zwischen dem von der Auftragsstruktur induzierten Regulationsniveau sowie dem Grad der Vollständigkeit von Handlungsstrukturen, den Konsequenzen für wahrscheinliche Arten von Beeinträchtigungen und den Möglichkeiten für die Fähigkeitsentwicklung und Einstellungsbildung ist die Zusammensetzung der Arbeitstätigkeiten aus qualitativ unterschiedlich regulierten Tätigkeitsabschnitten für die psychische Bewertung wesentlich. Dabei ist allgemein bekannt, daß unterschiedlich zusammengesetzte Tätigkeiten, die also sowohl sensumotorisch, perzeptiv-begrifflich als auch intellektuell zu regulierende Teiltätigkeiten enthalten, günstig sind (ROTHE 1978, 1979, NEUBERT 1979, HACKER und JATZLAU 1978, HACKMAN und OLDHAM 1974), während Tätigkeiten, bei denen ein Regulationstyp dominiert bzw. ausschließlich vorhanden ist, psychologisch als schlechter zu bewerten sind. Am verbreitetsten sind einseitige Tätigkeiten in der Montageindustrie. Ein überwiegend sensumotorisches Regulationsniveau zusammen mit unvollständigen, nämlich nur durchführenden Handlungsstrukturen erzeugt die negativen Beanspruchungen Monotonie und psychische Sättigung und verhindert gleichzeitig eine Weiterentwicklung von Fähigkeiten. Ausschließlich intellektuell zu regulierende Tätigkeiten können die Gefahr der Überforderung enthalten (PLATH und RICHTER 1978).

Die Abschätzung des psychischen Regulationsniveaus, ausgedrückt in den drei von HACKER eingeführten Ebenen ist für eine Grobbewertung also durchaus sinnvoll. Die Kritik OESTERREICHS (1981) an diesen drei Ebenen, die sich wesentlich darauf bezieht, daß angeblich die mittlere, d. h. die perzeptiv-begriffliche Ebene von den beiden anderen nicht zuverlässig zu trennen sei, ist nicht stichhaltig. In seiner Argumentation wird übersehen, daß die Signalverarbeitung auf sensumotorischem Niveau qualitativ anders erfolgt als auf perzeptiv-begrifflichem Niveau. Kurz: Der qualitative Unterschied zwischen Empfindung und Wahrnehmung wird ignoriert. Außerdem läßt der Gegenvorschlag OESTERREICHS, der ein 5-Ebenen-Modell der Handlungsregulation beinhaltet und auf eine Differenzierung der intellektuellen Regulationsebene im Sinne von HACKER hinausläuft, die unterschiedliche Bedeutung der Begriffe Tätigkeit und Handlung außer

Acht. Von ihm vorgeschlagene Differenzierungen sind zum Teil daraus erklärbar. Seine höchste Regulationsebene, nämlich die „Ebene der Schaffung neuer Handlungsbereiche“ bezeichnet eine spezielle und in der intellektuellen Regulationsebene von Hacker explizit nicht ausgewiesene Qualität. Doch diese Ebene ist für die hier diskutierte Analyse und Bewertung von Arbeitstätigkeiten in produzierenden Bereichen der Industrie nahezu irrelevant.

Eine Zusammenfassung der Schritte 3.4. und 3.6. der Auftragsanalyse in einer Tabelle (Aufbau s. Tab. 13) kann die Beurteilung des psychischen Regulationsniveaus

Tab. 13: *Zusammenfassendes Aufbereitungsschema als Hilfsmittel für die Beurteilung des psychischen Regulationsniveaus der für die Bewältigung der einzelnen Arbeitsaufträge erforderlichen Arbeitshandlungen. Die Differenzierung in den 3 rechten Spalten soll veranschaulichen, daß mehrere Arbeitsaufträge des gleichen Strukturtyps einem Werktätigen zugewiesen sind. Der Umfang dieser Tabelle ergibt sich aus der Arbeitsteilung zwischen den Werktätigen, d. h., alle einem Werktätigen zugewiesenen Arbeitsaufträge werden in die tabellarische Darstellung aufgenommen*

Struktur der Arbeitsaufträge	Anzahl unterschiedlicher Aufträge	Häufigkeit je Auftrag pro Schicht	Zeit pro Auftrag	Zeit je Auftrag pro Schicht
Algorithmische Struktur				
lineare Programmablaufpläne				
verzweigte Programmablaufpläne				
Signal-Eingriffsmodelle differenzierbar nach ihrer Komplexität, z. B.				
3 Signale, 3 Eingriffe				
4—7 Signale, 4—7 Eingriffe				
8 Signale, 8 Eingriffe				
Komplexe, in Teilaufgaben selbständig zu zerlegende Arbeitsaufträge				

der für die Abarbeitung der Arbeitsaufträge erforderlichen Teiltätigkeiten vorbereiten. In die Zeilen sind die großen Klassen unterschiedlich strukturierter Arbeitsaufträge geschrieben, und es sind Möglichkeiten für Differenzierungen in diesen Klassen angegeben. In die dritte Zeile, die mit komplexen, in Teilaufgaben zu zerlegende Arbeitsaufträge bezeichnet ist, sind solche Differenzierungen mit den Methoden zu leisten, die die Denkpsychologie für die Beschreibung von Problemen anbietet. In die Spalten werden die Ergebnisse der Befragung über die zeitlichen Charakteristika der Arbeitsaufträge eingetragen. Sie ermöglichen, wie im Abschnitt 3.3.6. erläutert, begründete

Hypothesen über das psychische Regulationsniveau der Arbeitshandlungen, mit dem die Aufträge abgearbeitet werden.

Eine Grobbeurteilung der Kooperation und Kommunikation ist für die Bewertung von Arbeitstätigkeiten ebenfalls wichtig. Fehlende Möglichkeiten zu Kooperation und Kommunikation begünstigen negative Beanspruchungsfolgen wie Monotonie und psychische Sättigung (HACKER 1968b) und erschweren die Entwicklung von Fähigkeiten (HACKER, MATERN, RICHTER und STROHBACH 1978, HIEBSCH und VORWERG 1980). Sie beeinträchtigen das soziale Wohlbefinden am Arbeitsplatz. Für eine Grobeinschätzung können die Ergebnisse des dritten Schrittes der Auftragsanalyse in einer Tabelle nach folgendem Aufbau (s. Tab. 14) zusammengefaßt werden:

Tab. 14: *Zusammenfassende Darstellung der auftragsbezogenen Kennzeichnung von Kooperation und Kommunikation für einen Arbeitsplatz*

Aufträge	Bewältigung durch Kooperation und Kommunikation	Zeit pro Schicht	Kommunikation im Raumverband möglich	Zeit pro Schicht	Keine Kommunikation möglich	Zeit pro Schicht
A B C . . . N						
	Summe	...			Summe	...

Die Besetzung der 1. Spalte weist auf günstige Tätigkeitseigenschaften hin, während sehr hohe oder gar vollständige Besetzungen der letzten Spalte gestaltungsbedürftige Arbeitstätigkeiten kennzeichnen.

Die Beurteilung des Grades der Vollständigkeit von Handlungsstrukturen setzt psychologische Tätigkeitsanalysen voraus. Eine Grobeinschätzung auf der Grundlage der Auftragsanalyse ist möglich, aber erschwert, weil diese Einschätzung nicht zwangsläufig auftragsbezogen erfolgen, sondern auch die Kombination der Abarbeitung unterschiedlicher Aufträge in einer Tätigkeit berücksichtigen muß. So kann beispielsweise ein Auftrag zur Produktkontrolle Rückmeldungen zur Durchführung mehrerer Arbeitsaufträge geben und diese Arbeitsaufträge müssen nicht als restriktiv beurteilt werden, wenn sie von dem Werktätigen ausgeführt werden, der auch für die Kontrolle verantwortlich ist. Analoges gilt für die Vorbereitung und Planung.

Die Arbeitsteilung zwischen den Werktätigen innerhalb eines technologischen Teilprozesses, d. h. eines Produktionsabschnittes mit relativ eigenständigem Ziel, ist für eine Grobbeurteilung der Vollständigkeit der Handlungsstrukturen die Grundlage. Ist die Arbeitsteilung hoch, so sind unvollständige Handlungsstrukturen wahrscheinlicher. Befragungen der Werktätigen können die aus der Auftragsanalyse hervorgehenden Angaben ergänzen. Eine tabellarische Zusammenstellung erleichtert auch für diesen Beurteilungsgesichtspunkt die Übersicht. Sie ist der erläuterten Schwierigkeiten wegen nur grob und bezieht sich auf die Kennzeichnung der für die Beurteilung relevanten positiven und negativen Extreme. Dazu gehört einmal der Umfang, in dem Aufträge, die vollständige Handlungsstrukturen erwarten lassen, vorliegen. Je größer er ist, als psychologisch um so besser gestaltet ist eine Tätigkeit zu beurteilen. Analog dazu ist der Zeitanteil abzuschätzen, der auf die Abarbeitung von Aufträgen entfällt, die restriktive Handlungsstrukturen erwarten lassen (s. Tab. 15).

Tab. 15: *Zusammenfassung des Zeitanteils pro Schicht, der auf Arbeitsaufträge bzw. Kombinationen von ihnen entfällt, die vollständige Handlungsstrukturen ermöglichen, und auf solche, die nur unvollständige Handlungsstrukturen zulassen*

Arbeitsaufträge	Zeit pro Schicht
Arbeitsaufträge bzw. Kombinationen von Arbeitsaufträgen, die vollständige Handlungsstrukturen ermöglichen	
Arbeitsaufträge, die nur unvollständige Handlungsstrukturen zulassen	
nur Vorbereitung	
nur Durchführung	
nur Kontrolle	

Eine solche Grobbewertung von Arbeitstätigkeiten auf der Grundlage der Auftragsanalyse kann bereits für die Begründung und Ableitung von Veränderungsmaßnahmen im Sinne von Vorschlägen für die Arbeitsteilung und -kombination genutzt werden. Diese organisatorische Gestaltungsmaßnahme ist bei gegebener Technik und Technologie möglich. Sie strebt eine solche Verteilung der Arbeitsaufträge an die Werktätigen an, die jedem Werktätigen progressive, d. h. die Entwicklung von Fähigkeiten und Einstellungen ermöglichende beanspruchungsoptimale Arbeitsinhalte bereitstellt, die gleichzeitig eine hohe Produktivität sichern (Hacker und Macher 1977). Der wesentliche Weg dazu besteht in der Aufhebung der in der Arbeitsgestaltung seit Taylor praktizierten und bis in unsere heutige Zeit verbreiteten Trennung von Planungs-, Fertigungs- und Kontrollprozessen (vgl. Ulich, Grosskurth und Bruggemann 1973). Diese Trennung widerspricht der allseitigen Entwicklung der Persönlichkeit, die Ziel der sozialistischen Gesellschaftsordnung ist. Sie berücksichtigt darüber hinaus nicht die durch die technische Entwicklung bedingte veränderte Rolle menschlicher Arbeitstätigkeit für die Produktivität von Produktionsprozessen. Lomow kommt bei der Analyse dieses Tatbestandes in der Sowjetunion zu der Feststellung, daß die Hauptquelle für die Steigerung der Arbeitsproduktivität in psychischen Faktoren — also Wahrnehmungs-, Vorstellungs-, Denk- oder Einstellungsfaktoren — liegt (1971). Die Verteilung von Arbeitsaufträgen in einer solchen Weise, die es ermöglicht, daß Menschen ihre Fähigkeiten weitgehend nutzen, ist eine wichtige Methode der Arbeitsgestaltung.

Die methodischen Schritte für die Erarbeitung von Vorschlägen für die Neuverteilung von Arbeitsaufträgen sind:

1. Die Auftragsanalyse wird für einen ganzen Produktionsabschnitt mit der Darstellung der bestehenden Mensch-Maschine-Funktionsteilung, der bestehenden Arbeitsteilung zwischen den Menschen und der Grobdarstellung der Auftragsstrukturen durchgeführt.
2. Die lebendige Gesamtarbeit des Produktionsabschnittes wird grob bewertet hinsichtlich des psychischen Regulationsniveaus, des Umfangs an Kooperation und Kom-

munikation und des Grades der Vollständigkeit der bei der Abarbeitung der Aufträge zu erwartenden Handlungsstrukturen. Für diese Grobbewertungen sind Ermittlungen der Wiederholungsfrequenz gleicher Arbeitsaufträge pro Schicht und des zeitlichen Anteils, den die Bearbeitung der einzelnen Aufträge pro Schicht in Anspruch nimmt, erforderlich.

3. Eine tabellarische Übersicht (s. Tab. 16) über den Iststand der Verteilung der Arbeits-

Tab. 16: *Aufbereitungsschema für die zusammenfassende Kennzeichnung der Arbeit von Werktätigen in einem Produktionsabschnitt nach dem Regulationsniveau, der Vollständigkeit der Handlungsstrukturen und der Kooperation und Kommunikation. Die durch die Summierung der Zeitanteile ausgewiesene Zusammensetzung der Arbeitstätigkeit ermöglicht die Identifizierung befriedigend und unbefriedigend gestalteter Arbeitstätigkeiten*

Werktätige	Aufträge	Zeitanteil pro Arbeitsschicht							
		Regulationsniveau			Vollständigkeit der Handlungsstruktur		Kooperation und Kommunikation bei		
		intellektuell	perzeptiv-begrifflich	sensumotorisch	ja	nein	Bearbeitung der Aufträge	nur Raumverband	keine
I	A B C D E F								
Summe	Zeitanteil	...	...	...	..	...	...	...	...
II	G H I J								
Summe	Zeitanteil	...	...	...	...	...	...	...	...
III	K L M N O								
Summe	Zeitanteil	...	...	...	...	...	...	...	...

aufträge an die Werktätigen und die Grobbewertung der durch die Aufträge geforderten Arbeitstätigkeiten verdeutlicht, welche Werktätige mit hoher Wahrscheinlichkeit in ihren Arbeitstätigkeiten Möglichkeiten für den Einsatz und die Weiterentwicklung beruflicher Fähigkeiten und die Bildung positiver Einstellungen zum Kollektiv, zur

Arbeit und zur eigenen Leistungsfähigkeit haben. Dies ist da zu erwarten, wo größere Anteile der Arbeitszeit mit der intellektuell regulierten Abarbeitung von Aufträgen ausgefüllt sind, wo die Auftragserfüllung Kooperation und Kommunikation fordert und wo ein wesentlicher Teil der Aufträge vollständige Handlungsstrukturen erfordern. Die tabellarische Übersicht weist ebenso aus, welche Werktätigen diese Möglichkeiten nicht haben. Das sind diejenigen, deren Arbeitsaufträge auf niederen Regulationsebenen und ohne Kooperations- und Kommunikationserfordernisse abgearbeitet werden und bei denen der größte Teil oder alle Aufträge zu unvollständigen Handlungsstrukturen führen. Diese Kenntnis der positiven und negativen Seiten des Iststandes kann genutzt werden für

4. die Ableitung eines Vorschlags zur Neuverteilung der lebendigen Gesamtarbeit, der ungünstige Arbeitsinhalte verhindert, also jedem Werktätigen ausreichende Anteile der Arbeitszeit sichert, die durch intellektuell regulierte Tätigkeiten kooperativ abgearbeitet werden und mit vollständigen Handlungsstrukturen ausgefüllt sind. Die Konzipierung dieses Vorschlags erfolgt gemeinsam mit den Werktätigen. Unterrichtet über Anliegen und Ziel der Neuverteilung lebendiger Arbeit verfügen sie als „Experten“ für ihre Arbeitstätigkeiten über die nötige Detailkenntnis bis hin zu den produktionstechnischen und -organisatorischen Rahmenbedingungen, die die Kombinierbarkeit von Aufträgen teilweise einschränken können. Wesentlich sind ihre Erfahrungen über die Auftrittsrate von Arbeitsaufträgen pro Schicht und die erforderlichen Bearbeitungszeiten, denn für die Ausarbeitung von Vorschlägen ist deren zeitliche Bilanzierung bezogen auf die Arbeitsschicht eine wesentliche Voraussetzung. Das Erarbeiten eines Vorschlags zur Neuverteilung der lebendigen Arbeit sollte deshalb aus drei Schritten bestehen:

a) Erarbeiten mehrerer Alternativvorschläge durch die Werktätigen bzw. durch Werktätigengruppen,

b) Grobbewertung dieser Alternativvorschläge auf der Grundlage der Auftragsanalyse und der Kenntnis der zeitlichen Charakteristika der Aufträge durch den Psychologen,

c) Auswahl des besten oder der besten Vorschläge in einer Gruppendiskussion, die gemeinsam von Werktätigen und untersuchenden Psychologen geführt wird und deren Gegenstand es ist, die Vor- und Nachteile der einzelnen Vorschläge gegeneinander abzuwägen und gemeinsam die günstigste Variante bzw. Varianten zu bestimmen.

4. Psychologische Tätigkeitsanalyse

4.1. Beziehung zwischen psychologischer Auftragsanalyse und psychologischer Tätigkeitsanalyse

Die psychologische Auftragsanalyse bereitet psychologische Tätigkeitsanalysen vor, mit deren Hilfe Analysen der psychischen Regulation von Tätigkeiten, Tätigkeitsbewertungen, Vorbereitungen von Gestaltungsmaßnahmen unterschiedlicher Art, die Ermittlung der für die erfolgreiche Tätigkeitsausführung notwendigen Kenntnisse, Fähigkeiten und Fertigkeiten, also die Ermittlung von Inhalten für Trainingsverfahren, die ein Erlernen dieser Tätigkeit gestatten, möglich sind. Psychologische Tätigkeitsanalysen werden deshalb immer dann durchgeführt, wenn die Ergebnisse der Auftragsanalyse zu grob sind, um beabsichtigte Veränderungen hinreichend genau zu planen und zu begründen. Sie liefern umfangreichere Erkenntnisse über die Art und das Niveau der psychischen Regulation und vor allem auch zu Leistungen und Beanspruchungen, und zwar nicht nur zu dem jeweiligen Resultat, sondern mit Hilfe von Verlaufsanalysen auch zur Genese. Psychologische Tätigkeitsanalysen können damit die in der Auftragsanalyse teilweise hypothetisch gebliebenen Aussagen über das Niveau der psychischen Regulation der Arbeitstätigkeit, über das Niveau und den Umfang der arbeitsbedingten Kooperation und Kommunikation und die Funktion der Arbeitstätigkeit für den gesamten Produktionsprozeß überprüfen und ergänzen. Für die Durchführung psychologischer Tätigkeitsanalysen stellt die Auftragsanalyse durch die Gliederung der Arbeitstätigkeit in Aufträge mit relativ selbständigem Ziel für den Produktionsprozeß ein Kategorienschema bereit, nach dem die zu erhebenden Daten über die abhängigen Variablen sortiert werden. Psychologische Tätigkeitsanalysen erfolgen also auftragsbezogen, d. h., psychische Regulationsvorgänge, die Effektivität von Arbeitshandlungen usw. werden pro Auftrag ermittelt, bevor ihre Integration in der aus der Bewältigung mehrerer Aufträge bestehenden Arbeitstätigkeit dargestellt wird. Dieses Vorgehen erleichtert eine für viele Maßnahmen erforderliche Lokalisation von Ursache-Wirkungs-Beziehungen, beispielsweise die Identifikation von Aufträgen, deren Bewältigung zu Belastung oder Monotonie führt, oder die Ermittlung von Aufträgen, deren Bewältigung unvollkommen beherrscht wird und deshalb Fehler verursacht, die Belastung erhöht und eventuell die Kooperation mit anderen Werktätigen beeinträchtigt.

4.2. Durchführung von psychologischen Tätigkeitsanalysen

4.2.1. In psychologischen Tätigkeitsanalysen zu erfassende abhängige Variable

Die in psychologischen Tätigkeitsanalysen zu erfassenden abhängigen Variablen sind ableitbar aus den Anliegen, für die diese Methode eingesetzt wird. Sie sind:

1. Ergänzung, Präzisierung und Verifikation der in psychologischen Auftragsanalysen ermittelten Angaben über die Zusammensetzung, Struktur, das psychische Regulationsniveau der Arbeitstätigkeit, den Grad, in dem sie Kooperation beinhaltet, und die bei ihrer Ausführung gegebenen Kontroll- und Lernmöglichkeiten;
2. die darauf aufbauende differenzierte psychologische Bewertung von Arbeitstätigkeiten;
3. die Nutzung der Analyse- und Bewertungsergebnisse für Maßnahmen der psychologischen Arbeitsgestaltung.

Diese können sich beziehen auf
— die Neuprojektierung analoger Tätigkeiten im Sinne des Erarbeitens von Empfehlungen für die Mensch-Maschine-Funktionsteilung, die Arbeitsmittelgestaltung und die Arbeitsteilung zwischen den Menschen,
— das Erarbeiten von Empfehlungen für eine zweckmäßige Arbeitsteilung und -kombination mit dem Ziel einer harmonischen Zusammensetzung von Arbeitstätigkeiten, die weder unter- noch überfordern und Möglichkeiten zur Persönlichkeitsförderung enthalten; dies können korrektive Arbeitsgestaltungsmaßnahmen sein im Sinne der Beseitigung oder Verringerung bestehender Mängel in der Beanspruchungsart und -höhe und/oder der Persönlichkeitsentwicklung;
— das Erarbeiten von Korrektur- und Ergänzungsvorschlägen für die Arbeitsmittelgestaltung, die sich auf nachträglich realisierbare und in der Regel Detailveränderungen an den Mensch-Maschine-Nahtstellen, also die Anzeigen- und Bedienbereichsgestaltung, beziehen oder das Entwickeln von Arbeitshilfsmitteln, z. B. externen Speichern als Hilfen für Beurteilungs- und Entscheidungsleistungen, beinhalten,
— das Ableiten von Inhalten für zu entwickelnde Trainingsverfahren.

4. Die Aufklärung grundlegender gesetzmäßiger Zusammenhänge zwischen Eigenschaften der Arbeitsaufträge, ihrer psychischen Tätigkeitsregulation, deren Konsequenzen für den Menschen, für die Art und den Grad seiner Beanspruchung, für seine Persönlichkeitsentwicklung und für die Effektivität seiner Arbeitsleistung als Voraussetzung für die Weiterentwicklung der arbeitspsychologischen Theorie und Methodik. Dabei muß die Aufklärung solcher grundsätzlicher Zusammenhänge auf Leistungsvoraussetzungen mindestens im Sinne der Berücksichtigung von Qualifikationsniveaus und teilweise auf Persönlichkeitseigenschaften Bezug nehmen.
5. Vermittelt über den Beitrag, den Tätigkeitsanalysedaten zur Aufklärung grundlegender Gesetzmäßigkeiten zwischen Auftrag, Tätigkeit und Persönlichkeit liefern, führen sie auch zu nützlichen Angaben zu Fragen der Berufsberatung, -eignung und -lenkung und können helfen, zielgruppenspezifische Arbeitsgestaltungen vorzunehmen, z. B. für Menschen mit geminderten Leistungsvoraussetzungen im körperlichen oder psychischen Bereich.

Dabei ist es so, daß die unter 1. genannten Ziele Voraussetzungen für psychologische Tätigkeitsbewertung sind und die unter 3. bis 5. genannten Ziele ihrerseits Tätigkeitsbewertungen voraussetzen. Die Tätigkeitsbewertung bestimmt deshalb im wesentlichen die Kategorien der abhängigen Variablen, die anliegenspezifisch gröber oder differenzierter erhoben werden müssen.

Arbeitstätigkeiten werden im Hinblick auf ihre Ausführbarkeit, Schädigungslosigkeit, Beeinträchtigungsfreiheit und Persönlichkeitsförderung bewertet. Die Bewertung in bezug auf die Schädigungslosigkeit ist vorwiegend ein arbeitsmedizinisches und -hygienisches Problem. Zu den anderen Bewertungsebenen ist die Arbeitspsychologie mit gefragt.

Im folgenden soll erläutert werden, welche Daten in Tätigkeitsanalysen erhoben werden müssen, um Bewertungen der Ausführbarkeit, Beeinträchtigungsfreiheit und Persönlichkeitsförderung zu ermöglichen.

Identifizierungsmöglichkeiten von Ausführbarkeitsproblemen durch Tätigkeitsanalysen

Einschränkungen oder das Fehlen der Ausführbarkeit können bedingt sein durch
1. Gestaltungen der Arbeitsmittel und der Arbeitsumgebung, die anthropometrischen und physiologischen Eigenschaften des Menschen nicht entsprechen.

Hierbei handelt es sich nicht um psychologische Probleme und in diesem Band wird auf sie nicht eingegangen. Bewertungsvorschriften existieren in der DDR in Form von Standards (z. B. TGL 22310/01, TGL 22315/01, TGL 32604/01 und 02) bzw. lehrbuchmäßig aufbereitetem physiologischen und psychophysiologischen Grundwissen.

2. Überbeanspruchungen der simultanen und/oder sukzessiven Informationsverarbeitungskapazität des Menschen.

Die Ursache können sowohl komplizierte Informationsintegrationen sein, die auf Grund der Anzahl zu integrierender Signale oder auf Grund der Kompliziertheit der Integrationsregeln die menschliche Informationsverarbeitungskapazität überfordern, als auch aus inkompatiblem oder nicht auf den Handlungszeitpunkt abgestimmtem Signalangebot und Rückmeldungen resultierende Verarbeitungsleistungen, die zusätzliche Antizipations- und Gedächtnisanforderungen bedingen, so daß es auf diese Weise zu einer Überforderung der menschlichen Informationsverarbeitungskapazität kommen kann.

3. Einen erschwerten Abbildaufbau, weil entweder zuwenig Möglichkeiten zu aktiver Auseinandersetzung des Menschen mit dem Produktionsprozeß bestehen und damit Eigenschaften des Produktionsprozesses nicht ausreichend erkannt werden können, da Arbeitsaufträge nur sehr selten vorkommen und deshalb für den Erwerb der zu ihrer Ausführung erforderlichen Abbilder zu wenig Gelegenheit besteht, oder weil klare Vorgaben und Rückmeldungen fehlen und somit ein Erlernen tätigkeitsleitender Signale erschwert wird.

Ein Problem der letzten Art stellt beispielsweise die von uns untersuchte Gütebeurteilung von Kunstseide im Hinblick auf Farbstreifigkeit dar, die in einem Betrieb sehr unzuverlässig durchgeführt wurde, weil eindeutige Beurteilungskriterien nicht vorgegeben waren und Rückmeldungen über die erreichte Beurteilungsleistung nur für geringe Stichproben und verspätet erfolgten (vgl. Matern 1965).

Die unter 2. und 3. genannten Ausführbarkeitsprobleme betreffen die kognitive Ausführbarkeit. Ihr Erkennen und das Bereitstellen von Lösungen für ihre Beseitigung ist eine Aufgabe der Arbeits- und Ingenieurpsychologie, Ausführbarkeitsprobleme sind durch die auftragsbezogene Leistungsanalyse erkennbar. Leistungsmängel und auch Leistungsstreuungen können globale Hinweise sein. Mit einer auftragsbezogenen Leistungsregistrierung im Rahmen von Tätigkeitsanalysen kann man aufklären, bei der Ausführung welcher Arbeitsaufträge Ausführbarkeitsprobleme bestehen. Die zusätzliche Ermittlung der psychischen Regulation und das Aufsuchen von Bewertungsangaben für die speziell geforderten Leistungen im Datenspeicher für das Bewerten der kognitiven Ausführbarkeit, der im ersten Band dieser Reihe enthalten ist, können eingeschränkte oder fehlende Ausführbarkeit erklären und damit helfen, Gestaltungslösungen zu begründen.

Identifizierungsmöglichkeiten von Beeinträchtigungsproblemen durch Tätigkeitsanalysen

Bei der Bewertung von Arbeitstätigkeiten im Hinblick auf ihre Beeinträchtigungsfreiheit steht die Ermittlung negativer Folgen psychischer Beanspruchungen im Vordergrund. Diese hängen vorwiegend von informationellen Eigenschaften der Arbeitstätigkeiten ab (Straub 1968, Schmidtke 1965, Rohmert und Luczak 1973, Rohmert, Rutenfranz und Landau 1977). Sie äußern sich als reversible Minderungen der psychischen Leistungsvoraussetzungen. Die Wiederherstellung des Ausgangsniveaus benötigt längere Zeit beim Vorliegen psychischer Belastung im Sinne von Ermüdung.

Sie ist relativ kurzfristig möglich bei ermüdungsähnlichen Zuständen wie Monotonie und psychischer Sättigung (Hacker 1974, 1978, Plath 1976).

Folgen psychischer Beanspruchung sind nicht nur negativ. Sie können auch durch Übungs- und Lernprozesse zu bleibenden Verbesserungen der psychischen Leistungsvoraussetzungen führen, die durch effektivere Arbeitsverfahren und höhere oder stabilere Leistungen meßbar werden. Diese Veränderungen betreffen hauptsächlich Einarbeitungsphasen. Kurzfristige Auswirkung positiver Arbeitsbeanspruchungen werden als Mobilisierung infolge von Erhöhungen des psycho-physischen Aktivitätsniveaus beschrieben (Hacker 1978, 1980, Hacker und Richter 1980).

Negative Beanspruchungsfolgen entstehen durch Änderungen des Anspruchsniveaus — persönliche Ziele für die zu erreichende Leistungsmenge und -güte, für die Sorgfalt beim Umgang mit Arbeitsmitteln und Material werden verstellt — oder durch Änderung der Anstrengung (Hacker 1978). Geringe und mäßige Belastungen werden durch Erhöhungen der Anstrengung kompensiert. Diese Kompensation wird bei länger anhaltender oder stärkerer Belastung labil und gelingt bei weiterer Belastungsdauer oder -erhöhung nicht mehr. Es kommt zu Strukturveränderungen der Arbeitstätigkeit, die sich als Strukturdeformationen und Dysregulationen in den Arbeitsmethoden niederschlagen und auch an der Leistung erkennbar werden (vgl. Schmidtke 1965, Luczak 1975, Hacker 1978, Plath 1973). Ausführliche Darlegungen dieser theoretischen Zusammenhänge enthalten die Bände 1 und 2 der „Speziellen Arbeits- und Ingenieurpsychologie“. Jetzt werden nur einige Auswirkungen von Dysregulationen auf die Arbeitsverfahren erläutert, um die Indikatorfunktion von Daten, die durch Tätigkeitsanalysen gewinnbar sind, anzudeuten.

Arbeitsbedingte Beeinträchtigungen der Ausführung von Arbeitstätigkeiten sind von deren Regulationsniveau und den Freiheitsgraden für ihre Bewältigung abhängig. So lassen komplexe Arbeitstätigkeiten durch mögliche Wechsel der Arbeitsmethoden ein vorübergehendes Kompensieren von Beeinträchtigungen zu, bei Tätigkeiten, deren Abarbeitungsweise durch Technologien und Arbeitsmittel erzwungen ist, sind hingegen solche Möglichkeiten stark eingeschränkt. Das bedeutet, arbeitsbedingte Regulationsbeeinträchtigungen können ein sehr unterschiedliches Erscheinungsbild haben.

Bei psychomotorisch regulierten Tätigkeiten treten Koordinationsstörungen auf. Die räumlichen und zeitlichen Abstimmungen der Teiltätigkeiten werden schlechter, verlangen zusätzliche Kontrollen und erzeugen dadurch Ablaufsstörungen (Hacker 1978). Zusätzlich eingelegte Pausen nehmen zu und ebenso der Zeitanteil für Nebenarbeiten, die häufig als kaschierte Pausen zu gelten haben (Plath 1973).

Ein Übersehen von Signalen und verlängerte Reaktionszeiten sind Folgen von Beeinträchtigungen bei überwiegend perzeptiv-begrifflich regulierten Arbeitstätigkeiten (vgl. Plath 1976). Sie sind auch zu beobachten bei Überwachungstätigkeiten mit geringem Anteil selbständig auszuführender Arbeitshandlungen. Blockierungserscheinungen sind als Folge verminderter psychophysischer Aktivität häufig. Sie führen zu einem Übersehen von Signalen. Das Absinken der Aufmerksamkeit bedingt auch längere Reaktionszeiten und falsche oder starre Erkennungshypothesen, und als Folge ungenügender Möglichkeiten zur Auseinandersetzung mit dem Produktionsprozeß sind die internen Repräsentationen über ihn nicht immer angemessen (vgl. Hacker 1978, Neumann und Timpe 1976, Sawalowa, Lomow und Ponomarenko 1971, Grunow 1978, Hepke und Kaden 1977).

Intellektuelle Regulationsvorgänge erfahren Beeinträchtigungen, weil insbesondere die Leistungsfähigkeit für aktuelle Informationsverarbeitungen durch Belastung sinkt. Schlechtere kurzfristige Gedächtnisleistung bei Ermüdung wies schon Scheinermann (1915) nach. Weiner und Walker (1966) zeigten, daß diese für aktuelle Informationsverarbeitungen unerläßlichen Leistungen auch von der Motivation abhängen, und Belastung kann Motivationsänderungen hervorrufen. Konsequenzen solcher Leistungseinschränkungen sind ein Absinken der Antizipationsweite. Antizipative Arbeitsmethoden werden zugunsten eines reaktiven Tätigseins aufgegeben (PLATH 1973). Sinnzusammenhänge werden schlechter übersehen. Aufgabenfremde Vorstellungen und Gedanken stellen sich ein (HACKER 1978). Dies wirkt sich auf die Arbeitsleistung aus, insbesondere werden Qualitätsmängel beobachtbar.

Für die Beurteilung der Beeinträchtigungsfreiheit von Arbeitstätigkeiten bzw. zum Abschätzen des Grades, in dem negative Beanspruchungsfolgen durch sie erzeugt werden, sind Verlaufsanalysen der Arbeitsleistung und der Arbeitsmethoden über eine Schicht erforderlich. Es muß geprüft werden, ob sich Verschlechterungen der Leistung und/oder Vergrößerungen der Leistungsstreuung und Strukturdeformationen infolge von Dysregulationen der Arbeitstätigkeit im Laufe des Arbeitstages als Folge von Belastungen regelmäßig einstellen, die durch Erhöhungen des Anstrengungsgrades nicht mehr kompensierbar sind. Weiter muß versucht werden, abzuschätzen, in welchem Umfang Anstrengungserhöhungen erforderlich werden. Tätigkeitsanalysen liefern dafür qualitative Daten (Veränderungen der Arbeitsmethoden bei der Bewältigung der einzelnen Arbeitsaufträge im Sinne einer Verschlechterung der Regulation, z. B. Wiederholen von Teilhandlungen, weil deren Ergebnisse aufgrund von Fehl- oder Überbeanspruchung vergessen wurden, Auslassen von Teilhandlungen, z. B. von Kontrollen, Übersehen von Signalen) und quantitative Daten (Zeiten). Qualitative Daten sowie Zeiten und Teilzeiten gestatten, Strukturveränderungen der Arbeitstätigkeiten zu beschreiben, und das ermöglicht Rückschlüsse auf das Vorliegen von Beeinträchtigungen.

Verlaufsbeschreibungen von Arbeitsverfahren über die Schicht können Hinweise auf Belastungserscheinungen durch die Arbeitstätigkeit enthalten, wenngleich reliable Methoden der Analyse von Belastungen aus tätigkeitsanalytischen Daten nicht vorliegen und aufgrund der zahlreichen zusammen einwirkenden Faktoren auch kaum zu entwickeln sein werden. Veränderungen von Arbeitstätigkeiten in Leistung und Verlauf sind mehrdeutig. Steigende Leistungen können durch Erholung, Einstellungsveränderungen im Sinne einer Aufwandssteigerung oder Übung bedingt sein. Leistungsminderungen können auf Ermüdung, Monotonie, psychische Sättigung oder Einstellungsveränderungen im Sinne des aktuellen Sinkens des Anspruchsniveaus zurückgehen (HACKER 1974). Dennoch können Leistungsverlaufsanalysen zusammen mit Verlaufsanalysen der Arbeitsverfahren nützliche Hinweise auf Belastungen liefern. KRATZER und ZIMMER (1974) und WENDRICH (1973) weisen Wechsel von Arbeitsweisen als Folge von Belastungen nach. PLATH (1973) verweist auf die Abhängigkeit des Organisiertheitsgrades der Arbeitstätigkeit von der Belastung. Ein Übergang von antizipativen zu reaktiven Arbeitsweisen, d. h. als Übergang zum Tätigsein „nach Anfall", sei als Belastungswirkung interpretierbar. Weiter können Teilzeitanalysen, insbesondere bei Varianzveränderungen von Teilzeiten, auf Belastungen hinweisen (SCHMIDTKE 1965, PLATH 1973). Als einzige Indikationsmöglichkeit für Belastungen sind tätigkeitsanalytische Daten unbrauchbar. Sie können aber hilfreich sein beim Ableiten integrativer Gesamtaussagen, in die Ergebnisse anderer Untersuchungsverfahren eingehen (physiologische Aufwandsmessungen, Erfassungen des Belastungserlebens). Viele isoliert fehldeutbare Befunde können, nach dem Prinzip der Kriterienkonvergenz interpretiert, zu eindeutigen Aussagen führen.

Die Ermittlung verlaufsbezogener Änderungen der Zeitkategorien, wie sie in Zeitgliederungsschemata für die Produktion (TGL 2860/56) bzw. im Schema von STEINBACH (1976) oder von M. SCHMIDT (1980) enthalten sind, liefert einen ersten Überblick (PLATH

1973). Dieses Auswertungsprinzip kann auf die Zeitermittlung für einzelne Arbeitshandlungen, deren Struktur bestimmte negative Beanspruchungsfolgen gut anzuzeigen verspricht, ausgedehnt werden.

Die Analyse der zeitlichen Struktur der Arbeitsschicht ist für die Bewertung der Beeinträchtigungsfreiheit wesentlich, weil die Beeinträchtigungsfreiheit nicht nur von der Beschaffenheit der einzelnen der Erfüllung der Arbeitsaufträge dienenden Arbeitstätigkeiten abhängt, sondern auch wesentlich von deren Kombination.

Für die Beurteilung der Beeinträchtigungsfreiheit sind neben Leistungs- und Strukturveränderungen der Arbeitstätigkeit natürlich auch Aussagen zum Verhältnis von körperlicher und geistiger Arbeit wichtig. Viele Arbeitstätigkeiten haben sich infolge von Mechanisierung und Automatisierung zu vorwiegend geistigen und/oder feinmotorischen Handlungen entwickelt, die — an einen Ort fixiert — nur wenig Möglichkeiten für körperliche Betätigung geben. Es ist bekannt, daß nicht die Beseitigung der körperlichen Arbeit das Ziel der Arbeitsgestaltung sein kann, sondern daß ein ausgewogenes Verhältnis von körperlicher und geistiger Arbeit anzustreben ist. Dies gilt nicht nur aus Gründen der Gesunderhaltung der Werktätigen, denn Bewegungsarmut ist ein wesentlicher Risikofaktor, sie begünstigt Herz-Kreislauf-Erkrankungen, sondern auch aus ökonomischen Gründen, weil die aktuelle Leistungsfähigkeit für das Ausführen geistiger Handlungen einen mittleren Aktivierungsgrad voraussetzt. Bewegungsarmut senkt jedoch den Aktivierungsgrad, begünstigt das Entstehen von Monotonie und kann dadurch auch die psychische Leistungsfähigkeit verschlechtern.

Gegenwärtig liegen Standards für die Beurteilung des Verhältnisses von körperlicher und geistiger Arbeit noch nicht vor. Es existieren lediglich Maßstäbe dafür, wann der Umfang und die Art körperlicher Arbeit Frauen, Männer, Jugendliche überfordert (vgl. Handbuch für den Gesundheits- und Arbeitsschutz 1978). Diesem Beurteilungsproblem brauchen sich Tätigkeitsanalysen nicht zuzuwenden. In ihnen kommt es darauf an, festzustellen, ob das andere Extrem, nämlich die körperliche Unterforderung, d. h. Bewegungsmangel vorliegt. Es sollten deshalb mit Hilfe von Tätigkeitsanalysen Aussagen dazu gemacht werden, ob die Ausführung der Arbeitstätigkeit das Zurücklegen von Wegen erfordert und in welchem Umfang (Zeit, Wegstrecke, wie häufig) und ob die Ausführung der Arbeitstätigkeit einen Wechsel zwischen Sitzen und Stehen ermöglicht (wenn ja, bei welchem Anteil der Arbeitszeit). Arbeitstätigkeiten, deren Ausführung weder Möglichkeiten zum Laufen noch zum Wechsel zwischen Stehen und Sitzen enthalten und die diese nur in einem sehr geringen Anteil haben, können nicht als beeinträchtigungsfrei beurteilt werden.

Beurteilung der Potenzen von Arbeitstätigkeiten für die Persönlichkeitsförderung der Arbeitenden

Die Beurteilung der Möglichkeiten, die Arbeitstätigkeiten zur Persönlichkeitsförderung, verstanden als „Weiterentwicklung tätigkeitsregulierender habitueller psychischer Voraussetzungen mit Persönlichkeitswert — Einstellungen, Fähigkeiten —" (Hacker 1980), bieten, kann zu einem wesentlichen Teil bereits aufgrund des Charakters der Gesellschaftsordnung mit ihren sozialökonomischen Rahmenbedingungen, die über die prinzipiellen Möglichkeiten der Beteiligung der Werktätigen an der Planung und Leitung des Produktionsprozesses und damit über die gesellschaftliche Wertschätzung der Arbeit entscheiden, und anhand der Auftragsanalyse erfolgen, in der durch die Strukturkennzeichnung der Arbeitsaufträge und durch die gegebenen Möglichkeiten der Selbstkontrolle und der arbeitsbedingten Kooperation und Kommunikation die Bedingungen für den Einsatz und die Weiterentwicklung vorhandener Fähigkeiten und die Entwicklung von Einstellungen gegeben sind.

Wesentliche methodische Zugänge zur Bewertung der Persönlichkeitsförderung stellen weiterhin Analysen der Auswirkungen der Arbeitstätigkeiten auf die Leistungsvoraussetzungen und Eigenschaften der Menschen dar. Sie werden mit psychodiagnostischen Tests oder Befragungen ermittelt (HACKER 1980). Der Beitrag, den Tätigkeitsanalysen zur Bewertung der Persönlichkeitsförderung liefern können, bezieht sich auf Präzisierungen der bereits aus der Auftragsanalyse gewinnbaren Angaben sowie auf die Ermittlung der Zeitanteile, die auf persönlichkeitsfördernde und auf nichtpersönlichkeitsfördernde Arbeitstätigkeiten entfallen. Die anteilmäßige Zusammensetzung der Arbeitsschicht und die Angabe der Kombination verschiedener Tätigkeiten ist für dieses Bewertungsproblem wesentlich.

Die Beurteilung der Potenzen von Arbeitstätigkeiten für die Persönlichkeitsförderung kann nicht durch Zufriedenheitsmaße ersetzt werden. GOTTSCHALCH (1981) verweist darauf, daß ein solches Vorgehen den Zielen der kapitalistischen Produktion verpflichtet ist, nämlich eine starke Verausgabung der Arbeitskraft und ihre gute Einfügung in gegebene betriebliche Kooperationszusammenhänge anstrebt. Ein solches Vorgehen ist auch oberflächlich, und zwar deshalb, weil Zufriedenheit keine eindimensionale Größe ist, sondern heterogene Bewertungen von Arbeitssituationen abbildet (vgl. BRUGGEMANN 1974). Das führt dazu, daß Meßergebnisse einer hohen Allgemeinzufriedenheit mit der Arbeit nicht als Indikator dafür genommen werden können, daß die Betroffenen keinerlei Beschwerden gegenüber Einzelaspekten ihrer Arbeit oder Arbeitssituation haben und daß entsprechend Befunden von EULER (1977) bei Zufriedenheitsurteilen von 70—80% trotzdem jeder Zweite den Wunsch nach einem anderen Arbeitsplatz äußert (BUNGARD 1980). Die Forderung BUNGARDS, daß es angesichts dieser Probleme sinnvoller ist, subjektive Zufriedenheitsmaße durch objektive Maße zu relativieren, ist voll zu unterstützen. Die folgenden Ausführungen enthalten Vorschläge für objektive Maße. Diese sind jedoch nicht dem Zufriedenheitskonzept entlehnt, sondern aus der anspruchsvolleren Forderung nach Persönlichkeitsentwicklung durch den Arbeitsprozeß abgeleitet.

Die folgenden für die Beurteilung der Möglichkeiten zur Persönlichkeitsförderung wesentlichen Eigenschaftsgruppen von Arbeitstätigkeiten werden bei Tätigkeitsanalysen erfaßt:

1. Handlungsstrukturen.

Voraussetzung einer Persönlichkeitsförderung sind vollständige Handlungsstrukturen, die vorbereitende, durchführende und kontrollierende Phasen enthalten (VOLPERT 1974).

Das schließt die „Sicherung der Beteiligung an der Vorbereitung sowie Organisation und Leitung für einen Produktionsabschnitt je Schicht, das Gewährleisten der laufenden Selbstkontrolle der Arbeitsergebnisse wenigstens in jeder Schicht" ein (HACKER 1978, S. 397). Handlungsstrukturen sind aus Tätigkeitsabläufen, aus der Analyse von Freiheitsgraden für Entscheidungen bei der Wahl von Arbeitsverfahren und den Möglichkeiten für selbständige Zielsetzungen sowie aus den Kontrollmöglichkeiten des eigenen Arbeitsresultats ableitbar. Diese Sachverhalte können in Tätigkeitsananlysen ermittelt oder aus ihnen abgeleitet werden.

2. Die Inanspruchnahme von Kenntnissen, Fertigkeiten und Fähigkeiten aus der beruflichen Vorbildung und die bestehenden Möglichkeiten zur Weiterentwicklung wesentlicher Fähigkeiten (HACKER 1974, 1978, 1980, PLATH 1977, SÈVE 1973, VORWERG, SCHRÖDER 1980).

Kenntnisse und Fähigkeiten werden bei intellektuell regulierten Tätigkeiten in größerem Umfang in Anspruch genommen als bei solchen, deren Regulation auf niederen Ebenen erfolgt. Tätigkeitsanalysen müssen deshalb vor allem zu einer Diagnose des intellektuellen Regulationsniveaus führen. Feinanalysen niederer Regulationsebenen (sensumotorische, perzeptiv-begriffliche) benötigen Tätigkeitsbewertungen im Hinblick auf die Persönlichkeitsförderung nicht. Die Variationsbreite intellektuell regulierter Tätigkeiten ist sehr groß. Sie reicht von festen Handlungsprogrammen, die ihrer nicht regelmäßigen Inanspruchnahme wegen mit denkend regulierten Rekonstruktionsprozessen aus dem Langzeitgedächtnis aktualisiert werden, bis zu adaptiven Handlungsprogrammen. Diese erfordern Diagnosen über den Produktionsprozeß und bestehen in einer selbständigen Kombination von festen Unterprogrammen oder aus Handlungsprogrammen, die erst entwickelt werden müssen. Die Möglichkeiten der Inanspruchnahme von Kenntnissen und Fähigkeiten und erst recht die Möglichkeiten ihrer Weiterentwicklung korrelieren mit den erläuterten Niveaustufen intellektueller Handlungsregulation. Die Weiterentwicklung von Fähigkeiten und Kenntnissen setzt selbständig zu planende Arbeitsweisen voraus, also Freiheitsgrade für die Wahl von Wegen und Mitteln der Zielerreichung sowie Rückinformationen über das Arbeitsergebnis, denn Kontrolle und Bewertung der Arbeitsleistung sind Bedingungen für ein Lernen. Um die Möglichkeiten der Inanspruchnahme von Kenntnissen und Fähigkeiten abschätzen zu können, müssen Tätigkeitsanalysen zu Differenzierungen der psychischen Regulationsvorgänge auf intellektueller Ebene führen. Als Minimalforderung sollte die Unterscheidung von festen und adaptiven Handlungsprogrammen angestrebt werden (vgl. G. SCHMIDT 1977).

Das Vorhandensein fester interner Programme äußert sich in gleichartiger Ausführung von Tätigkeiten bei wiederholtem Abarbeiten. Das geht einher mit geringen Zeitstreuungen für die Dauer der Handlungen und Teilhandlungen. Adaptive interne Programme, insbesondere aktuell zu erzeugende Bestandteile von Handlungsprogrammen, führen bei Wiederholung nicht zu identischen, sondern zu unterschiedlichen Ausführungsweisen oder zu Varianten der Ausführung. Das ist mit großen Streuungen im Zeitbedarf verbunden. Für das methodische Vorgehen bei der Erfassung der abhängigen Variablen, die Indikator für das Ausmaß sein können, in dem eine Arbeitstätigkeit Persönlichkeitsförderung zuläßt, folgt daraus, daß die Art und die Abfolge der Teilhandlungen und deren Zeitbedarf zu registrieren sind und ein Abfragen von Plänen erfolgen sollte. Müheloses Reproduzieren von Abarbeitungsschriften oder ein Zerlegen der Tätigkeiten in Teilaufgaben, für die unterschiedliche Abarbeitungsstrategien reproduziert und generiert werden, geben weitere Hinweise für diese Unterscheidung.

3. Die arbeitsbedingte Kooperation und Kommunikation.

Ihr Umfang und ihr Inhalt sind eine wesentliche Bedingung für die Ausbildung von Einstellungen zum Kollektiv und zur Arbeit (VORWERG 1969) und für psychisches Wohlbefinden am Arbeitsplatz (vgl. PUNGS, STEINBACH und TAUSCH 1979). Die Potenzen für eine Persönlichkeitsförderung sind bei Kooperationsstrukturen in Form von Integrativverbänden am günstigsten (HACKER 1978). Die Art und der Umfang der arbeitsbedingten Kooperation und Kommunikation müssen also ermittelt werden. Auftragsanalysen liefern dazu schon umfangreiche Informationen. Tätigkeitsanalysen korrigieren diese, indem sie den „Iststand“ an Kooperation und Kommunikation hinsichtlich Art und Zeitumfang verdeutlichen, der durchaus von dem in der Auftragsanalyse vorwiegend identifizierten „Sollzustand“ abweichen kann.

Mit der Qualität von Handlungsstrukturen, den Möglichkeiten für die Inanspruchnahme und Weiterentwicklung beruflicher Fähigkeiten und der Art der Kooperation und Kommunikation variiert gleichzeitig die Aktivität des Menschen im Arbeitsprozeß. Vollständige Handlungsstrukturen, Lernmöglichkeiten und teilweise kooperativ auszuführende Arbeitstätigkeiten sichern Aktivität, die ihrerseits wieder Voraussetzung angemessenen Handelns ist (SAWALOWA, LOMOW und PONOMARENKO 1971).

Eine zusammenfassende Auflistung der in Tätigkeitsanalysen zu erfassenden abhängigen Variablen führt zu folgenden Datengruppen:

1. Beschreibungen der Arbeitshandlungen, die der Bewältigung einzelner Aufträge dienen

Dazu gehören

— die Erfassung handlungsveranlassender, -regulierender sowie die Effektenkontrolle ermöglichender Signale bzw. Informationen, deren Quellen bei den Arbeitsmitteln, dem Arbeitsgegenstand oder anderen Menschen liegen können. Beschreibungen der Informationsflüsse und Präzisierungen der im Rahmen der Auftragsanalyse erfolgten Angaben über die Arbeitsbedingte Kooperation und Kommunikation werden möglich.

— Beschreibungen der Arbeitshandlungen, der ihnen zugrunde liegenden Strategien, so daß auf ihrer Grundlage auftragsbezogen verallgemeinerte Beschreibungen der Arbeitshandlungen erfolgen können.

Diese pro Auftrag vorzunehmenden qualitativen Kennzeichnungen werden in Tätigkeitsanalysen nur einmal vollständig vorgenommen. Ist dies geschehen, genügt es, bei Analysen über eine oder mehrere Arbeitsschichten Variationen der Abarbeitung der Aufträge zu erfassen. Bestehen diese, so müssen die möglichen Varianten beschrieben und registriert werden. Bestehen sie nicht oder gibt es nur eine geringe Variation, so ist eine wiederholte genaue Beschreibung der Abarbeitungsweise der einzelnen Aufträge bei jeder Auftragswiederkehr nicht erforderlich. Hier genügt die Kennzeichnung des Typs der Arbeitsweise, wenn dieser in der Menge der bereits beschriebenen enthalten ist.

2. Beschreibungen der Arbeitstätigkeit, die die Organisation der einzelnen Arbeitshandlungen, die der Bewältigung einzelner Aufträge dienen, zum Ausdruck bringt. Das ist gegenüber den unter 1. vorzunehmenden Beschreibungen eine Metaebene.

Hier kommt es darauf an, zu erfassen,

— welche Signale die Abfolge einzelner Arbeitshandlungen bzw. das Unterbrechen von Arbeitshandlungen zum Zwecke des Einschiebens anderer, das Durchführen von Kontrollen und das Einlegen von Pausen usw. steuern.

— durch welche Strategien als verallgemeinerten und invarianten Organisationsformen die Arbeitstätigkeit über die Arbeitsschicht geplant wird. Diese können je nach Freiheitsgraden für die Redefinition und Organisation von Aufträgen interindividuell und auch intraindividuell, z. B. in Abhängigkeit von der erlebten Belastung, unterschiedlich sein.

Auch bei diesen Gruppen von Daten kommt es darauf an, durch Tätigkeitsanalysen die Handlungsabfolgen steuernden Signale und Strategienvarianten zu beschreiben. Dies muß für jedes Signalmuster und jede Strategieform nur einmal geschehen, und wenn diese Kennzeichnungen vorliegen, genügen Registrierungen der Zeitpunkte und der Häufigkeit ihres Auftretens.

3. Daten, die über die Arbeitsschicht fortlaufend zu registrieren sind. Dazu gehören:

— Zeiten für die Bearbeitung der einzelnen in der Auftragsanalyse unterschiedenen Aufträge, weil bei Arbeitshandlungen Veränderungen im Zeitverbrauch Kriterienwert für Veränderungen und Verschiebungen der Handlungsinhalte haben (PLATH 1973), sowie nichtproduktive Zeitanteile, die im Zeitgliederungsschema ausgewiesen sind (t_E, t_{Vu}, t_{Va}).

— Zeiten für Teilhandlungen (bei umfangreicheren Aufträgen),

— Abfolge der Bearbeitung verschiedener Aufträge,

— Abfolge der Teilhandlungen bei der Bearbeitung der einzelnen Aufträge (bei komplexen Aufträgen),
— über Zeiten hinausgehende Leistungsdaten, die je nach Produktionsprozeß sehr unterschiedlich sein können, z. B. Stückzahlen, Anzahlen für unterschiedlichen Qualitätsstufen zugewiesene Produkte, Fehler — klassifiziert nach Arten, die Rückschlüsse auf die Arbeitshandlungen erlauben, bei denen sie entstanden sind, d. h. eine Auftragszuordnung ermöglichen —, Anzahlen und Grade von Sollwertabweichungen bei Prozeßsteuerungen, Anzahlen und Arten von Störungen,
— Häufigkeiten und Arten von Korrekturhandlungen.

Diese unter 3. genannten und bei Tätigkeitsanalysen fortlaufend zu registrierenden Daten werden natürlich für die unter 1. erläuterten Strukturbeschreibungen von Arbeitshandlungen und die unter 2. erläuterten Strukturbeschreibungen von Arbeitstätigkeiten genutzt.

Mit dieser Palette von abhängigen Variablen soll der komplexe Untersuchungsgegenstand „Arbeitstätigkeit" erfaßt werden. Das erfordert eine entsprechend komplexe Analyse-Methodik und ein gewisser Analyseaufwand ist nicht zu unterschreiten, wenn man nicht die bittere Erfahrung über das Unbehangen vieler Untersucher im Hinblick auf die Angemessenheit der eingesetzten Methoden wiederholen will. Diese Erfahrung besteht nach SCHMALE (1976) darin, daß der Komplexität des Gegenstandes nicht angemessene Methoden vielfach zu einem Verstricken in Einzelaspekten und zu einer Entfernung von der eigentlichen Frage führen (nach GEBERT und v. ROSENSTIEL 1981).

Auf die gleiche Problematik machen auch FREY und FRENZ (1981) aufmerksam, wenn sie betonen, daß die Sicherung der Objektivität und Reliabilität von Daten nicht ausreicht. Sie verweisen darauf, daß viele Psychologen im Bemühen um hohe Objektivität die gute Erkennbarkeit von Daten in den Vordergrund stellen oder im Bemühen um hohe Reliabilität zu einer Vergröberung von Beobachtungskategorien neigen. „Damit ist aber der Logik des Messens nicht Genüge getan, derzufolge es nicht darauf ankommt, *irgendeinen* Meßwert zu haben, sondern einen, der im Hinblick auf die theoretischen Schlußfolgerungen, die sich an eine Untersuchung anschließen sollen, tragfähig ist" (FREY und FRENZ 1981, S. 87). In Tätigkeitsanalysen kann man auf die Erfassung unterschiedlicher und theoretisch begründeter Daten nicht verzichten.

4.2.2. Methoden der Erfassung der abhängigen Variablen

Die wesentliche Erfassungsmethode der Daten in psychologischen Tätigkeitsanalysen ist das Beobachtungsinterview. Man versteht darunter die Beobachtung des Tätigkeitsablaufs, die ergänzt wird durch Fragen nach der Veranlassung, Begründung und den Folgen der Handlungen und Teilhandlungen. Das Beobachtungsinterview basiert auf der Beobachtungsmethode und der Exploration. Die Kombination dieser beiden Methoden ist für die Analyse von Arbeitstätigkeiten wichtig, denn jede für sich genommen kann nur begrenzte Ergebnisse liefern. Durch die Beobachtungsmethode wird der Tätigkeitsablauf zugänglich. Es wird weitgehend erfaßbar, welchen Arbeitsmitteln und hier welchen Signalgebern sich der Mensch zuwendet, welche Bedienteile er betätigt und wie lange er dies tut. Nicht beobachtbar ist, warum er dies zu bestimmten Zeitpunkten tut und zu anderen nicht und was er durch sein Tun bewirken will. In dieser Richtung ist die Beobachtungsmethode durch Befragungen ergänzungsbedürftig, denn nicht alle Signale und anderen regulativen Sachverhalte wie z. B. Entscheidungskriterien, antizipierte Zielzustände oder -eigenschaften, Regeln, Pläne sind beobachtbar. Manche Signale sind Ergebnisse von Verarbeitungsleistungen. Andererseits liefern aber auch Befragungsergebnisse für sich genommen nur lückenhafte Informationen. Über mehrere Arbeitsjahre täglich wiederholte Arbeitstätigkeiten werden durchaus nicht immer denkend und bewußt reguliert. Wiederkehrende Bestandteile werden nach den Gesetzen der psychischen Automatisierung auf niedere Regulationsebenen verlagert und sind dann schwerer mitteilbar. Auch über bewußt regulierte, aber häufig wiederholte Handlungen können Menschen meist nicht vollständig aussagen (Simon 1975). Vieles ist in ihrem Bewußtsein selbstverständlich und wird deshalb vorausgesetzt. Andererseits haben auch nicht alle Aussagen über handlungsveranlassende Sachverhalte eine regulierende Funktion. v. Cranach u. a. (1980) verweisen darauf, daß handlungsbegleitende Kognitionen und die nachträgliche Angabe von Gründen ebenso vorkommen. Befragungen dürfen also nicht dazu verführen, zusätzliche Funktionen in Handlungen hineinzuinterpretieren. Die Kombination von Beobachtungs- und Befragungsdaten soll die bei der isolierten Nutzung der Einzelmethoden möglichen Fehler verhindern.

Durch Beobachten wird im Beobachtungsinterview der Tätigkeitsablauf ermittelt. Dabei interessiert, zu welchen Zeitpunkten und in welcher Art und Weise sich der Mensch dem Arbeitsgegenstand und den Arbeitsmitteln zuwendet und mit welchen Kooperationspartnern er Informationen austauscht. Diese Beobachtungen werden durch Antworten auf die folgenden Fragen ergänzt:

— Was geschieht?
— Wie geschieht es?
— Warum geschieht es?
— Woraufhin geschieht es?
— Wie lange geschicht es?
— Was ist das Ergebnis, der Effekt der ausgelösten oder vollzogenen Handlung?

Das Beobachtungsinterview wird in zwei Etappen durchgeführt. In der ersten Etappe soll ein Überblick über die Zusammensetzung und den Ablauf der Arbeitstätigkeit erreicht werden. Dazu führt der Untersucher ein stichprobenweises Beobachtungsinterview durch mit dem Ziel, zu überprüfen, ob die in der Auftragsanalyse unterschiedenen Aufträge und deren Struktur beobachtbar sind und durch welche sichtbaren Kriterien sie durch den Untersucher im Handlungsablauf voneinander abzugrenzen sind. Diese Vororientierung, die eine Ergänzung der Auftragsanalyse um Angaben für zu beobachtende und zu erfragende Erfassungsmerkmale beinhaltet, wird mit den Werktätigen im Rahmen einer Gruppendiskussion beraten (vgl. Neubert und Tomczyk 1980), um Angaben über die Zusammensetzung der Arbeitstätigkeit einschließlich der Teilhandlungen beim Abarbeiten der einzelnen Aufträge — falls erforderlich — zu korrigieren und zu ergänzen, und vor allem, um die Variationsbreite der Bewältigungsmethoden für die einzelnen Aufträge zu erfassen. Dies ist durch den Untersucher allein nicht oder nur mit unvertretbar hohem Aufwand zu leisten. Wichtig ist es, in dieser Phase mehrere oder bei kleinen Gruppen alle Werktätigen in die Diskussion einzubeziehen, da persönliche Arbeitsweisen bei komplexeren Arbeitstätigkeiten doch erheblich voneinander abweichen können (Quaas 1976, Rühle 1979) und die Diskussion mit nur einem Werktätigen zu unvollständiger Erfassung der Variationsbreite möglicher Tätigkeitsstrategien führt.

Die zweite Etappe des Beobachtungsinterviews beinhaltet die Erfassung der fortlaufend über die Arbeitsschicht zu registrierenden Daten. Dazu bereitet der Untersucher Kategorien vor, die bei der Datenerhebung bereits eine Sortierung ermöglichen oder Aufbereitungsschemata sind, wenn sie für die Datenerfassung zu umfangreich werden. Es hängt von der Arbeitstätigkeit ab, welche und wie viele Kategorien vorzubereiten sind und in welcher Differenziertheit die Zeiterhebung erfolgt. Generell enthalten Erfassungsschemata in den Spalten die Auftragsgliederung, die ergänzt wird um die Zeitspalte (links) und eine Spalte für Bemerkungen (rechts). Es werden dann jeweils Beginn und Ende von Handlungen registriert, und es wird angekreuzt, der Erfüllung welchen Auftrags die Handlungen dienen. Dazu wird ihre Dauer vermerkt. Bei umfangreicheren Handlungen werden die Teilhandlungen erfaßt, indem diese untereinander in der entsprechenden Spalte aufgeschrieben werden, bzw. die gewählte Handlungsstrategie wird registriert, falls unterschiedliche möglich sind. Außerdem können auch Auftragsdifferenzierungen eingetragen werden, beispielsweise für eine Auftragskategorie „Störungsbeseitigung" durch Angaben über die Art der zu einem bestimmten Zeitpunkt zu beseitigenden Störungen. In die Spalte „Bemerkungen" wird eingetragen, ob eine Handlung nur unterbrochen und nicht beendet wurde, ob sie korrigiert oder wiederholt werden mußte und ob und wenn ja welche Sonderbedingungen vorlagen. Für Arbeitshandlungen, die eine Veränderung des Arbeitsgegenstandes bzw. bei Prozeßsteuerungen eine Beeinflussung des Prozesses zur Folge haben, sind zusätzlich, wenn dies möglich ist, Leistungsdaten zu erfassen. Das können in der Produktfertigung Stück- und Ausschuß- bzw. Fehlerzahlen sein, bei Prozeßsteuerungen Arten und Ausmaße von Sollwertabweichungen und in extremen Fällen Störungen. Sollwertabweichungen sind jedoch durch das Beobachtungsinterview schwer vollständig und zuverlässig zu erfassen, und es ist nicht immer eindeutig beurteilbar, ob die Sollwertabweichung durch den Menschen verursacht ist oder auf andere Einflüsse zurückgeht. Letzteres gilt auch für Störungen, die außerdem selten sind und bei Tätigkeitsanalysen nur in Ausnahmefällen, keinesfalls aber in statistisch auswertbarer Anzahl erfaßt werden können. Wenn diese Bedingungen vorliegen, muß eine Registrierung von Leistungsdaten in Tätigkeitsanalysen entfallen und durch eine Auswertung betrieblicher Leistungsdaten ersetzt werden. Diese ist zunächst nicht auftrags- und zeitbezogen, wie es in Tätigkeitsanalysen erfaßte Teilleistungen sind. Fehler lassen eine nachträgliche Auftragszuordnung zu, wenn aus ihrer Klassifikation in Arten auf den Arbeitsgang, bei dem ein bestimmter Fehler entstanden sein muß, geschlossen werden kann. Die Auswahl der Fehlerarten, die von Menschen verursacht sind, und deren Zuordnung zu Aufträgen ist für die Tätigkeitsbewertung, speziell die Bewertung der Ausführbarkeit und Beeinträchtigungsfreiheit wichtig.

Tab. 17 gibt ein Beispiel für ein Erfassungsschema für eine Bedientätigkeit an. Pro Arbeitsschicht können mit Hilfe eines solchen Erfassungsschemas leicht Häufigkeits- und Zeitsummen ermittelt, die durchschnittliche Dauer der einzelnen Handlungen errechnet sowie die Variationsbreite der Ausführungsdauer der Handlungen abgelesen werden.

Aber nicht alle Arbeitstätigkeiten sind überschaubar, so daß die Datenerfassung mit Hilfe eines Kategorienschemas mühelos gelingt. In der Auftragsanalyse unterschiedene

Tab. 17: *Beispiel eines Erfassungsschemas für die in Tätigkeitsanalysen fortlaufend zu registrierenden Daten für eine Bedientätigkeit*

Zeit	Aufträge						Pausen	Bemerkungen
	Vorbereiten Beschaffung von Arbeitsgegenständen	Einrichten der Maschine und Bereitlegen von Hilfsmitteln	Maschine beschicken	Bearbeitung der Arbeitsgegenstände überwachen	Störungsbeseitigung	Registrierung der Arbeitsergebnisse		
Summe Häufigkeit								
Summe Dauer								
Ø Dauer								

Aufträge können Problemcharakter haben und zu aktuell zu planenden unterschiedlichen Handlungen führen. Aufträge können mitunter in der Auftragsanalyse auch nur als Kategorie ermittelt werden, die viele Untergruppen enthält, ohne daß eine vollständige Auflistung dieser Untergruppen möglich ist. Für die psychologische Tätigkeitsbewertung sind solche Differenzierungen aber sehr wesentlich, weil sie Arbeitshandlungen höheren, meist intellektuellen Regulationsniveaus mit häufig vollständigen Handlungen kennzeichnen, die den Einsatz und die Weiterentwicklung von Fähigkeiten ermöglichen. Sie sollten nicht wegen ihrer unvollständigen Vorhersehbarkeit und deshalb nicht ausreichenden Berücksichtigung in einem Erfassungsschema übergangen werden. Diese Problematik ist häufig bei Arbeitstätigkeiten in der automatisierten Industrie. So haben Turza und Völkel (1979) in der Auftragsanalyse für einen Dispatcher, der die Verteilung von Braunkohle von verschiedenen Tagebauen an verschiedene Verbraucher zu steuern hat, sieben Auftragskategorien ermittelt, nämlich

— Produktionsvorbereitung,
— Zugverschickung,
— periodische, inhaltlich festgelegte Meldungen,
— Kontrolle und Überwachung,
— Störungserfassung und -beseitigung,
— Verrechnung und
— Bereitschaft.

Sie haben zum Teil Problemcharakter. Der Auftrag „Zugverschickung“ verlangt als Bewältigungsmethode das Problemlösen. Er erfordert situationsabhängig ein selbständiges Einholen von Informationen von verschiedenen Kooperationspartnern, eine Vorausplanung von Varianten, einen Variantenvergleich nach verschiedenen situationsabhängig unterschiedlich zu gewichtenden Kriterien und die Entscheidung für eine Variante. Andere Auftragskategorien sind unterschiedlich zusammengesetzt. So können in der Kategorie „Störungserfassung und -beseitigung“ 18 verschiedene Störungen enthalten sein, die Kategorie „Verrechnung“ enthält verschiedene und unterschiedlich umfangreiche Verrechnungen usw. In einem solchen Fall ist es für die Erfassung der Handlungen, Teilhandlungen und ihres Zeitbedarfs günstiger, eine fortlaufende Registrierung in einem Erfassungsbogen vorzunehmen, der nur eine Zeitspalte und eine Spalte für die Arbeitshandlungen und Bemerkungen enthält, und bei der Registrierung der Teilhandlungen die Zugehörigkeit zu den Auftragsklassen zu vermerken (s. Abb. 32). Das Schema der Auftragskategorien stellt dann die Sortierungsvorschrift für die Datenaufbereitung dar. Es ist gleichzeitig eine Vorbereitung für die beim Beobachtungsinterview zu stellenden Fragen, weil die Zuordnung einzelner Teilhandlungen zu Aufträgen nicht in jedem Fall beobachtet werden kann, sondern erfragt werden muß.

Die Zeitregistrierung in psychologischen Tätigkeitsanalysen unterscheidet sich von der in arbeitswissenschaftlichen Zeitstudien (vgl. Kaminski 1971, Macher u. a. 1974, REFA 1971, Mundell 1978) vorgenommenen, weil die Erfassungskategorien in Form der Auftragsgliederung viel größer sind. In psychologischen Tätigkeitsanalysen wird nicht bis zu Griffen und Bewegungen differenziert, denn die Psychologie sucht Reserven für die Bessergestaltung von Arbeitstätigkeiten nicht in der Optimierung von Bewegungsabläufen, sondern in der Gestaltung von Arbeitsinhalten und der Optimierung von psychischen Regulationsgrundlagen (Lomow 1978, Hacker 1978, 1980). Die gröberen Erfassungskategorien bedingen auch, daß gröbere Zeitmessungen möglich

Zeit	Arbeitsaufträgen zugeordnete Arbeitshandlungen und Teilhandlungen	Bemerkungen
6^{00}	*Produktionsvorbereitung*	
	— Informieren über den Ablauf der vorangegangenen Schicht beim Dispatcher der Nachtschicht	
6^{05}	— Einholen der Werte für die Tagetechnologie beim übergeordneten Dispatcher	
6^{07}	*Zugverfügung*	
	— Vermittlung zweier Züge (Übergang aus der Nachtschicht)	
6^{13}	*Kontrolle und Überwachung*	
	— Einholen von Informationen über die Bunkerstände in den Kraftwerken A und B	
6^{19}	*Produktionsvorbereitung*	
	— Abstimmung mit Kohledispatcher über Fahrweise	
6^{22}	— Abstimmung mit Tagebau 1 über zu produzierende Kohlemenge und -qualität	
6^{25}	— Abstimmung mit der Werkbahn über zu fahrende Kohlemenge	
6^{29}	*Kontrolle und Überwachung*	
	— Einholen von Informationen über die Bunkerstände in den Kraftwerken C, D und E	
6^{35}	*Meldungen*	
	— Weitergabe der Bunkerstände an übergeordneten Dispatcher	
6^{38}	*Zugverfügung*	
	— Meldung eines Zuges von Tagebau 1	
	— Durchmustern der Abnehmer danach, wer die gemeldete Kohlequalität bekommt und bezogen auf den Sollwert den niedrigsten Bunkerstand hat	

Abb. 32: Beispiel für die Erfassung einer Dispatchertätigkeit durch Registrieren der Auftragskategorien, der Handlungen und Teilhandlungen einschließlich der Benennung von Kooperationspartnern und des Zeitbedarfs (vereinfacht).

sind. Eine Minutengenauigkeit ist in der Regel für psychologische Tätigkeitsanalysen und -bewertungen ausreichend. Deshalb sind zur Zeitregistrierung Armband- oder Taschenuhren ausreichend und die Zeiten werden dann in der Regel als Fortschrittszeiten erfaßt, aus denen durch Differenzbildungen die Zeiten für die Dauer einzelner Arbeitshandlungen und Teilhandlungen errechnet werden. Aber auch registrierende Meßgeräte können verwendet werden (vgl. dazu Kaminski 1971, Macher u. a. 1974).

4.2.3. Planung von psychologischen Tätigkeitsanalysen

Wenn verallgemeinerbare Bewertungen von Arbeitstätigkeiten angestrebt werden, weil auf ihrer Grundlage Umgestaltungen bestehender oder die Neuprojektierung analoger Arbeitstätigkeiten erfolgen sollen, so muß möglichen Fehlerquellen bei der Datenerhebung begegnet werden. Wesentliche Vorkehrungen betreffen die Sicherung repräsentativer Erhebungen — und das in verschiedener Hinsicht:

a) Repräsentativität in bezug auf die Arbeitsaufträge pro Arbeitsplatz

Die Bewältigung aller an einem Arbeitsplatz existierenden Arbeitsaufträge sollte erfaßt werden. Dies ist unproblematisch bei vielen Montagetätigkeiten und einfachen

Bedientätigkeiten mit hohem Wiederholungsgrad. Bei diesen werden alle Arbeitsaufträge pro Schicht mehrmals ausgeführt.

Schwieriger ist es bei Arbeitstätigkeiten mit wechselnden Arbeitsaufträgen, z. B. bei der Kleinserienfertigung, oder bei Steuer- und Überwachungstätigkeiten, deren Arbeitsaufträge durch wechselnde Einflüsse auf den Produktionsprozeß modifiziert werden. Tätigkeitsanalysen, die sich nur auf die Bewältigung einer Teilmenge der möglichen Arbeitsaufträge beziehen, lassen keine verallgemeinerbare Tätigkeitsbewertung zu. Für ihre Planung bedeutet dies zunächst die Ermittlung aller Einflüsse, die im Sinne von unabhängigen Variablen Arbeitsaufträge verändern können. Tätigkeitsanalysen werden für jede Variante bzw. eine repräsentative Stichprobe der Varianten durchgeführt.

b) Repräsentativität in Bezug auf die zeitlichen Bedingungen am Arbeitsplatz

Die Bewältigung von Arbeitsaufträgen variiert mit verschiedenen zeitlichen Bedingungen. Variationen sind über eine Arbeitsschicht möglich. Diese sollten unbedingt erfaßt werden. Sie sind eine Voraussetzung für die Bewertung der Beeinträchtigungsfreiheit. Tätigkeitsanalysen sind deshalb immer arbeitsschichtweise durchzuführen, wenn sie für Tätigkeitsbewertungen genutzt werden sollen.

Über die Zeitlage in der Arbeitsschicht hinaus kann der Schichttyp (Früh-, Spät-, Nachtschicht) den Anfall und die Abfolge von Arbeitsaufträgen und somit die Arbeitstätigkeit beeinflussen. Tätigkeitsanalysen müssen bei Vorliegen von Schichtarbeit alle Schichtarten erfassen. Einige Produktionsprozesse, z. B. die mit der Energieversorgung verbundenen, zeichnet ein deutlicher Wochenrhythmus aus. Auch solche zeitlich regelmäßig wiederkehrenden Schwankungen in Art und Umfang von Arbeitsaufträgen sind bei der Planung von Tätigkeitsanalysen zu berücksichtigen.

c) Repräsentativität in bezug auf die Werktätigen, die die Arbeitstätigkeit ausführen

Mit Tätigkeitsanalysen sollen Arbeitstätigkeiten und nicht Personen bewertet werden. Deshalb müssen sie die Bewältigung der Arbeitsaufträge durch mehrere Werktätige erfassen, die die für den Arbeitsplatz geforderte Qualifikation besitzen. Arbeitsverfahren unterliegen bei Vorhandensein von Freiheitsgraden größeren Schwankungen (vgl. Quaas 1976, Hacker, Rühle und Schneider 1977). Die bei der Bewältigung der Arbeitsaufträge möglichen Arbeitsverfahren werden durch Untersuchungen nur eines oder weniger Werktätiger nur teilweise zugänglich. Die Untersuchung aller Werktätigen oder einer repräsentativen Stichprobe von ihnen verhütet die verallgemeinernde Bewertung individueller Arbeitsverfahren.

Diesen drei Repräsentanzforderungen kann am besten entsprochen werden, wenn ein Erhebungsplan erstellt wird, der die wesentlichen Einflußfaktoren der drei Gruppen als unabhängige Variable berücksichtigt (vgl. Abb. 33). Die Felder eines solchen Planes sind theoretisch durch eine oder mehrere Arbeitsschichtaufnahmen abzuarbeiten. Das wird aus untersuchungsökonomischen Gründen nicht immer möglich sein, vor allem dann nicht, wenn die Anzahl der Einflußfaktoren größer ist als im Beispiel. In solchen Fällen ist eine stichprobenweise Durchführung von Tätigkeitsanalysen möglich. Stichproben können als Zufallsstichprobe oder als Quotenauswahl gebildet werden (vgl. dazu Sprung 1976, Starke und Ludwig 1975). Auftragsvariationen, zeitliche Einflüsse und Arbeitsverfahren verschiedener Werktätiger berücksichtigende Tätigkeitsanalysen sichern, daß die Ergebnisse nicht durch sogenannte Auswahlfehler oder Auswahlverzerrungen verfälscht sind (vgl. Campbell und Stanley 1966, Jauch 1966, Starke

relevante zeitliche Variationsursachen		Situationen, die Arbeitsaufträge modifizieren		
Schichttyp	Werktätige	A	B	C
	1			
	2			
	⋮			
	n			
	1			
	2			
	⋮			
	n			
	1			
	2			
	⋮			
	n			

Abb. 33: Beispiel eines Durchführungsplans für Tätigkeitsanalysen, der Repräsentativität der Ergebnisse hinsichtlich verschiedener Einflußfaktoren sichert.

und LUDWIG 1975). Dies ist aber nicht die einzige Fehlerkategorie, derer man sich bei der Planung von Tätigkeitsanalysen bewußt sein muß. Alle Untersuchungen, deren Gegenstand Menschen und ihre Verhaltensweisen sind, müssen berücksichtigen, daß „der Untersuchungsgegenstand kein passives physikalisches Teilchen, sondern ein denkendes menschliches Wesen, d. h. ein aktiver Teilnehmer in einer sozial definierten Interaktion" ist (ORNE 1969, zitiert nach REUTER 1977). Menschen reflektieren über den Tatbestand einer Untersuchung. Dies führt zur bewußten oder auch unbewußten Beeinflussung ihres Verhaltens. Die Besonderheiten bzw. die Neuheit der Untersuchungssituation veranlassen die Untersuchten häufig zu einer diszipliniertteren oder auch bestimmte Probleme demonstrierenden Arbeitsweise. Man spricht von reaktiven Effekten auf eine Untersuchungssituation (REUTER 1977, ETTRICH 1975). Das berühmteste Beispiel dieses Untersuchungsfehlers sind die HAWTHORNE-Studien, benannt nach einem Vorort von Chikago, in dem von 1927 bis 1932 in einem Unternehmen der Western-Electric-Company die Auswirkungen verschiedener Arbeitsbedingungen, z. B. der Beleuchtung, des Arbeitsrhythmus, der Arbeitsorganisation, der Größe und Zusammensetzung der Arbeitsgruppe auf das Arbeitsergebnis bei der Relaisfertigung untersucht wurde. Dabei stellte sich in mehreren Versuchsreihen heraus, daß die Experimentalgruppen, bei denen die objektiven Arbeitsbedingungen variiert wurden, bei jeder Stufe, auch bei objektiv ungünstigeren Bedingungen, bessere Arbeitsleistungen erreichten als die entsprechenden Kontrollgruppen. Die Versuchsleiter hatten sich um eine Vergleichbarkeit der Gruppen bezüglich aller wesentlichen Faktoren bemüht. Das Reflektieren der Untersuchungssituation stellte sich jedoch als wesentliche Kovariable heraus, die sich auf die Leistungsmotivation auswirkte. Ursache für eine erhöhte Arbeitsleistung waren also nicht nur und nicht immer die unabhängigen Variablen, sondern die damit im Zusammenhang stehende

Variable „Bewußtsein, an einem Experiment teilzunehmen" (Reuter 1977). Man bezeichnet diese Fehlerart seither auch mit Hawthorne-Effekt.

Sie kann in Untersuchungen nicht ausgeschlossen werden. Es kommt deshalb darauf an, diesen Effekt zu kontrollieren oder zu verkleinern. Für die Kontrolle bei der Einführung von Veränderungen, also bei der Prüfung des Einflusses einer unabhängigen Variablen, sind spezielle Versuchspläne entwickelt worden (vgl. Campbell und Stanley 1966, 1976, Reuter 1977, nach Nachreiner, Brand, Ernst und Rutenfranz 1977). Tätigkeitsanalysen mit dem Ziel einer Tätigkeitsbewertung werden nicht in dem Sinne wie Effektmessungen nach Veränderungen als Mehrgruppenuntersuchungen geplant. Bei ihnen ist eine Iststandserfassung für einen bestimmten Bereich gefragt. Dennoch gibt es Möglichkeiten, reaktive Effekte auf die Untersuchungsdaten zu verkleinern. Dazu gehören:

1. Eine gründliche Vorbereitung der Werktätigen, die ihre Mitwirkung bei der Vorbereitung und ihre Einsicht in den Zweck und die Notwendigkeit einzelner Untersuchungsschritte zum Ziel hat, kann viele mögliche Besonderheiten der Untersuchungssituation zu bekannten und notwendigen Etappen werden lassen und damit unkontrolliertes Reflektieren über sie verhindern bzw. reduzieren.
2. Untersuchungsmethoden, auch Tätigkeitsanalysen, sollten in Voruntersuchungen erprobt werden. Bevor die Erhebung der auszuwertenden Daten beginnt, ist dadurch eine gewisse Vertrautheit mit der Anwesenheit eines Untersuchers erreicht und reaktive Effekte sind in geringem Maße zu erwarten. Bewußte Veränderungen der Arbeitsweise werden nicht über längere Zeit durchgehalten. Daraus ergibt sich
3. eine Kontrollmöglichkeit. Durch Tätigkeitsanalysedaten beschriebene Arbeitsweisen einzelner Werktätiger können für den Untersuchungszeitraum auf Stabilität geprüft werden.

Bemühungen um Reduzierungen von Datenverfälschungen durch reaktive Effekte beziehen sich bei Tätigkeitsanalysen, die eine Iststandsanalyse und -bewertung anstreben, im wesentlichen also auf die Vorbereitung. Spezielle Auswertungen können Kontrollmöglichkeiten liefern.

Die Realisierung von Repräsentanz und Verallgemeinerbarkeit von Iststandsanalysen führt zur Planung der unabhängigen Variablen in Tätigkeitsanalysen.

4.3. Auswertung und Ergebnisdarstellung psychologischer Tätigkeitsanalysen

4.3.1. Die auftragsbezogene Kennzeichnung von Handlungsstrukturen

4.3.1.1. Beschreibungsaspekte

Die qualitative Beschreibung der Handlungsstrukturen ist ein erster Schritt der Auswertung psychologischer Tätigkeitsanalysen. Sie ist eine Voraussetzung zur Tätigkeitsbewertung hinsichtlich Beeinträchtigungsfreiheit und Persönlichkeitsförderung, weil aus der Kenntnis der Handlungsstrukturen hypothetische Auswirkungen auf die Werktätigen ableitbar sind, die bei der Auswertung tätigkeitsanalytischer Daten in Form eines hypothesengeleiteten Erkenntnisprozesses schrittweise zu prüfen sind. Aus solchen Beschreibungen wird deutlich, welche Handlungen restriktiv, dequalifizierend, monotonieerzeugend sind und welche hingegen Möglichkeiten zum Einsatz und zur Weiterentwicklung von Fähigkeiten liefern, und sie führen zu zusätzlichen Klassifizierungsgesichtspunkten für die quantitative Auswertung tätigkeitsanalytischer Daten. Für das Erarbeiten arbeitsgestalterischer Empfehlungen, z. B. die zweckmäßige Arbeitsteilung und -kombination, sind sie eine wesentliche Grundlage.

Für die Bewertung und Gestaltung wichtige qualitative Beschreibungsgesichtspunkte von Handlungsstrukturen sind

— ihre Vollständigkeit im Sinne des Aufweisens der wesentlichen Bestandteile, nämlich sowohl der Handlungsvorbereitung (Orientieren, Entwerfen von Handlungsprogrammen, Entscheidung für eines), der Handlungsdurchführung als auch der Handlungskontrolle. Das Reduzieren auf zwei oder gar nur eine Gruppe von Bestandteilen, z. B. das Reduzieren auf die Handlungsdurchführung ohne Vorbereitung und Kontrolle oder das Reduzieren nur auf die Kontrolle ohne Handlungsvorbereitung und -durchführung bedeutet, daß unvollständige Handlungsstrukturen vorliegen.

Zwei Aspekte begründen die Relevanz der Kennzeichnung der Vollständigkeit der Handlungsstrukturen:[1])

a) Kognitiver Aspekt: Handlungen, die die Kette Planung — Durchführung und Kontrolle beinhalten, sichern ein Lernen und damit das Erhalten und Weiterentwickeln beruflicher Fertigkeiten. Die fehlende Kenntnis der Effekte eigenen Handelns hingegen verhindert ein Lernen.

b) Beanspruchungsaspekt: Handlungen, die die Kette Planung — Durchführung und Kontrolle beinhalten, verhindern durch den damit verbundenen Wechsel der Beanspruchungsart, der intellektuelle und niedere Regulationsniveaus einschließt, eher negative Beanspruchungsfolgen als dies einseitig beanspruchende Tätigkeiten tun (vgl. Schmidtke 1965, Hacker und Richter 1980).

— ihr psychisches Regulationsniveau

Dabei kommt es auf die Angabe von Niveaustufen der psychischen Regulation an. Die Identifizierung und Abgrenzung sensumotorisch, perzeptiv-begrifflich und intellektuell regulierter Handlungen ist wichtig, weil die Regulationsniveaus unterschiedliche Auswirkungen auf den Menschen haben. Sensumotorisch regulierte Teilhandlungen bieten keine Gelegenheiten für eine Fähigkeitsentwicklung und gestatten nur in begrenztem Maße die Anwendung erworbenen Wissens und Könnens. Sie wirken bei hoher zeitlicher Ausdehnung monotoniebegünstigend. Sie können jedoch im Wechsel mit intellektuell regulierten Arbeitshandlungen, die selbständige Situationsanalysen und Planungen erfordern, entlastend wirken. Perzeptiv-begrifflich regulierte Handlungen sind nicht in gleichem Umfang monotonieerzeugend. Sie erfordern Diagnosen über den Zustand des Produktionsprozesses, des Arbeitsgegenstandes, die in ihrer Abfolge nicht immer vorhersehbar und deshalb bewußte Beurteilungsprozesse sind. Die je nach Beurteilungsresultat anzuwendenden Maßnahmen werden überwiegend durch feste interne Programme reguliert und sind in ihrer Anzahl überschaubar, so daß ihre Auswahl und ihr Einsatz wenig Möglich-

[1] Der Beschreibungsaspekt „Vollständigkeit der Handlungsstrukturen" ist abzugrenzen von dem Konzept der partialisierten Handlung (Volpert 1974). Dieses basiert auf der fehlenden Teilnahmemöglichkeit der Arbeitenden an gesellschaftlichen und betrieblichen Planungsprozessen bei kapitalistischen Produktionsverhältnissen. Als partialisierte Handlungen werden nicht selbst geplante und regulierte Handlungen bezeichnet. „Partialisierte Handlungen sind isoliert, d. h., der Gesamtzusammenhang der Arbeit bzw. seine auf das Individuum übergreifenden Bestandteile werden nicht mit erfaßt und mit bestimmt, . . . (und) sie restringiert, d. h., der individuelle Handlungszusammenhang ist im Sinne einer Unterentwicklung umfassender und komplexer Planungsvorgänge gestört, an die Stelle der Beherrschung der Gegebenheiten und des Überblicks tritt die Perspektivlosigkeit und das Beherrschtwerden, z. B. von einer technischen Anlage" (Volpert 1974). Für partialisierte Handlungen sind negative Auswirkungen auf die Personen bekannt. Sie führen in motivationaler Hinsicht zu Passivität, in kognitiver Hinsicht zum Ausbleiben von Lernfortschritten, weil diese das Kenntniserhalten über die Wirkung eigenen Handelns voraussetzen, und in emotionaler Hinsicht zu Angst und Furcht, die bei längerer Dauer zu Depressionen führen können (Frese 1978).

keiten zu selbständigem Wissenseinsatz oder gar zur Weiterbildung beruflicher Fähigkeiten bieten. Für intellektuell regulierte Handlungen können aus dem Langzeitgedächtnis keine fertigen Programme abgerufen werden, sondern nur Regeln, Kriterien, Strategievarianten, die situationsabhängig selbständig zu kombinieren bzw. teilweise sogar selbständig zu entdecken, abzuleiten und zu erzeugen sind. Freiheitsgrade für die Wahl und die Abfolge von Arbeitsmethoden und die Wahl von Arbeitsmitteln sind die Voraussetzung. Intellektuell regulierte Handlungen fordern die selbständige Anwendung erworbenen Wissens und Könnens und bieten Möglichkeiten für eine Weiterentwicklung beruflicher Fähigkeiten. Sie tragen damit, so wie durch ihre Potenzen für die Formung von Eigenschaften, die Herausforderungen zum selbständigen Lernen und verantwortlichen Bewähren an wichtigen und als wichtig erlebten Abschnitten des Produktionsprozesses in sich bergen, wesentlich zur Persönlichkeitsentwicklung der Menschen bei.

— ihre Kooperations- und Kommunikationsstruktur

Arbeitsteilung bedingt Kooperation und Kommunikation und damit eine soziale Regulation der Arbeitshandlungen. Diese hat über die fähigkeitsentwickelnde und einstellungsbildende Funktion der intellektuellen Regulation bei der individuellen Handlungsplanung hinaus entscheidende Konsequenzen für den arbeitenden Menschen.

Sie schafft durch die raumzeitliche Koordination der Einzelkräfte einen Leistungsvorteil und kann die Gesamtkraft auch durch die Anregung (Wettstreit) infolge des sozialen Kontaktes steigern (Marx 1962).

Das psychophysische Aktivitätsniveau, von dem die aktuelle Leistungsfähigkeit des Menschen wesentlich abhängt, wird durch soziale Stimuli mitgesteuert (Hiebsch und Vorwerg 1980).

Kooperation und Kommunikation sind entscheidende Bedingungen für ein Wohlbefinden am Arbeitsplatz und für die Ausbildung von Einstellungen (vgl. Stollberg 1968, Ulich, Groskurth und Bruggemann 1973, Marstedt und Schahn 1977, Ullmann 1977, Pungs, Steinbach und Tausch 1979). Schließlich fordert soziale Kooperation immer Denkleistungen, weil „die Übernahme eines Parts im überindividuellen Handlungszusammenhang ... grundsätzlich die Erfassung dieses Zusammenhangs" verlangt, und „dafür braucht man ... den Kopf" (Volpert 1979).

Diese pro Auftrag vorzunehmenden qualitativen Kennzeichnungen der Handlungsstrukturen werden anschließend für die Arbeitstätigkeit insgesamt vorgenommen, weil aus der Integration mehrerer Aufträge in einer Arbeitstätigkeit zusätzliche Forderungen entstehen. So können sich bezüglich des Merkmals „Vollständigkeit der Handlungsstrukturen" mehrere für sich als unvollständig ausgewiesene Handlungen zu vollständigen ergänzen. Auf niederen Ebenen regulierte Arbeitshandlungen können dennoch, in eine Arbeitstätigkeit integriert, intellektuelle Regulationen im Sinne von strategischen Planungen enthalten, wenn für die Abfolge der Teilhandlungen Freiheitsgrade bestehen und der Mensch sie nach zum Teil selbst wählbaren oder in ihrer Bedeutung selbst rangierbaren Kriterien beginnen, aufeinander folgen lassen, oder unterbrechen kann. Ebenso kann die Abfolgeplanung der Teilhandlungen zusätzliche Operationserfordernisse bedingen.

Für die Kennzeichnung der Handlungsstrukturen nach diesen drei Beschreibungsgesichtspunkten helfen Kategorienschemata oder Listen von Beurteilungsaspekten, die Beobachtungs-, Befragungs-, Zeit- und Leistungsdaten, die in Tätigkeitsanalysen ermittelt werden, in Aussagen über die Vollständigkeit der Handlungsstruktur, das psychischen Regulationsniveau und die Kooperation und Kommunikation zu transformieren gestatten. Das Ziel solcher Auswertungs- und Interpretationshilfsmittel ist die Identifizierung unterschiedlicher Handlungsstrukturen, nämlich vollständiger und unvollständiger, intellektuell oder sensumotorisch regulierter, kooperativer oder kooperationsloser, und die Abschätzung des Grades, in dem unterschiedliche Handlungsstrukturen vorliegen. Diese Beschreibung der Handlungsstrukturen wird erschwert, weil sie nicht mit eindimensionalen Klassifizierungen der erhobenen Daten zu leisten ist, sondern weil die Beschreibungsebenen Verallgemeinerungen sehr unterschiedlicher Eigenschaften der Handlungsstrukturen sind. So kann die Aussage, daß es sich um vollständige Handlungsstrukturen handelt, durch sehr verschiedene Leistungen bei der

Handlungsvorbereitung, z. B. dem selbständigen Ableiten von Teilaufgaben aus einem Auftrag, der selbständigen Wahl von Arbeitsmethoden, der Vorbereitung der Arbeitsmittel, der selbständigen Planung des Handlungsbeginns usw., aus unterschiedlich komplexen Handlungsdurchführungen und unterschiedlichen Möglichkeiten für die Kontrolle des Handlungsergebnisses resultieren. Ähnlich variantenreich sind die Quellen für intellektuelle Regulationsvorgänge, für kooperative Handlungsausführung usw. Für die Tätigkeitsbewertung, erst recht aber für die Planung von Maßnahmen auf der Grundlage der Tätigkeitsbewertung, ist die inhaltliche Kennzeichnung ebenfalls bedeutsam.

Das umfangreichste und differenzierteste Kategorienschema für die Auswertung und Interpretation tätigkeitsanalytischer Daten ist das sich in der Entwicklung befindende Tätigkeitsbewertungssystem (TBS) von HACKER und Mitarbeitern (vgl. HACKER u. a. 1980, WOLFF und WOLFF 1980). Es ist ein Hilfsmittel für die Tätigkeitsbewertung im Hinblick auf die Persönlichkeitsförderung und enthält Eigenschaften, nach denen Handlungen und Tätigkeiten zu beurteilen sind. Es besteht aus fünf Teilen, von denen vier auf Arbeitstätigkeiten insgesamt und einer (Teil B) auf Arbeitshandlungen getrennt angewendet werden. Die einzelnen Teile erfassen die folgenden Sachverhalte:

Teil A: Objektive Tätigkeitsmerkmale, die den Grad der Vollständigkeit bzw. Unvollständigkeit der Handlungsstrukturen determinieren
Teil B: Für die Tätigkeit erforderliche psychische Prozesse und Repräsentationen
Teil C: Gegenüberstellung von für die Tätigkeit geforderter und in der Tätigkeit anwendbarer Qualifikation
Teil D: Soziale Kooperation und arbeitsbedingte Kommunikation in der Arbeitstätigkeit
Teil E: Verantwortung für bzw. Einflußmöglichkeiten auf den Arbeitsprozeß

In jedem Teil wird die Arbeitstätigkeit bzw. Handlung in Bezug auf das Ausmaß, in dem sie eine Reihe von Eigenschaften besitzen, eingestuft. Ergebnis ist ein Profil, das ordinalskaliert die wesentlichen Tätigkeitseigenschaften, geordnet nach den fünf Teilen, angibt. Dabei werden Einstufungen in den Teilen A, B und D wesentlich auf der Grundlage von Tätigkeitsanalysen über Arbeitsschichten unter Hinzuziehung von Ergebnissen der Auftragsanalyse vorgenommen. Teil C erfordert spezielle Erhebungen bzw. Befragungen, ebenso Teil E, für den die erforderlichen Angaben zum Teil auch in Auftragsanalysen gewonnen werden.

Die im TBS enthaltenen Gesichtspunkte zur Beschreibung der Arbeitstätigkeiten und Arbeitshandlungen nach Vollständigkeit, Regulationsniveau und Kooperation gehen über die in diesem Abschnitt zu kennzeichnenden Grundeigenschaften hinaus. Sie sehen viele Differenzierungen vor, von denen einige als Analyseziele in diesem Band bereits in der Auftragsanalyse enthalten sind.

Ziel dieser Darstellung ist nicht eine Einführung in das TBS und die Demonstration seiner Leistungsmöglichkeiten. Das geschieht in Kürze in den von HACKER und Mitarbeitern zu erwartenden Publikationen zum TBS. In diesem Band sollen vielmehr Aufbereitungsmöglichkeiten tätigkeitsanalytischer Daten demonstriert werden, die helfen, den Schluß von Beobachtungs-, Befragungs- und Leistungsdaten zu qualitativen Kennzeichnungen von Arbeitshandlungen zu stützen und zu belegen.

4.3.1.2. Hilfsmittel zur Beschreibung der Handlungsstrukturen nach ihrer Vollständigkeit

Für die Beschreibung der Vollständigkeit von Handlungsstrukturen in bezug auf ihre wesentlichen Strukturbestandteile enthält Abb. 34 eine Zusammenstellung von Gesichtspunkten. Sie sollen helfen, für jeden Auftrag zu prüfen, ob die für seine Bewältigung erforderlichen Handlungen Vorbereitungs-, Durchführungs- und Kontrollaktivitäten erfordern. Die angegebenen Gesichtspunkte sind durch das Beobachtungsinterview ermittelbar. Dabei entsprechen die Gesichtspunkte zur Kennzeichnung selbst vorzunehmender Handlungsvorbereitungen mit Ausnahme der Vorbereitungen von Arbeitsmitteln und Arbeitsgegenständen Arten von Freiheitsgraden bei der Handlungsplanung.

Handlungsvorbereitung	Handlungsdurchführung	Handlungskontrolle
— *selbst vorzunehmen* — selbständiges Ableiten von Aufgaben aus einem Auftrag — selbständige Wahl von Arbeitsmethoden — selbständige Wahl der Abfolge der Arbeitsschritte — selbständige Wahl von Arbeitsmitteln — Vorbereiten von Arbeitsmitteln — Vorbereiten des Arbeitsgegenstandes — selbständiges Einholen von Informationen — selbständige Zustandsdiagnosen — selbständige Planung des Handlungsbeginns	selbst	selbst vorzunehmen und Kennzeichnung der zeitlichen Bedingungen — ständig möglich — pro Arbeitsschicht möglich — seltener als pro Arbeitsschicht möglich — nicht möglich Kontrollgesichtspunkte erfassen durch andere vorzunehmen und Kennzeichnung der zeitlichen Bedingungen — ständig — pro Arbeitsschicht erfragbar — seltener als pro Arbeitsschicht bzw. beobachtbar — nicht
— *erfolgt durch andere* Handlungsbeginn und Art der Handlung nach Anweisung — erfolgt nach festem Zeitrhythmus — entfällt pro Auftrag wegen hohen Wiederholungsgrades	durch andere	Kontrollgesichtspunkte erfassen

Abb. 34: Hilfsmittel für die Beschreibung von Handlungsstrukturen nach ihrer Vollständigkeit in bezug auf die wesentlichen Strukturbestandteile von Handlungen. Mit Hilfe der tätigkeitsanalytischen Daten wird geprüft, welche der angegebenen Leistungen bzw. Bedingungen vorliegen. Als vollständig gelten Handlungsstrukturen, bei denen mindestens eine selbständige Vorbereitungsleistung und die Handlungsdurchführung demselben Menschen obliegt und Kontrollen des Handlungsergebnisses ständig möglich sind.

Arbeitshandlungen können mit Hilfe dieser Aspekte grob bezüglich ihrer Vollständigkeit skizziert werden, wobei es für das Gewinnen von Grobaussagen ausreichend ist, die zutreffenden Aspekte anzugeben. Abb. 35 enthält sie als Beispiel für die Tätigkeit eines Kohledispatchers. Die Angaben zu den einzelnen Arbeitshandlungen sind in einem globalen Gesamturteil verallgemeinert, das nur die Aussage „vollständig“ oder „unvollständig“ ethält und für die Verwendung dieser Analyseergebnisse für Maßnahmenpla-

Auftrag	Vorbereitung	Durchführung	Kontrolle	globales Gesamturteil
Zugverfügung	nach Meldung durch andere — selbständige Zustandsdiagnose über die Situation bei den Kohleverbrauchern — selbständiges Einholen von Informationen — selbständige Wahl von Methoden (Zielortfestlegung)	durch andere	ständig möglich	unvollständig
periodische, inhaltlich festgelegte Meldungen	— selbständiges Einholen von Informationen zu teilweise selbst festlegbaren Zeitpunkten	selbst Informationsabgabe über Telefon	keine nötig	unvollständig
Kontrolle und Überwachung	— selbständiges Einholen von Informationen	—	Kontrolle für Zugverfügung und Störungsbeseitigung	unvollständig
Störungserfassung und -beseitigung	— Meldung durch andere	Informationsweitergabe an andere Durchführung, d. h. Störungsbeseitigung durch andere	ständig möglich	unvollständig
Verrechnung	— selbständiges Einholen von Informationen	selbst	ständig möglich	vollständig
Produktionsvorbereitung	— selbständiges Einholen von Informationen — Empfang von Informationen und Handlungsanweisungen	ist Vorbereitung für andere Aufträge		unvollständig

Abb. 35: Vereinfachte Kennzeichnung der auftragsbezogenen Handlungsstruktur eines Kohledispatchers nach ihrer Vollständigkeit. Für die Vorbereitung, Durchführung und Kontrolle sind nur die zutreffenden Inhalte angegeben.

nungen bedeutsam ist. Vollständige Handlungsstrukturen können als Einheit betrachtet werden, z. B. bei Tätigkeitsprojektierungen, für die Urteile über die Kombinier- und Teilbarkeit von Aufträgen gefragt sind. Unvollständige Handlungsstrukturen sind keine Einheit. Sie sind dies nur im Zusammenhang mit den Handlungen, durch die sie zu vollständigen ergänzt werden.

Im angegebenen Beispiel ist nur die dem Auftrag „Verrechnung" zugehörige Handlung vollständig. Bei der Zugverfügung und Störungserfassung und -beseitigung werden die Handlungen von anderen Personen durchgeführt und nur die Resultate wieder mit Hilfe von Kommunikationsmitteln kontrolliert. Meldungen sind unvollständig, weil sie nur das Einholen und Weitergeben von Informationen beinhalten, nicht aber die Nutzung dieser Informationen für Handlungsplanungen und deshalb brauchen sie nicht kontrolliert zu werden. Die Aufträge „Produktionsvorbereitung" und „Kontrolle und Überwachung", die im Tätigkeitsablauf gut unterscheidbare und von anderen Handlungen differenzierbare Kategorien sind, bereiten die Erfüllung der anderen Aufträge vor und nach und sind deshalb unvollständig.

Unvollständige Handlungsstrukturen sind überwiegend auf die fehlende eigene Handlungsdurchführung zurückzuführen. Vorbereitungs- und Kontrollaktivitäten dominieren über die ausführenden Handlungsabschnitte bei dieser Tätigkeit.

In Abb. 36 wurde eine analoge Kennzeichnung von den in Auftrags- und Tätigkeitsanalysen unterschiedenen Handlungen bei einer Werkzeugmaschinenbedienung vorgenommen. Hier wird deutlich, daß die unterschiedenen Handlungsteile sämtlich unvollständig sind und nur insgesamt zu einer vollständigen Handlungsstruktur führen. Für die psychologische Bewertung und Interpretation der Tätigkeit ist von dieser Einheit, die die vier ursprünglich unterschiedenen Bestandteile enthält, auszugehen. Die Kennzeichnung der Handlungsstrukturen nach ihrer Vollständigkeit stellt damit auch eine Prüfmöglichkeit für die Angemessenheit der in der Auftragsanalyse unterschiedenen Kategorien dar, indem sie zeigt, wo Differenzierungen über Handlungseinheiten hinaus vorgenommen wurden und für Schlußfolgerungen im Hinblick auf die Tätigkeitsbewertung oder die Planung arbeitsgestalterischer Maßnahmen wieder aufgehoben werden müssen.

Auftrag	Vorbereitung	Durchführung	Kontrolle	globales Gesamturteil
Zeichnung lesen	selbständiges Ableiten von Aufgaben aus einem Auftrag	—	—	unvollständig
Vorbereiten	Vorbereiten der Maschine und des Werkstückes	—	—	unvollständig
Werkstückbearbeitung	selbständige Festlegung des Handlungsbeginns	selbst	—	unvollständig
Werkstückkontrolle	—	—	ständig möglich	unvollständig

Abb. 36: Kennzeichnung der Handlungsstruktur bei der Werkzeugmaschinenbedienung nach ihrer Vollständigkeit (vereinfacht nach FIEDLER 1978).

4.3.1.3. Hilfsmittel zur Beschreibung der Handlungsstrukturen nach ihrem psychischen Regulationsniveau

Das psychische Regulationsniveau hängt von Eigenschaften der Auftragsstruktur ab, insbesondere

— der Existenz von Freiheitsgraden

(das Fehlen von Freiheitsgraden bedingt fehlende Entscheidungsmöglichkeiten und damit fehlende intellektuelle Anforderungen, die Existenz von Freiheitsgraden fordert Entscheidungen)

— dem Wiederholungsgrad gleicher Aufträge, denn für häufig wiederkehrende Handlungen bestehen gute Voraussetzungen für die psychische Automatisierung bzw. für die vollständige Repräsentation von Handlungsprogrammen im Langzeitgedächtnis, so daß sie bei Bedarf nur noch abgerufen zu werden brauchen, während für seltene Handlungen Aktionsprogramme überwiegend nicht vollständig vorliegen, sondern aus Rahmenprogrammen aktuell erzeugt werden (vgl. HACKER 1977, SKELL 1972). Dies kann auch bei algorithmischen Handlungsstrukturen eine intellektuelle Leistung sein, wie es beispielsweise das Anfahren von Anlagen in der Chemieindustrie zeigt, das nur zirka ein- bis zweimal im Jahr vorkommt.

— der Regelmäßigkeit des Auftretens von Handlungen, weil für regelmäßig wiederkehrende Handlungen die Situationserkennung und die darauf folgende Entscheidung über das Erforderlichwerden einer bestimmten Handlung entfällt und fertige Aktionsprogramme nur noch regelmäßig abgearbeitet zu werden brauchen, also Regulationsvorgänge auf niederem Niveau vorliegen.

Das psychische Regulationsniveau wird auch ablesbar an der Variabilität des Zeitbedarfs für die Handlungsausführung. Psychische Automatisierung bedingt wegen der stereotypen Abarbeitung immer der gleichen Operationen eine sehr geringe Variabilität

psychisches Regulationsniveau		
sensumotorisch	perzeptiv-begrifflich	intellektuell
— zeitlich regelmäßige Wiederkehr der Handlung — hohe Wiederholungsrate — geringe Variabilität des Zeitbedarfs — stereotype Abfolge von Operationen	— zeitlich unregelmäßige Wiederkehr der Handlung — mittlere Wiederholungsrate — größere Variabilität des Zeitbedarfs	— unregelmäßige Wiederkehr der Handlung, verbunden mit unterschiedlicher Situationseinbindung — seltenes Auftreten — Freiheitsgrade für Zielfestlegungen, Methodenwahl, Mittelwahl, Abfolgewahl — sehr große Variabilität im Zeitbedarf — unterschiedliche Teilhandlungen — unterschiedliche Abfolge der Teilhandlungen

Abb. 37: Hilfsmittel für die Identifizierung des psychischen Regulationsniveaus von Handlungen. Mit Hilfe der tätigkeitsanalytischen Daten wird geprüft, welche der angegebenen Eigenschaften vorliegt.

im Zeitbedarf. Die selbständige Planung von Handlungen, die je nach Situation unterschiedliche Teilhandlungen und/bzw. deren unterschiedliche Abfolge bedingt, führt zu hoher Variabilität im Zeitbedarf bei der Abarbeitung gleicher Aufträge. Die in Abb. 37 zusammengefaßten Gesichtspunkte, die sich auf Sachverhalte beziehen, die in Tätigkeitsanalysen beobachtbar und erfragbar sind, ermöglichen eine Identifizierung des psychischen Regulationsniveaus von Handlungen.

Abb. 38 enthält Häufigkeitsverteilungen des Zeitbedarfs einer sensumotorisch, einer perzeptiv-begrifflich und einer intellektuell regulierten Arbeitshandlung sowie den durchschnittlichen Zeitbedarf und die Variabilitätskoeffizienten. Letztere steigen monoton mit dem Regulationsniveau an und erreichen Werte von über 100%. Das weist darauf hin, daß ein nicht homogener Sachverhalt gemessen wurde, denn bei homogenen Meßinhalten sind Zeiten etwa normal verteilt, und der Variabilitätskoeffizient beträgt dann etwa 33% (vgl. SACHS 1969). Variabilitätskoeffizienten von 50% und größer sind

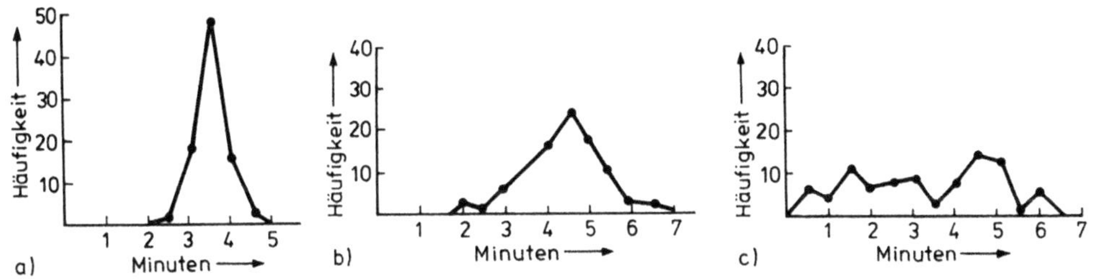

Abb. 38: Beispiele für die Verteilung des Zeitbedarfs für eine sensumotorisch, eine perzeptiv-begrifflich und eine intellektuell regulierte Arbeitshandlung.
a) *Sensumotorische Regulation*: Häufigkeitsverteilung des Zeitbedarfs für das Herstellen von 30 Schraubverbindungen (Praktikumsversuch) und entsprechende Repräsentationswerte; $\bar{x} = 3{,}53$, $s = 0{,}74$, $v = 20{,}9\,\%$.
b) *Perzeptiv-begriffliche Regulation*: Häufigkeitsverteilung des Zeitbedarfs für das Bestücken von Leiterplatten (Praktikumsversuch) und entsprechende Repräsentationswerte; $\bar{x} = 4{,}53$, $s = 3{,}19$, $v = 70{,}5\,\%$.
c) *Intellektuelle Regulation*: Häufigkeitsverteilung des Zeitbedarfs für die Handlung „Zugverschickung" aus einer Dispatchertätigkeit und entsprechende Repräsentationswerte; $\bar{x} = 3{,}2$, $s = 3{,}3$, $v = 103{,}1\,\%$.

also Hinweise auf unterschiedliche Inhalte, mit denen die Zeiten ausgefüllt werden. In Tätigkeitsanalysen sind diese unterschiedlichen Arbeitsweisen, an Strategien erkennbar, die sich auch in unterschiedlichen Teilhandlungen äußern. So verbergen sich beispielsweise hinter den großen Zeitstreuungen der Handlung „Zugverschickung" in Abb. 38 verschiedene Strategien, die wegen der Unterschiedlichkeit der Gesamtsituation, in die diese Handlung eingebettet sein kann, erforderlich werden. Abb. 39 verdeutlicht dies durch die schematische Darstellung verschiedener Situationstypen und daraus erforderlich werdender Handlungen.

Eine Möglichkeit, den Wiederholungsgrad für Arbeitshandlungen anzugeben, der Schlüsse auf das Regulationsniveau zuläßt, enthält Abb. 40. Im linken Teil, der ein Beispiel für eine sensumotorisch regulierte Montagehandlung zeigt, füllt diese Handlung fast die gesamte Arbeitstätigkeit aus. Nur in der ersten und letzten Schichtstunde sind Vorbereitungs- und Abschlußtätigkeiten zusätzlich auszuführen. Die hohe Wiederholungsrate pro Stunde montierter Bauteile, deren geringe Variation durch Kurzpausen bedingt ist, bietet eine gute Voraussetzung für die psychische Automatisierung.

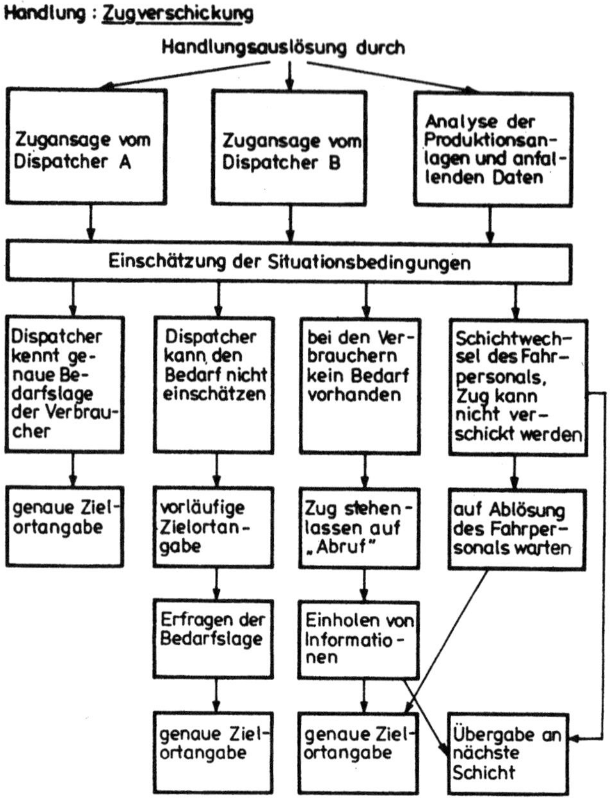

Abb. 39: Typen von Strategien bei der Handlung „Zugverschikkung", die in Abhängigkeit von der Situation, in die die Handlung eingebunden ist, zu wählen sind (nach TURZA und VÖLKEL 1979).

Im mittleren Teil sind drei Handlungen einer Mehrmaschinenbedienung in ihrer Verteilung über die Arbeitsschicht aufgetragen. Der Wiederholungsgrad ist erheblich geringer als im ersten Beispiel und die Auftrittsfolge ist unregelmäßig. Die einzelnen Handlungen sind an unterschiedlichen Maschinen auszuführen und die Lokalisation der Handlungserfordernisse verlangt Diagnoseprozesse, die durch psychische Automatisierung nicht soweit verkürzbar sind, daß sie entfallen. Diese Zustandsdiagnosen sind in der Regel die Ursache für die größeren Streuungen im Zeitbedarf beim Ausführen der Teilhandlungen, die selbst häufig auf sensumotorischem Niveau reguliert werden (vgl. QUAAS 1976).

Im rechten Teil ist die Auftrittshäufigkeit einer intellektuell zu regulierenden Arbeitshandlung bei einer Steuer- und Überwachungstätigkeit gezeigt und demonstriert, daß die geringe Auftrittshäufigkeit hier in der Regel mit Auftragsvariationen verbunden ist (im Beispiel Sollwertunter- und Sollwertüberschreitung). Die Wiederkehr wirklich identischer Arbeitssituationen ist — wenn man das berücksichtigt — außerordentlich selten, und das macht es wahrscheinlich, daß nicht fertige Aktionsprogramme aus dem Langzeitgedächtnis abgerufen werden, sondern aus Rahmenprogrammen und Regeln situa-

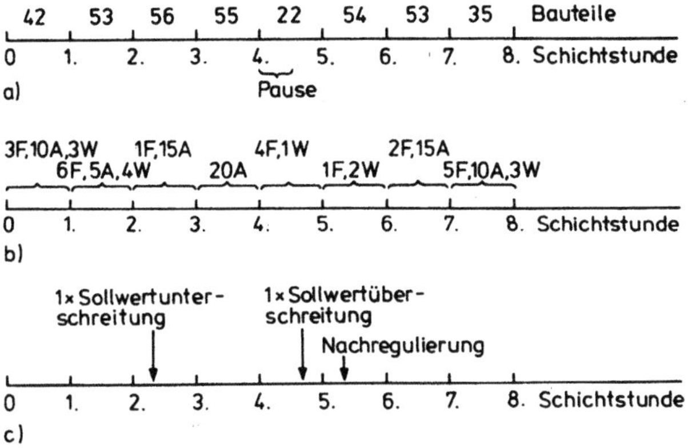

Abb. 40: Schematische Darstellung des Wiederholungsgrades von Arbeitshandlungen unterschiedlichen Regulationsniveaus (nicht vollständige Arbeitstätigkeiten, sondern nur die Auftrittshäufigkeiten einzelner Arbeitshandlungen sind angegeben).
a) *sensumotorische Regulation*, z. B. Montage von Bauteilen (370 pro Schicht);
b) *perzeptiv-begriffliche Regulation*, z. B. Mehrmaschinenbedienung in der Textilindustrie (*F* Fadenbruch beheben, *A* Material aufstücken, *W* Wartung);
c) *intellektuelle Regulation*, z. B. Handlung „Beseitigung von Sollwertabweichungen im Säuregehalt einer Lösung bei einer Programmregulation".

tionsgemäß Aktionsprogramme erzeugt werden, was eine selbständige, meist intellektuelle Leistung ist.

Die Unterscheidung und Identifizierung dieser drei Regulationsebenen ist erforderlich für eine Einschätzung von Arbeitstätigkeiten hinsichtlich ihrer Beeinträchtigungsfreiheit und ermöglicht grob die Abschätzung des Umfangs an Lernmöglichkeiten. Diese sind nur bei intellektuell regulierten Arbeitsaufträgen zu erwarten und können sehr unterschiedlich sein, je nachdem, in welchem Maße welche Arten von Freiheitsgraden die Leistungsvoraussetzungen des Menschen herausfordern. Für die Beurteilung einer Arbeitstätigkeit im Hinblick auf die gegebenen Lernmöglichkeiten als einer wesentlichen Voraussetzung für eine Persönlichkeitsförderung ist es deshalb wünschenswert, Differenzierungen der intellektuellen Regulationsebene vorzunehmen. Einen Vorschlag dafür legt die Arbeitsgruppe von VOLPERT (1980) vor, und sie arbeitet auch an der Entwicklung eines Verfahrens zur Erfassung der Lernmöglichkeiten von Arbeitstätigkeiten.

Der Grundgedanke ist ein 5-Ebenen-Modell der Handlungsregulation, dessen unterste Ebene der sensumotorischen Regulation in HACKERS Systematik entspricht und dessen 4 übergeordnete Ebenen Differenzierungen der intellektuellen Regulation sind, die je nach gegebenen Freiheitsgraden durch unterschiedlich konkrete Ziele und qualitativ unterschiedliche Aktionsprogramme gekennzeichnet sind.

Die zweite Ebene liegt vor, wenn das Handlungsziel vorgegeben ist, jedoch Freiheitsgrade für die Abfolge von Teilschritten bestehen, so daß Bewegungsprogramme in neuartiger Weise miteinander zu verknüpfen sind.

Die dritte Ebene betrifft Aufträge, deren Ziel nicht bis in alle Einzelheiten präzisiert ist, sondern bei denen eine wesentliche Leistung ihrer Bewältigung gerade die Planung von Teilzielen ist. Das bedeutet, daß auf dieser Ebene Aktionsprogramme nur grob vorliegen und während ihrer Abarbeitung überprüft, korrigiert und teilweise für bestimmte Teilziele erst generiert werden müssen.

Die vierte und fünfte Ebene betreffen Freiheitsgrade für die Zielbildung, wobei die vierte Ebene Teilzielbildungen beinhaltet, die sich auf die Koordination mehrerer Handlungsräume beziehen. Aktionsprogramme sind hier als Teilzielplanungen beschreibbar. Die fünfte Ebene beinhaltet die Erschließung neuer Handlungsräume und somit die Wahl und Entscheidung für ein Globalziel und setzt so in Arbeitstätigkeiten sicher nur selten gegebene Freiheitsgrade voraus. Aktionsprogramme für eine Handlungsausführung gibt es auf dieser höchsten Regulationsebene nicht, vielmehr geht es um ein antizipatorisches Erproben neuer Teilzielplanungen, also ein gedankliches Kalkulieren von möglichen Teilzielen sowie deren Voraussetzungen und Konsequenzen, und betrifft damit insgesamt die Planungsphase für komplexe Tätigkeiten.

Diese Unterscheidung intellektueller Regulationsvorgänge ist für die Beurteilung der durch Tätigkeiten gegebenen Lernmöglichkeiten wünschenswert. Mit dem 5-Ebenen Modell wird versucht, selbständige Anwendungen beruflichen Wissens (Ebene 2 und 3) zu identifizieren und im Unterschied dazu Gelegenheiten für Weiterentwicklungen von Wissen und Fähigkeiten und somit Potenzen für eine intrinsische Motivierung zu bestimmen (Ebene 4 und 5).

Ausgehend von dieser Konzeption entwickelte die Arbeitsgruppe ein „Verfahren zur Identifizierung lernrelevanter Aspekte der Arbeitstätigkeit“ (VILA), dessen Kern darin besteht, Arbeitsaufgaben Stufen der Problemhaltigkeit zuzuordnen, die Regulationsvorgänge der erläuterten 5 Regulationsebenen zu unterscheiden gestatten. Diese Zuordnung wird mit Hilfe einer Checkliste, bestehend aus 12 Entscheidungsfragen, vorgenommen und durch eine Beschreibung der Arbeitsaufgabe ergänzt.

Das Verfahren enthält darüber hinaus noch drei andere Teile (Aufgabenerfassung, Beschreibung der Arbeitstätigkeit und einen Fragebogen, der eine sachliche Einschätzung der jeweiligen beobachteten Arbeitstätigkeit und einige persönliche Einschätzungen der Arbeitenden betrifft), die für die Beurteilung der Arbeitssituation wesentlich sind und die Interpretation der Lernpotenzen der Tätigkeit erleichtern.

Die Beurteilung der Lernmöglichkeiten von Arbeitstätigkeiten durch die Beschreibung von Tätigkeitseigenschaften übersieht, daß die Persönlichkeitsförderung und mit ihr Lernprozesse relationale Konstrukte sind. Die gleiche Tätigkeit kann für den einen zur Erweiterung seines beruflichen Wissens und Könnens führen, für einen anderen aber nicht, wenn dieser bereits über eine umfangreiche Qualifikation verfügt. Der Bezug auf Personen oder auf Qualifikationsstufen ist zusätzlich zur Kennzeichnung von Tätigkeitseigenschaften erforderlich.

4.3.1.4. Hilfsmittel zur Beschreibung von Kooperation und Kommunikation bei der Handlungsausführung

Auch für die Kennzeichnung von Kooperation und Kommunikation ist eine Liste von Gesichtspunkten hilfreich. Tab. 18 gibt ein Schema qualitativ unterschiedlicher Kooperations- und Kommunikationsformen an, das eine schnelle Beschreibung von Arbeitshandlungen ermöglicht. Nach ihm werden sowohl die aus den einzelnen Aufträgen resul-

Tab. 18: *Hilfsmittel zur Beschreibung von Kooperation und Kommunikation bei der Ausführung von Arbeitshandlungen (In den Zeilen können pro Auftrag die zutreffenden Kooperations- bzw. Kommunikationsformen angekreuzt werden. Bei vertikaler und horizontaler Kooperation sind Quantifizierungen durch die Angabe der Anzahl der Kooperationspartner möglich.)*

Kooperation und Kommunikation

Aufträge	ohne	Kommunikation im Raumverband möglich	vertikale Kooperation im Sinne von Anweisungen und Berichterstattung			horizontale Kooperation im Sinne der kooperativen Ausführung von Arbeitshandlungen		
			direkt	vermittelt	Anzahl der Partner	direkt	vermittelt	Anzahl der Partner
Auftrag 1 Auftrag 2 . . .								
Planung der Arbeitstätigkeit über die Arbeitsschicht								

Tab. 19: *Beschreibung der arbeitsbedingten Kooperation für die Handlungen eines Kohledispatchers (nach* TURZA *und* VÖLKEL *1979). (Die Planung der Arbeitstätigkeit über die Arbeitsschicht ist in der Kategorie „Produktionsvorbereitung" enthalten.)*

Aufträge	Ohne Kooperation und Kommunikation	Kommunikation im Raumverband möglich	Vertikale Kooperation			Horizontale Kooperation		
			direkt	vermittelt	Anzahl der Partner	direkt	vermittelt	Anzahl der Partner
Zugverschieckung				*x*	1		*x*	11
Periodische/ inhaltlich festgelegte Meldungen				*x*	1			
Kontrolle und Überwachung							*x*	9
Störungserfassung und -beseitigung				*x*	4		*x*	15
Verrechnung	*x*							
Produktionsvorbereitung				*x*	1		*x*	11

tierenden Arbeitshandlungen als auch die aus der Planung der Arbeitstätigkeit über die Schicht erforderlichen Kooperations- und Kommunikationsbedingungen beurteilt. Tab. 19 zeigt diese Beschreibung exemplarisch für die Tätigkeit eines Kohledispatchers, der zur Erledigung seiner Arbeitsaufträge in hohem Maße kooperativ tätig ist, die Kooperation mit seinen zahlreichen Partnern aber ausschließlich vermittelt über Kommunikationsmittel wie Wechselsprechanlage und Telefone erledigen muß.

4.3.1.5. Beschreibung der Möglichkeiten für die selbständige Planung der Arbeitstätigkeit

Aus den vorgestellten qualitativen Beschreibungen der Handlungsstrukturen wird nicht zwangsläufig erkennbar, ob und in welchem Maße Freiheitsgrade bestehen für die Planung der Arbeitstätigkeit insgesamt, d. h. für die Planung der Arbeitshandlungen über die Arbeitsschicht, und damit zusätzliche Möglichkeiten zu selbständigem Denken, also zu intellektueller Tätigkeitsregulation. Die nachträgliche Erfassung dieser Tätigkeitseigenschaft ist deshalb sinnvoll. Es bestehen zwei Ansatzpunkte, um zu solchen Beschreibungen zu kommen.

Zunächst können die Werktätigen selbst über den Grad der selbständigen Planbarkeit ihrer Arbeitstätigkeit Auskunft geben und sie sind während des Beobachtungsinterviews daraufhin zu befragen. Um der Gefahr der Verallgemeinerung einseitiger Angaben einzelner zu begegnen, empfiehlt es sich, die Befragungsergebnisse einzelner Personen anschließend in einer Gruppendiskussion in ein allgemeingültiges Kategorienschema zu transformieren und verschiedene Aspekte gegeneinander zu gewichten. In Tätigkeitsanalysen erhobene Beobachtungsdaten zur Abfolge der Arbeitshandlungen und Zeitmessungen liefern Objektivierungsmöglichkeiten für die in Gruppendiskussionen entwickelten Kategorien, und mit ihnen kann ausgewiesen werden, in welchem Umfang einzelne Varianten genutzt werden.

Generelle Gesichtspunkte, die zur Prüfung des Umfangs der Möglichkeiten, in dem Freiheitsgrade für die Planung der Arbeitshandlungen über der Schicht bestehen, sind:
— die Art der Abfolge der Arbeitshandlungen (regelmäßig vs. unregelmäßig);
— bei unregelmäßiger Abfolge sind die Gründe zu erfassen, insbesondere, ob sie vom Arbeitenden selbst abhängen oder ob sie sich aus dem Produktionsprozeß oder Anweisungen anderer ergeben;
— die Häufigkeit und der Zeitbedarf einzelner Arbeitshandlungen pro Schicht (konstant vs. variabel).

Interindividuell variable Anzahlen und interindividuell variabler Zeitbedarf einzelner Arbeitshandlungen pro Schicht können durch selbständige strategische Planung des Arbeitenden verursacht sein, z. B. können zahlreichere überprüfende Kontrollen Ausdruck einer störungsprophylaktischen Arbeitsweise sein, die Handlungen der Störungsbeseitigung vermindert. Mehr Kontrollen und weniger Störungsbeseitigungen bei einem Werktätigen zeigen deshalb eine bestimmte strategische Planung seiner Arbeitstätigkeit an.
— Das Vorkommen flexibler Arbeitsteilung zwischen den Menschen, das sich beispielsweise im Empfang und im Gewähren von Hilfeleistungen äußert.

Dabei ist festzustellen, ob das Inanspruchnehmen dieser Möglichkeiten durch die Arbeitenden selbst abgesprochen wird, also durch horizontale Kooperation erfolgt, oder ob es auf Anweisung des Vorgesetzten hin geschieht.

Tab. 20: *Schema zur Beschreibung der Möglichkeiten für selbständige Planungen der Arbeitshandlungen über die Arbeitsschicht*

Arbeitstätigkeit	Selbständige Planung der Abfolge	Selbständige Entscheidung über die Häufigkeit einzelner Arbeitshandlungen pro Schicht	Selbständige Entscheidung über den Zeitbedarf für die Durchführung einzelner Arbeitshandlungen pro Schicht	Flexible Arbeitsteilung zwischen den Menschen
	ja nein	ja nein bei wieviel Aufträgen von der Gesamtzahl der Aufträge möglich?	ja nein bei wieviel Aufträgen von der Gesamtzahl der Aufträge möglich?	ja selten nein

Eine Beschreibung der Möglichkeiten zu selbständiger Planung der Arbeitstätigkeit kann nach dem in Tab. 20 angegebenen Kategorienschema vorgenommen werden.

Ein zweiter Zugangsweg zum Identifizieren von Möglichkeiten zur Planung der Arbeitstätigkeit über die Schicht geht von der Analyse von Leistungsdaten, nämlich einer personenbezogenen Leistungsrangreihe aus, weil unterschiedliche Grade der kognitiven Tätigkeitsbewältigung die wichtigste Ursache für Leistungsunterschiede sind (vgl. HACKER, RÜHLE und SCHNEIDER 1976, RÜHLE, SCHNEIDER und HACKER 1979, QUAAS 1976, RÜHLE 1979). Die strategische Planung der Arbeitstätigkeit enthält in der Regel die meisten Freiheitsgrade, so daß sich hier Unterschiede in der kognitiven Durchdringung der Arbeitstätigkeit stärker auswirken können als bei einzelnen Arbeitshandlungen. Nicht in jedem Fall sind alle von einem Menschen beherrschten strategischen Varianten für die Durchführung einer Arbeitstätigkeit, beispielsweise ihrer unterschiedlichen Nutzungshäufigkeit wegen, voll bewußt und erfragbar.

Der gezielte Vergleich der Planung der Arbeitstätigkeit im Sinne der Abfolgeplanung einzelner Arbeitshandlungen über die Arbeitsschicht bei leistungsstarken und leistungsschwachen Personen kann Auskunft darüber geben, ob und wenn ja welche Möglichkeiten für die Planung der Arbeitstätigkeit bestehen. Eine sehr instruktive Demonstration dieses Vorgehens gibt RÜHLE (1979).

4.3.2. Analyse der Ausgefülltheit der Arbeitsschichten

Tätigkeitsanalyseergebnisse müssen über die erläuterte qualitative Beschreibung hinaus auch in quantitativer Hinsicht gekennzeichnet werden. Die anteilmäßige Zusammensetzung der Arbeitsschicht durch unterschiedliche Handlungsstrukturen ist entscheidend für eine psychologische Tätigkeitsbewertung und die Konzipierung von Gestaltungsmaßnahmen, denn es ist nicht nur wichtig, ob eine Tätigkeit beispielsweise Möglichkeiten für selbständige Entscheidungen, für Kooperation oder für die Abarbeitung automatisierter Operationen enthält, sondern es ist für die psychologische Tätigkeitsbewertung von großer Bedeutung, ob diese Möglichkeiten drei Minuten oder vielleicht vier Stunden pro Schicht bestehen. Die Zusammensetzung des Arbeitstages muß dargestellt werden. Und es gibt einen zweiten Grund für die Ermittlung der zeitlichen Ausgefülltheit der Arbeitsschichten. Resultate von Tätigkeitsanalysen sollen nicht nur eine psychologische Bewertung der Arbeitstätigkeiten zulassen, sondern auch eine Synthese zu Gestaltungsvorschlägen, die den bestehenden Iststand verbessern. Bei allen Gestaltungsmaßnahmen organisatorischer Art, nämlich der Arbeitsteilung und -kombination, ist der Bezug auf die zeitliche Erstreckung der Erfüllung der Arbeitsaufträge eine wesentliche Planungsgröße. Abb. 41—44 geben für unterschiedliche Tätigkeiten, nämlich für das Drahtbonden aus der Elektroindustrie, eine Dispatchertätigkeit aus dem Bereich der Kohleverteilung und für je eine Meßwarten- und Anlagenfahrertätigkeit aus der chemischen Industrie Übersichten über die zeitliche Ausgefülltheit der Arbeitsschichten, die nach psychischem Regulationsniveau, Vollständigkeit der Handlungsstrukturen und der Kooperation und Kommunikation differenzieren (Abb. 41, 42, 43, 44).

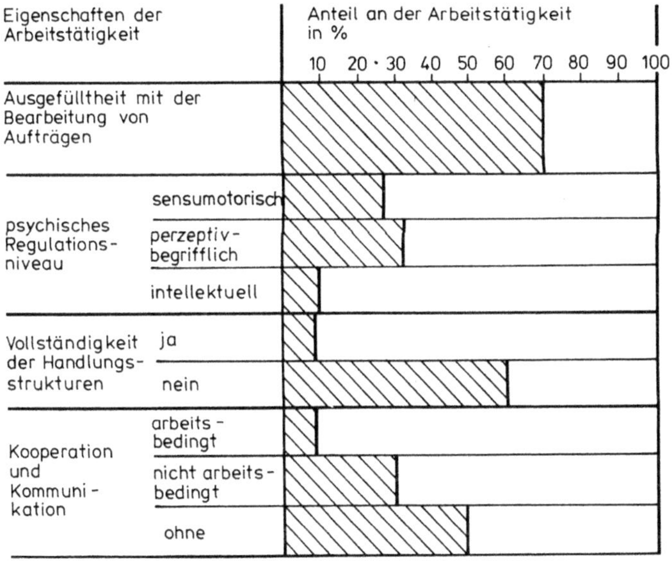

Abb. 41: Beispiel für die Darstellung der Ergebnisse von Tätigkeitsanalysen für die Tätigkeit des Drahtbondens (nach RICHTER und RICHTER 1975).

Die zeitlichen Anteile basieren auf der qualitativen Beschreibung der Arbeitshandlungen, die sich auf die Bearbeitung der in der Arbeitstätigkeit zu bewältigenden Arbeitsaufträge beziehen, und sind durch Aufsummierung der Zeitanteile entstanden, die auf gleiche qualitative Kategorien entfallen. Wesentliche Eigenschaften von Arbeitstätigkeiten gehen aus solchen Profildarstellungen hervor. Die Ausgefülltheit der Arbeitsschicht gibt an, in wieviel Prozent der Arbeitszeit der Mensch aktiv sein muß, welcher Umfang der Arbeitsschicht ihn fördern und anstrengen kann. Die Differenz zu 100% entfällt auf die Kategorien t, t_{Vu}, t_{Va}, und der große Anteil bei den Beispielen aus der chemischen Industrie ist Bereitschaftszeit, also ein Warten auf eventuell eintretende Ereignisse, die Arbeitshandlungen erfordern können, das aber selbst von Arbeitshandlungen frei ist, deshalb auch das Wissen und Können des Menschen nicht herausfordert, ihn nicht anstrengt, sondern bei großer zeitlicher Ausdehnung unterfordert.

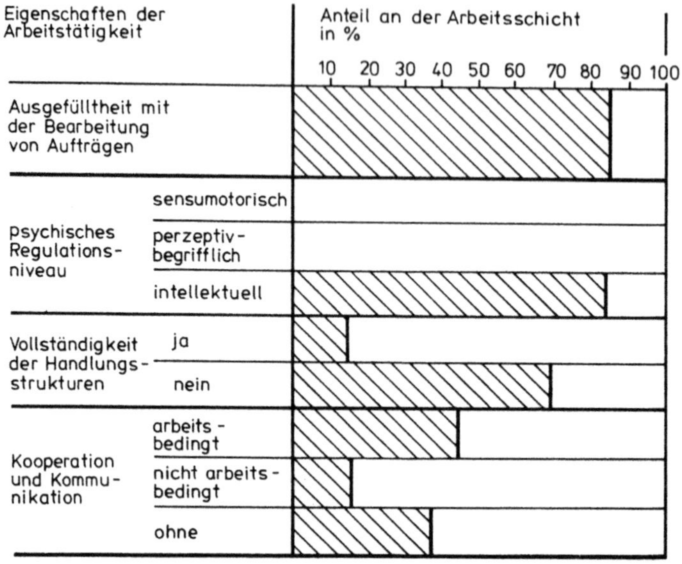

Abb. 42: Beispiel für die Darstellung der Ergebnisse von Tätigkeitsanalysen für die Tätigkeit eines Kohledispatchers (nach TURZA und VÖLKEL 1979).

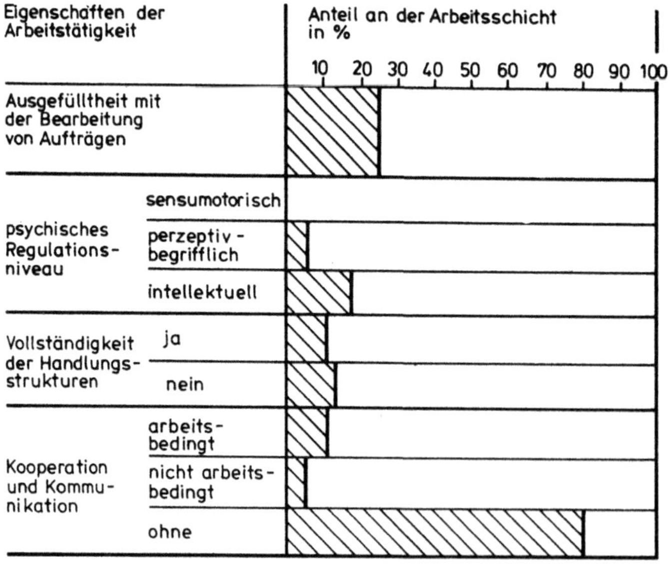

Abb. 43: Beispiel für die Darstellung der Ergebnisse von Tätigkeitsanalysen für einen Arbeitsplatz in einer Meßwarte (nach DÄHN und SONNENBERG 1980).

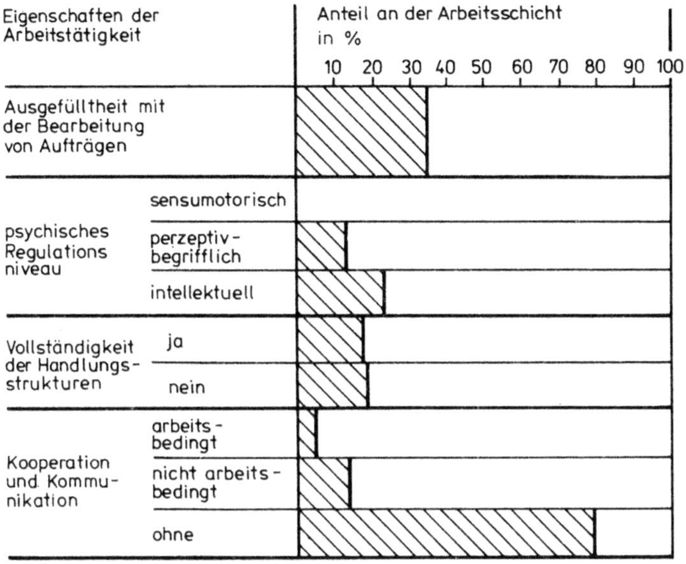

Abb. 44: Beispiel für die Darstellung der Ergebnisse von Tätigkeitsanalysen für den Arbeitsplatz eines Anlagenfahrers in der chemischen Industrie (nach FRIEBEL und THIEDE 1980).

Die übrigen Kategorien erleichtern Bewertungen der Arbeitstätigkeit hinsichtlich ihrer Beeinträchtigungsfreiheit und Persönlichkeitsförderung. Das Gestaltungsanliegen entscheidet über die Differenziertheit der Darstellung von Tätigkeitsanalysedaten. Die in den Abbildungen demonstrierten Beispiele geben eine Übersicht, die in zusätzlichen Auswertungen differenziert werden kann. Fortsetzungen von psychologischen Tätigkeitsanalysen erfolgen in Form eines hypothesengeleiteten Erkenntnisprozesses, der, ausgehend von Bewertungs- und Gestaltungszielen, nach relevanten Eigenschaften von Arbeitsaufträgen fragt. Besteht beispielsweise die Absicht, für die Tätigkeit des Kohledispatchers zu prüfen, ob der hohe Anteil intellektueller Handlungsregulation besonders reiche Potenzen für eine Fähigkeitsentwicklung bietet, weil eventuell umfangreiche Möglichkeiten für eine selbständige Handlungsplanung bestehen, oder ob Überforderungen durch die Schwierigkeit dieser Arbeitshandlungen, durch hohe Antizipationserfordernisse und umfangreiche Informationsintegrationen oder vielleicht nur durch zeitliche Dichte von jeweils einfachen Arbeitshandlungen bedingt sind, so muß in einem solchen Fall die Analyse hinsichtlich der Kategorie der intellektuellen Handlungsregulation fortgesetzt werden und hier zu Differenzierungen führen. Die Voraussetzung dazu bieten die in der Auftragsanalyse vorgenommene Strukturbeschreibung der Arbeitsaufträge und die mit Hilfe des Beobachtungsinterviews während der Tätigkeitsanalyse erfolgten qualitativen Beschreibungen der Arbeitshandlungen. Im Beispiel kommt es darauf an, Freiheitsgrade der Arbeitshandlungen auftragsbezogen zu kennzeichnen, um die Art der intellektuellen Handlungsregulation nach selbständigen Handlungsplanungen und einer nur denkenden Abarbeitung von algorithmischen Handlungsvorschriften zu unterscheiden. Abb. 45 enthält die Resultate einer solche Zusatzauswertung und gibt wieder eine quantitative Kennzeichnung der qualitativen Teilkategorien in Form von

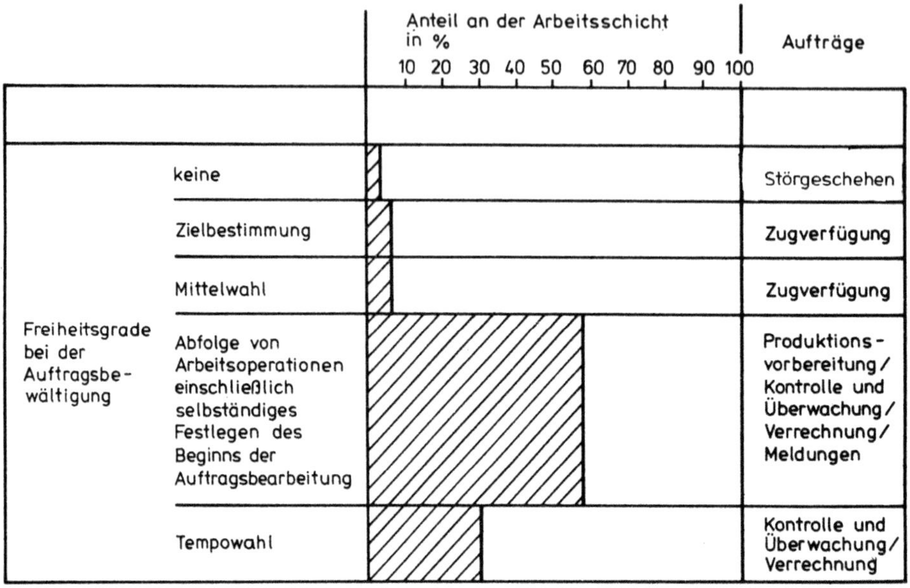

Abb. 45: Kennzeichnung der zeitlichen Anteile der Arbeitsschicht des Kohledispatchers, die auf Arbeitshandlungen mit unterschiedlichen Freiheitsgraden entfallen (Arbeitshandlungen für einzelne Aufträge können mehrere Freiheitsgrade enthalten und sind dann mehrfach berücksichtigt, siehe rechte Spalte).

Zeitanteilen pro Arbeitsschicht. An Hand dieses Beispiels wäre für die aufgeworfene Frage zu schlußfolgern, daß die Möglichkeiten für eine Fähigkeitsentwicklung nicht so umfangreich sind, weil selbständige Handlungsplanungen in Form von Ziel- und Wegfestlegungen sich auf einen Arbeitsauftrag beschränken, dessen Bearbeitung etwa nur 7% der Schichtzeit in Anspruch nimmt. Der hohe Anteil der Arbeitszeit, der auf Handlungen mit geringen Freiheitsgraden entfällt, nämlich auf solche, die nur Wahlmöglichkeiten für die Abfolge von Arbeitshandlungen und -operationen und das Tempo haben, läßt weiter die Schlußfolgerung zu, daß Überforderungen aufgrund zu hoher Antizipations- und Planungserfordernisse unwahrscheinlich sind.

Was läßt sich aus diesem exemplarisch angedeuteten Vorgehen der Auswertung tätigkeitsanalytischer Daten verallgemeinernd ableiten?

1. Bewertungsziel und Gestaltungsanliegen bedingen die Differenziertheit der Auswertung tätigkeitsanalytischer Daten.
2. Die Auswertung tätigkeitsanalytischer Daten erfolgt in Form eines hypothesengeleiteten Erkenntnisprozesses. Hypothesen werden abgeleitet aus dem Bewertungsziel und Gestaltungsanliegen, indem Annahmen über die Beschaffenheit der Arbeitshandlungen für unterschiedliche Bewertungsaussagen gemacht und diese auf der Grundlage der Theorie der psychischen Handlungsregulation begründet werden.
3. Die Prüfung der Hypothesen erfordert es, eine qualitative, auf Struktureigenschaften der Handlungsregulation Bezug nehmende Beschreibung der Arbeitshandlungen zu leisten und für qualitativ unterschiedliche Kategorien den zeitlichen Anteil an der Arbeitsschicht auszuweisen, weil Auswirkungen der Arbeitstätigkeit auf den Menschen nicht nur

von der Art und Anzahl der in einer Arbeitstätigkeit zu bewältigenden Arbeitshandlungen, sondern wesentlich von deren zeitlichem Umfang abhängen.

Eine Verdichtung von Daten über die Ausgefülltheit der Arbeitsschicht, die Vergleiche unterschiedlicher Tätigkeiten und die Kontrolle von Arbeitsgestaltungsmaßnahmen erleichtert, kann über Gliederungszahlen erfolgen, die die Zeit für unterschiedliche Arbeitshandlungen auf die Gesamtzeit der Arbeitsschicht beziehen. Folgende Gliederungszahlen sind sinnvoll:

$$G_1 = \frac{\text{produktive Zeit (= Abarbeiten von Arbeitsaufträgen)}}{\text{Gesamtarbeitszeit}}$$

$$G_2 = \frac{\text{Zeit für intellektuell regulierte Arbeitshandlungen}}{\text{Gesamtarbeitszeit}}$$

$$G_3 = \frac{\text{Zeit für perzeptiv-begrifflich regulierte Arbeitshandlungen}}{\text{Gesamtarbeitszeit}}$$

$$G_4 = \frac{\text{Zeit für sensumotorisch regulierte Arbeitshandlungen}}{\text{Gesamtarbeitszeit}}$$

$$G_5 = \frac{\text{Zeit für vollständige Handlungsstrukturen}}{\text{Gesamtarbeitszeit}}$$

$$G_6 = \frac{\text{Zeit für unvollständige Handlungsstrukturen}}{\text{Gesamtarbeitszeit}}$$

$$G_7 = \frac{\text{Zeit für kooperative Handlungsvollzüge}}{\text{Gesamtarbeitszeit}}$$

Sie können selbstverständlich anliegenspezifisch um weitere Gliederungszahlen ergänzt werden, die zusätzliche Merkmale der Arbeitstätigkeit abbilden.

4.3.3. Tätigkeitsverlaufsanalysen

Zu Beginn diesen Kapitels wurde begründet, daß für die Bewertung der Beeinträchtigungsfreiheit Verlaufsanalysen der Tätigkeiten hilfreich sind. Sie setzen voraus, daß der Anfall der Arbeitsaufträge invariant ist und demzufolge Variationen in der Arbeitstätigkeit und ihren Resultaten durch den Menschen, durch Veränderungen bei ihm erklärt werden können. Diese Voraussetzungen sind bei Arbeitstätigkeiten mit relativ hohem Wiederholungsgrad der Aufträge gegeben. Verlaufsanalysen zweierlei Art sind dann möglich und sinnvoll:

1. Verlaufsanalysen der qualitativen Zusammensetzung der Arbeitstätigkeit

Veränderungen in der Zusammensetzung der Arbeitstätigkeit können auf die Existenz kompensatorischer Mechanismen bei der Beanspruchungsregulation hinweisen und zusammen mit anderen Verfahren helfen, Phasen der Ermüdung zu identifizieren (P. Richter, 1981). Plath (1973) weist darauf hin, daß Übergänge von einer vorwiegend antizipativen zu einer vorwiegend reaktiven Arbeitsweise als Belastungswirkung zu interpretieren sind.

2. Verlaufsanalysen der Arbeitsleistung

Mit auftragsbezogenen Verlaufsanalysen der Arbeitsleistung über der Schicht können belastungsbedingte Minderungen der Leistungsvoraussetzungen identifiziert werden, und es wird möglich anzugeben, welche Leistungsvoraussetzungen davon betroffen sind.

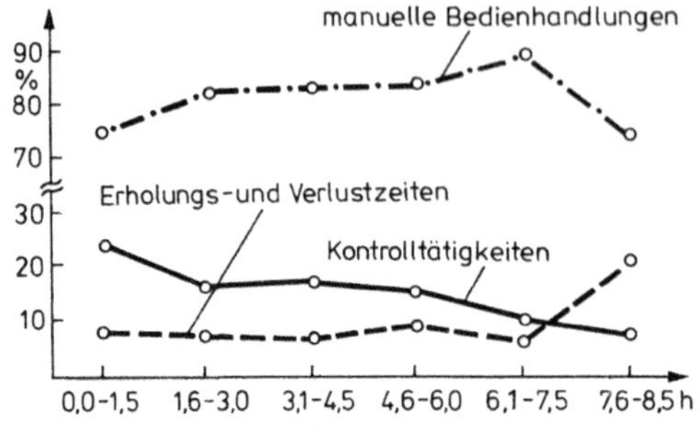

Abb. 46: Prozentuale Zeitanteile für manuelle Bedienhandlungen, Kontrolltätigkeiten sowie Erholungs- und Verlustzeiten bei einer Mehrstellenarbeit (PLATH 1973).

Für die Synthese dieser Analyseergebnisse in Gestaltungsmaßnahmen ist über das Aufweisen der Existenz von Belastungen hinaus die Kennzeichnung ihrer Art und Ursachen von Bedeutung.

Beide Arten von Verlaufsanalysen werden nur exemplarisch demonstriert.

Abb. 46 enthält Analyseergebnisse von PLATH (1973) bei einer Mehrstellenarbeit. Die für Kontrolltätigkeiten aufgewendete Zeit wird während des Schichtverlaufs immer geringer, ohne daß Kontroll- und Überwachungstätigkeiten weniger notwendig werden. Manuelle Bedienhandlungen nehmen anteilmäßig zu, da weniger zeitaufwendige prophylaktische Maßnahmen auf Grund der reduzierten Kontrolltätigkeit zunehmend unterbleiben. PLATH schlußfolgert: „Dies bedingt ein offensichtlich aufwendiges Tätigsein nach Anfall, das vermutlich nach nicht mehr voll erreichbarer Kompensation der Leistungsminderung zu einem enormen Anstieg der Erholungs- und Verlustzeiten führt."

Leistungsverlaufsanalysen können anhand von Mengen-, Zeit- und/oder Qualitätsparametern durchgeführt werden. Über den Schichtverlauf konstant bleibende oder leicht ansteigende Leistungen weisen auf Beeinträchtigungsfreiheit der Arbeitstätigkeit hin. Absinkende Leistungen bei konstantem Anfall von Arbeitsaufträgen können auf belastungsbedingte Beeinträchtigungen der Leistungsvoraussetzungen hinweisen. Schlüssige Belege bedürfen der Analyse zusätzlicher Indikatoren. Abb. 47 enthält die Verteilung von Fehlhandlungen beim Drahtbonden über die Schichtzeit von RICHTER und RICHTER (1975). Die Zunahme der Fehlhandlungen weist auf Belastungen hin. Durch

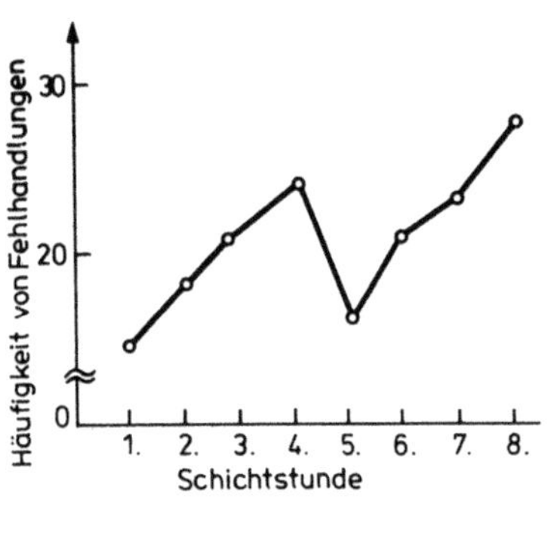

Abb. 47: Verlauf der Häufigkeit von Fehlhandlungen in der Schicht beim Drahtbonden (nach RICHTER und RICHTER 1975).

die Auswertung zusätzlicher Indikatoren kann dieser Hinweis überprüft werden. Im Beispielsfall haben die Bearbeiter Veränderungen weiterer tätigkeitsanalytischer Daten, denen entsprechend einer Analyse des Drahtbondens Indikatorwert für die Belastung zukommt, über den Schichtverlauf untersucht. Von acht ausgewählten Indikatoren (Häufigkeit von Fehlhandlungen, Kennzeichen physischer Belastung, Häufigkeiten von Merkmalen der Arbeitsweise, die auf Veränderungen der Aufmerksamkeit hinweisen, sowie mehrerer Merkmale der zeitlichen Zusammensetzung der Arbeitstätigkeit) weisen fünf Veränderungen auf, die im Sinne von Belastungen durch die Arbeit interpretiert werden können. Eine zusammenfassende Darstellung solcher tätigkeitsanalytischer Daten ist sinnvoll und erleichtert die Interpretation, denn jeder einzelne Indikator ist höchstens ein Hinweis, niemals ein Beweis. Abb. 48 zeigt die Zusammenfassung, die RICHTER und RICHTER für das Drahtbonden vorgenommen haben. Die verschiedenen Indikatoren sind gleichgewichtig berücksichtigt. Tätigkeitsanalytische Daten weisen hier auf arbeitsbedingte Belastung hin.

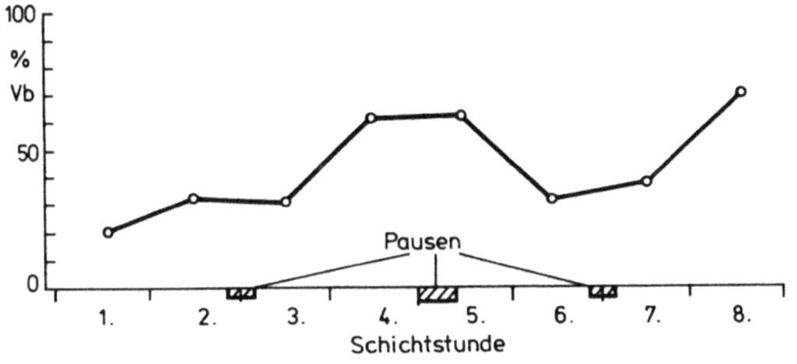

Abb. 48: Mittlere Veränderung der Indikatoren für die Belastung während der Schicht beim Drahtbonden (RICHTER und RICHTER 1975).

Verallgemeinernd ist folgendes Vorgehen zu empfehlen, wenn Tätigkeitsverlaufsanalysen angestrebt werden:

1. Prüfung der Anwendbarkeit von Tätigkeitsverlaufsanalysen

Im Gegensatz zu anderen Auswertungen sind Tätigkeitsverlaufsanalysen nicht überall möglich. Die Schwierigkeit ihrer Durchführung besteht darin, daß häufig viele Ursachen für die Variation der Arbeitstätigkeit und ihrer Leistungen existieren und nur einige von diesen zum Analyseziel Bezug haben, nämlich auf belastungsbedingte Veränderungen der Leistungsvoraussetzungen zurückzuführen sind. Tätigkeitsverlaufsanalysen mit dem Ziel der Ermittlung arbeitsbedingter Belastung sind nur sinnvoll, wenn vom Menschen unabhängige Variationsursachen entweder nicht vorhanden sind, oder wenn bei begrenzter und überschaubarer Menge von Variationsursachen diese kontrollierbar und durch entsprechende quasi-experimentelle Auswertungspläne prüfbar sind. Bei Tätigkeiten mit sehr unregelmäßigem Anfall von Arbeitsaufträgen oder bei solchen mit sehr vielen Freiheitsgraden für die Tätigkeitsplanung können Tätigkeitsverlaufsanalysen mit überschaubarem Analyseaufwand nicht durchgeführt werden.

2. Begründung von Indikatoren

Sie erfolgt als am Untersuchungsziel orientierte Ableitung von Hypothesen. Die Analyse der Arbeitstätigkeit ermöglicht auf dem Hintergrund der Theorie der psychischen

Tätigkeitsregulation die Begründung von Tätigkeitsmerkmalen und Leistungsdaten, deren Veränderung belastungsbedingt sein kann. Voraussagen über den Verlauf dieser Veränderungen im Falle des Vorliegens und im Falle des Nichtvorliegens von Belastungen sind möglich und können geprüft werden.

3. Statistische Überprüfung

Die einzelnen Indikatoren werden über den Schichtverlauf dargestellt. Zunächst wird für jeden Indikator geprüft, ob Veränderungen vorliegen und ob sie statistisch signifikant sind. Anschließend wird festgestellt, ob die Veränderungen mehrerer Indikatoren in die gleiche Richtung weisen; wenn dies der Fall ist, ist eine zusammenfassende Darstellung vorzunehmen. Interpretationen basieren auf gleichsinnigen Veränderungen mehrerer Indikatoren.

4.3.4. Leistungsanalyse

Im Rahmen von Tätigkeitsanalysen ist die Erfassung von Leistungen weitaus differenzierter möglich als bei der Analyse betrieblicher Leistungsdaten. Differenzierte Leistungsanalysen sind der methodische Zugang zu Problemen der kognitiven Ausführbarkeit. Mit ihnen kann ermittelt werden, bei welchen Aufträgen die Bearbeitung unzuverlässig gelingt und welche Bedingungen die Bearbeitung von Aufträgen so beeinträchtigen, daß ihre Ausführung nicht immer forderungsgerecht erfolgen kann. Daß Ausführbarkeitsprobleme bei Arbeitstätigkeiten in der Industrie trotz deren längerer Ausführung existieren, beweisen die zum Teil hohen Fehlerquoten. Bei der Fertigung elektronischer Bauteile ist der Anteil an Produkten, die Nacharbeit erfordern oder Ausschuß sind, größer als der Anteil fehlerfreier (vgl. P. Richter 1973). Ausführbarkeitsprobleme sind mit Leistungsanalysen zu identifizieren, die Leistungsdaten, insbesondere die Qualität der Handlungsresultate kennzeichnende, gruppieren und aus Häufungen mangelhafter Resultate auf die sie verursachenden Bedingungen schließen. Fehlleistungen sind der Ausgangspunkt der Analyse, die in drei Formen durchgeführt werden kann:

1. Als auftragsbezogene Leistungsanalyse, d. h., die Erfassung von Leistungsparametern erfolgt pro Arbeitsauftrag und nicht wie überwiegend in betrieblichen Statistiken pro Arbeitstätigkeit. Die Kenntnis der Auftragsstrukturen ermöglicht es, Häufungen von Fehlleistungen den sie verursachenden psychischen Regulationsvorgängen zuzuordnen und daraus entweder unmittelbar Maßnahmen zur Beseitigung von Ausführbarkeitseinschränkungen oder differenzierte Hypothesen für produktionsexperimentell zu überprüfende Ursachen von ihnen abzuleiten.
2. Als bedingungsbezogene Leistungsanalyse, d. h., Leistungsdaten von der Bearbeitung gleicher Aufträge werden entsprechend den Bedingungen gruppiert, unter denen die Auftragsbewältigung erfolgt. Fehlerhäufungen können auf die Ausführbarkeit einschränkende Bedingungen hinweisen, und aus der Kenntnis der Auftragsstruktur können die Folgen dieser Bedingungen für die Regulation der Arbeitshandlungen erschlossen und damit die Ausführbarkeit herstellende Maßnahmen besser begründet werden.
3. Als Analyse von Fehlerkategorien

Arbeitshandlungen können auf verschiedene Weise fehlerhaft sein. Unterschiedliche Fehler gestatten Rückschlüsse auf die Art der sie verursachenden Fehlregulationen und ermöglichen damit die Begründung von Maßnahmen zur Fehlerverminderung.

Diese drei Formen der Leistungsanalyse werden nun exemplarisch kurz vorgestellt.

Eine auftragsbezogene Leistungsanalyse führte FECHNER (1976) für Anlagenfahrer in der chemischen Industrie durch. Einschränkungen der kognitiven Ausführbarkeit aufgrund unvollständiger und fehlerhafter mentaler Repräsentationen waren das vermutete Problem, und es galt, die Arbeitshandlungen zu identifizieren, für die diese Vermutung zutraf. In der Auftragsanalyse wurden die sechs folgenden Auftragstypen als Bestandteil der Arbeitstätigkeit ermittelt:

1. Die Bewältigung von Aufträgen erfordert das Abrufen einer festen Operationsfolge aus dem Gedächtnis. Die Anzahl der Operationen reicht von 3 bis 6. Das betrifft beispielsweise die in festem Zeitrhythmus vorgesehene Zugabe bestimmter Stoffe.
2. Die Aufträge verlangen das Abrufen einer festen Operationsfolge aus dem Gedächtnis, wobei die Anzahl der Operationen größer als 6 ist und bis 15 reicht.
3. Die Aufträge erfordern das Abrufen einer festen Operationenfolge aus dem Gedächtnis und zusätzlich eine Alternativentscheidung. Das Durchführen einfacher Proben ist ein Beispiel.
4. Die Aufträge bestehen in einfachen Kontroll- und Regulationsaufgaben, bei denen die Größe eines Eingriffs von der Ausprägung eines Signals abhängt.
5. Die Aufträge bestehen in Kontroll- und Regulationsaufgaben, bei denen 2 bis 4 Parameter mit Hilfe von 1 bis 3 Eingriffsmöglichkeiten, die zum Teil voneinander abhängig sind, innerhalb des Sollbereichs gehalten werden.
6. Die Aufträge beinhalten komplexe Kontroll- und Regulationsaufgaben, bei denen das Einhalten der Sollwertgrenzen für mehr als 3 zum Teil korrelierende Parameter gefordert ist und mehr als 3 zum Teil voneinander abhängige Eingriffsmöglichkeiten bestehen.

Es galt, diesen Aufträgen Leistungen zuzuordnen. Das ist bei Prozeßsteuerungen in der chemischen Industrie durch Tätigkeitsanalysen bei normalem Produktionsprozeß nur schwer möglich, weil Leistungsdaten hier nur mit großem Aufwand personen- und auftragsbezogen registrierbar sind. Im Beispielsfall wurde deshalb als Analysemittel die Simulation von Aufträgen gewählt. Mit Hilfe von Schichtprotokollen und von Abbildungen der Anzeigen und Bedienteile wurden mehrere Aufträge für alle 6 Typen simuliert, die Werktätigen mit der Aufforderung, die erforderlichen Maßnahmen genau anzugeben, vorgelegt wurden. Die Angemessenheit und Vollständigkeit der Maßnahmen wurde mit Hilfe von Experten bewertet. Die Bearbeitung simulierter Aufträge ist ohne Zweifel schwieriger, weil Kontextinformation in geringerem Umfang genutzt werden kann und weil die im normalen Arbeitsprozeß gegebene Möglichkeit entfällt, nicht angemessene Maßnahmen durch nachfolgendes Eingreifen zu korrigieren. Es ist deshalb zu erwarten, daß das Fehlerniveau bei der Beurteilung simulierter Aufträge höher liegt. Für das interessierende Anliegen der Lokalisierung von Aufträgen mit Ausführbarkeitsproblemen ist dies jedoch nicht kritisch, weil die Relationen der Fehler zwischen den Aufträgen dafür die Grundlage sind und diese erhalten bleiben dürften. Abb. 49 zeigt für das Beispiel die Resultate.

Die Bearbeitung von Aufträgen, die das sequentielle Abarbeiten von Operationen betreffen, wird vollständig beherrscht, unabhängig davon, ob die Anzahl dieser Operationen größer oder geringer ist. Eine monotone Verschlechterung des Anteils richtiger

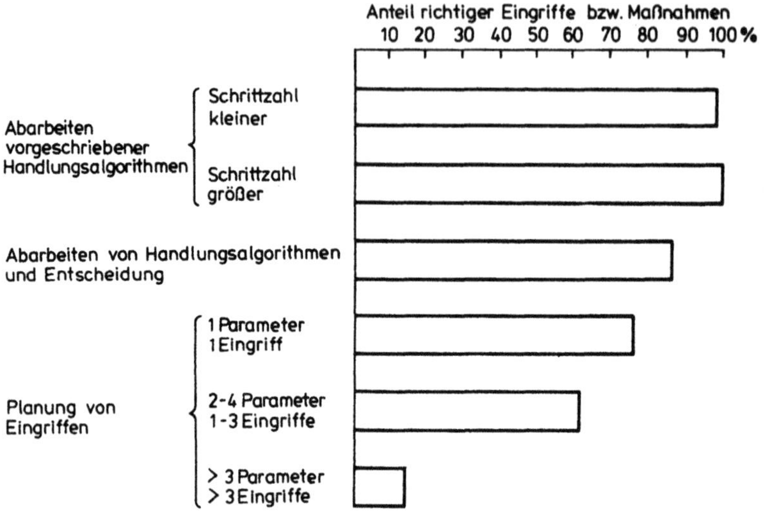

Abb. 49: Anteil richtiger Eingriffe bzw. Maßnahmen bei unterschiedlich komplexen Arbeitsaufträgen (Ergebnisse von simulierten Arbeitsaufträgen).

Maßnahmenzuordnungen ist bei zunehmender Komplexität der Aufträge ablesbar (s. Aufträge 4 bis 6).

Arbeitsaufträge mit eingeschränkter kognitiver Ausführbarkeit sind identifiziert. Es sind solche, die eine Dosierung von Eingriffen in Abhängigkeit von der Ausprägung mehrerer Parameter verlangen. Im Beipielsfall konnte durch weitere Analysen gezeigt werden, in welcher Weise interne Repräsentationen der Werktätigen über die Signal-Eingriffsbeziehungen von den objektiven Beziehungen abweichen, und damit sind Einschränkungen der kognitiven Ausführbarkeit nicht nur lokalisiert, sondern auch qualitativ beschrieben (vgl. MATERN 1976).

Dort, wo gleiche Aufträge unter unterschiedlichen Bedingungen zu bewältigen sind, können diese die Ausführbarkeit beeinflussen, sie ermöglichen oder auch einschränken. Eine bedingungsbezogene Leistungsanalyse kann kritische Gegebenheiten identifizieren.

SCHOTTE (1977) führte bedingungsbezogene Leistungsanalysen im Zusammenhang mit Vergleichsuntersuchungen zum Arbeiten mit Mikrofilmlesegeräten durch und maß die Fehlerzahl für das Lesen konstanter Informationsumfänge bei unterschiedlicher Beleuchtungsstärke der Umgebung und positiven und negativen Mikrofiches (s. Abb. 50). Leistungsunterschiede bei der Bewältigung identischer Arbeitsaufträge werden deutlich und sind statistisch gesichert. Die höheren Fehlerquoten bei hoher Beleuchtungsstärke und bei positiven Mikrofiches sind im Beispielsfall auf Blendungserscheinungen zurückzuführen, also auf eine Behinderung der Wahrnehmung. Damit sind Ausführbarkeitseinschränkungen gekennzeichnet.

Die Analyse von Fehlerkategorien wird vor allem dann zusätzliche Aufschlüsse geben, wenn unterschiedliche Fehlermöglichkeiten bestehen und somit von den Fehlerarten auf die sie verursachenden fehlerhaften Handlungen geschlossen werden kann. Auch das ist ein Weg zum Identifizieren von Einschränkungen der Ausführbarkeit. Ist die am

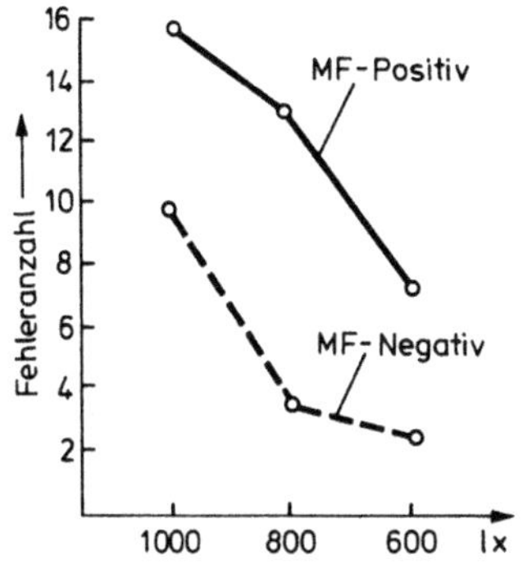

Abb. 50: Durchschnittliche Fehleranzahl pro Versuchsperson beim Lesen von Mikrofiches in Abhängigkeit von der Beleuchtungsstärke der Umgebung und der Mikrofiche-Art [Positiv bzw. Negativ] (SCHOTTE 1977).

meisten fehlerverursachende Teilhandlung gekennzeichnet, so sind Maßnahmen zu ihrer Veränderung leicht abzuleiten.

RICHTER und RICHTER (1975) nahmen eine Fehleranalyse beim Drahtbonden vor. Die Verteilung der Fehler auf die einzelnen Kategorien ist sehr unterschiedlich und weist Schwerpunkte aus (s. Abb. 51). Die Ursachen der häufigsten Fehler können bezeichnet

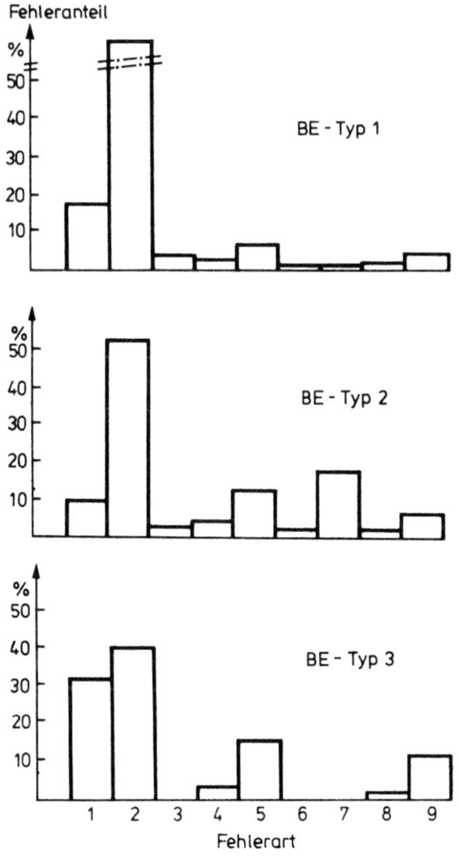

Abb. 51: Prozentualer Anteil der Fehlerarten an der Gesamtzahl der Fehler beim Drahtbonden von 3 Bauelementtypen (nach RICHTER und RICHTER 1975, vereinfacht).

werden. Der Fehler 2 ist auf Unvorsichtigkeiten beim Manipulieren mit der Pinzette unter dem Mikroskop, Fehler 1 auf Verkantungen der Bauelemente beim Aufnehmen zurückzuführen. Durch andere Teilhandlungen oder kognitive Leistungen verursachte Fehler, z. B. solche, die auf ungenügende Kenntnisse von Bauelemententyp und Bondschema zurückgehen — Fehler 8 —, oder Fehler im Umgang mit dem Arbeitsmittel, wie beispielsweise ein zu flaches Einstellen der Manipulierhöhe — Fehler 6 —, sind um ein Vielfaches geringer und haben an den Qualitätsproblemen nur geringen Anteil.

Die Ausführbarkeit der Arbeitstätigkeit ist in diesem Fall durch Probleme bei der sensumotorischen Feinregulation der Arbeitsbewegungen eingeschränkt.

4.4. Psychologische Tätigkeitsbewertung mit Hilfe von Tätigkeitsanalysen

Zu Beginn dieses Kapitels wurde zum Ausdruck gebracht, daß Tätigkeitsanalysen differenziertere Bewertungen von Tätigkeiten ermöglichen als Auftragsanalysen. Es soll nun auf die Frage eingegangen werden, wo und in welcher Weise die Ergebnisse von Tätigkeitsanalysen über die von Auftragsanalysen hinausgehen. Die Beantwortung dieser Frage ist nach Bewertungsebenen gegliedert.

Eine Bewertung von Arbeitstätigkeiten im Hinblick auf ihre kognitive Ausführbarkeit ist exakt nur mit Tätigkeitsanalysen möglich, weil fehlende Bewertungsmaßstäbe hier nur durch auftragsbezogene Leistungsanalysen ersetzbar sind. Höchstens in Ausnahmefällen dürften Einschränkungen der kognitiven Ausführbarkeit mit Hilfe von Auftragsanalysen abschätzbar sein, nämlich nur dann, wenn aus diesen solche Überforderungen der menschlichen Informationsaufnahme und -bearbeitungskapazität deduzierbar sind, für die im Groben die Größenordnung menschlicher Grenzwerte bekannt ist (vgl. Hacker 1980). Auch Befragungsmethoden sind für dieses Problem nur von begrenztem Wert, weil unvollkommen beherrschte Handlungsprogramme nur schwer verbalisierbar sind und in der Regel mit einem unvollständigen Abbild der Auftragsstruktur kovariieren, so daß erfragte Daten lückenhaft bleiben.

Es ist nützlich, auftragsbezogene Leistungsanalysen durch auftragsbezogene Erlebensanalysen zu ergänzen, mindestens in dem Sinne, daß eine skalierte Erfassung der erlebten Schwierigkeit und Beanspruchung vorgenommen wird.

Die Bewertung der kognitiven Ausführbarkeit wird ein immer dringenderes Problem, weil mit wachsendem Automatisierungsgrad die Bedeutung zuverlässiger menschlicher Arbeitshandlungen wächst, gleichzeitig aber in dieser Industrie Möglichkeiten für das Erlernen der Arbeitshandlungen geringer sind, denn der Wiederholungsgrad vieler Arbeitshandlungen ist gering, einige sind im Berufsleben seltene Ereignisse. Schließlich hat der Anteil der Werktätigen, die in dieser Industrie arbeiten, von 1974 bis 1977 um 24% zugenommen (Autorenkollektiv 1980) und diese Tendenz wird mit dem Einzug der Mikroelektronik in die Industrie erhalten bleiben.

Die auftragsbezogene Leistungsanalyse ist ein unverzichtbarer Schritt, um aus der Analyse von Einschränkungen der kognitiven Ausführbarkeit korrektive Maßnahmen zu planen (Qualifizierung, Training, Antihavarietraining oder auf die Verteilung der Arbeit an die Menschen bezogene Maßnahmen), denn die Mitwirkung von Psychologen bei der Projektierung von Technologien und Anlagen ist derzeit der Ausnahmezustand.

Was leistet die Tätigkeitsanalyse für die Bewertung der kognitiven Ausführbarkeit?

1. Sie leistet eine Problemeingrenzung. Für uneffektive Tätigkeiten kann mit ihrer Hilfe identifiziert werden, welche Arbeitshandlungen Leistungsmängel und/oder eine Fehlbeanspruchung verursachen.

2. Die auftragsbezogene Leistungsanalyse ermöglicht zusammen mit der Beschreibung der Handlungsstrukturen und der psychischen Regulation eine Erklärung für uneffektive Arbeitshandlungen und hilft somit Maßnahmen zur Veränderung vorzubereiten. Für die Bewertung von Arbeitstätigkeiten in Bezug auf die Beeinträchtigungsfreiheit ergänzen und präzisieren Tätigkeitsanalysen aus Auftragsanalysen ableitbare Schlußfolgerungen. Die Analyse der Ausgefülltheit der Arbeitsschichten weist klarer als im Rahmen der Auftragsanalyse abgeschätzte Zeitanteile aus, welcher Anteil der Arbeitszeit auf Monotonie begünstigende, belastende oder durch die Abfolge der Arbeitshandlungen entlastende Arbeitshandlungen usw. entfällt. Außerdem sind aus der Beschreibung von Auftragsstrukturen zwar die Potenzen für das Eintreten von Beeinträchtigungen abschätzbar, doch insbesondere bei komplexen Aufträgen können aus Freiheitsgraden für die Zielpräzisierung und Verfahrenswahl unterschiedliche Arbeitshandlungen resultieren, die zu verschiedenen Arten und Intensitäten von Beanspruchungen führen können.

Gleiche Arbeitsaufträge können unterschiedliche Auswirkungen auf die Menschen haben. Personenspezifische Auswirkungen sind jedoch mit Auftragsanalysen nicht abschätzbar. Ein Weg zu ihrer Ermittlung sind Tätigkeitsanalysen.

Was leisten sie für die Bewertung der Beeinträchtigungsfreiheit?

1. Sie können durch Tätigkeitsverlaufs- und, wenn möglich, Leistungsverlaufsanalysen den Zeitpunkt des Eintretens von Beeinträchtigungen bestimmen. Das leisten Befragungsverfahren nicht oder nur sehr unzuverlässig.

2. Sie ermöglichen durch die Parallelität

— der Beschreibung der Handlungsstrukturen,
— der Analyse der Ausgefülltheit der Arbeitsschichten,
— von Tätigkeitsverlaufsanalysen und
— eventuell von Leistungsverlaufsanalysen Erklärungen von Beeinträchtigungen und gestatten deshalb leichter als Befragungs- und/oder physiologische Daten allein, die lediglich Auswirkungen von Beeinträchtigungen auf den Menschen nach Art und Intensität unterscheiden, ausgehend von Bewertungen die Planung von Gestaltungsmaßnahmen.

Für die Bewertung der Persönlichkeitsförderung durch Arbeitstätigkeiten liefern Tätigkeitsanalysen durch die Darstellung der Ausgefülltheit der Arbeitsschicht mit Arbeitshandlungen unterschiedlicher Struktur, unterschiedlichen Regulationsniveaus, unterschiedlicher Kooperation und Kommunikation mehr für die Abschätzung von Lernmöglichkeiten als dies Auftragsanalysen tun. Aus Beschreibungen der Arbeitstätigkeit, ihrer Einbindung in den Produktionsprozeß einschließlich seiner Planungs- und Leitungsstruktur wird ableitbar, auf wie vielfältige oder wie einseitige Weise die Leistungsvoraussetzungen des Menschen herausgefordert werden. Die Möglichkeiten für die individuelle und die kollektive Wertung der Arbeitstätigkeit werden ersichtlich, und diese sind genauso wie Gelegenheiten zum Lernen entscheidend dafür, ob eine Arbeitstätigkeit intrinsisch motiviert und die Entwicklung wesentlicher Einstellungen begünstigt.

Ferner weisen Tätigkeitsanalysen aus, in welchem Umfang der objektive Handlungsspielraum genutzt wird, ob von den Arbeitenden die Potenzen der Arbeitsaufträge, ihre Lernangebote ausgeschöpft werden.

Tätigkeitsbewertung mit Hilfe von psychologischen Tätigkeitsanalysen ermöglichen Einschätzungen zu allen psychologischen Bewertungsgesichtspunkten. Sie erfordern aber auch relativ aufwendige Analyseprozeduren, die theoriegeleitet die jeweilige Tätigkeitsklasse und das Anliegen, für das Tätigkeitsbewertungen benötigt werden, berücksichtigend, als hypothesengeleiteter Erkenntnisprozeß erfolgen. Die Analysemethoden sind also nicht standardisiert. Das bedingt einen größeren Analyseaufwand gegenüber globalere Aussagen anstrebenden Verfahren, die häufig als Befragungsverfahren konstruiert sind. Ergebnisse von Tätigkeitsanalysen erfüllen aber auch Repräsentanzanforderungen besser, weil sie sich nicht nur auf einmalige, sondern auf mehrmalige Datenerhebungen beziehen, weil sie die Eigenschaften der Arbeitstätigkeit vollständiger erfassen und weil sie wegen des hypothesengeleiteten Analysevorgehens vielfach geprüft sind. Die Hypothesenbestätigung und -differenzierung erfolgt in Prüfetappen, bei denen Eigenschaften von Arbeitstätigkeiten mit Hilfe mehrerer Datenarten, z. B. solchen des Handlungsverlaufs, der Leistung, des erfragten Erlebens und der erfragten Strategie, nachgewiesen und durch die Theorie der psychischen Regulation von Arbeitstätigkeiten begründet werden. Dem entspricht in der Terminologie der Gütekriterien von Verfahren die Eigenschaftsvalidierung.

Damit sind auch Fragen nach der Zuverlässigkeit von Tätigkeitsanalysen beantwortet. Validität schließt Reliabilität ein.

Versuche, Zuverlässigkeitsmessungen für Tätigkeitsanalysedaten vorzunehmen, indem Korrelationen für an verschiedenen Tagen ermittelte Zeit- und Häufigkeitsdaten für einzelne Arbeitsverrichtungen errechnet werden (vgl. Wendrich 1980), sind für das Gewinnen von Güteaussagen zu der Methode der psychologischen Tätigkeitsanalyse nicht brauchbar. Es ist nicht erforderlich, für so elementare Meßoperationen wie Zählen und Zeitmessungen mit Hilfe des Reliabilitätskonzepts Angaben über die Meßgenauigkeit zu machen. Der Meßfehler kann mit direkteren Methoden, z. B. der Angabe der möglichen Ablesegenauigkeit der verwendeten Uhren mehrerer Beobachter und der Registrierform der Daten viel besser angegeben werden. Die Korrelationsberechnungen zwischen Beobachtungsdaten mehrerer Tage weisen in der Regel Abweichungen von einem vollständigen oder starken Zusammenhang aus und diese werden teilweise als Zuverlässigkeitsmängel interpretiert. Doch das ist nicht zutreffend, weil Abweichungen zum großen Teil durch die Arbeitstätigkeit selbst bedingt sind, nämlich durch Modifikationen und Variationen in den Arbeitsaufträgen, in den Bedingungen und auch in der gewählten Bearbeitungsstrategie, für die es bei vielen Arbeitstätigkeiten Freiheitsgrade gibt. Eine nur mittelstarke Übereinstimmung bei der Registrierung von Beobachtungsdaten mehrerer Tage muß demnach nicht ein Meßgenauigkeitsproblem sein.

Die relativ aufwendigen differenzierten Tätigkeitsanalysen sind unerläßlich für die Begründung und Vorbereitung von Gestaltungsmaßnahmen, die auf die Veränderung der Mensch-Maschine-Funktionsteilung, damit auf die Gestaltung von Arbeitsmitteln und Technologien zielen, weil psychologisch zu empfehlende Gestaltungsrichtungen in einer Differenziertheit und Form vorgelegt werden müssen, die dem Ingenieur das unmittelbare Ableiten von Eigenschaften der Arbeitsmittel und Technologien ermöglicht. Sie sind auch unerläßlich für die Begründung spezieller psychologischer Qualifizierungsmaßnahmen, die sichern, daß der Mensch den objektiven Handlungsspielraum erkennt und angemessen nutzt (vgl. HACKER und MATERN 1980).

Zusammenfassend ist festzustellen, daß mit Tätigkeitsanalysen differenzierte Tätigkeitsbewertungen möglich sind, die mangelhafte Zustände lokalisieren und begründen. Nicht in jedem Fall werden dabei Begründungen bis zu der für die Ableitung von speziellen Gestaltungsmaßnahmen notwendigen Detailliertheit erfolgen können, sondern in Form konkurrierender Hypothesen vorliegen, deren Prüfung noch erforderlich ist. Das macht Ergänzungen der psychologischen Tätigkeitsanalysen notwendig, die sich dann aber nicht auf die gesamte Arbeitstätigkeit beziehen, sondern auf Teile von ihr. Die Planung solcher Zusatzuntersuchungen erfolgt ausgehend von den hypothetischen Problemursachen nach experimentellen Ansätzen, die eine Entscheidung über den Anteil vermuteter Ursachen gestatten.

Zu einer Problemeingrenzung in Form hypothetischer Ursachen von Gestaltungsmängeln der Arbeitstätigkeit kann auch bereits die Analyse betrieblicher Daten führen. Es können immer dann auf die Klärung von Detailproblemen zielende Tätigkeitsanalysen nach experimentallen Plänen durchgeführt werden, wenn die Beseitigung solcher spezieller Mängel gefragt ist, jedoch nicht eine umfassende psychologische Analyse und Bewertung von Tätigkeiten, weil weitergehende Tätigkeitsgestaltungen nicht möglich sind, umfassende Kenntnisse über den Iststand auch nicht für die Projektierung analoger Tätigkeiten benötigt werden oder Screening-Methoden bezüglich anderer Aspekte der Tätigkeit einen befriedigenden Iststand ausweisen. Für die Planung und Auswertung gelten dann andere Vorschriften als für die Durchführung von Tätigkeitsanalysen mit dem Ziel einer verallgemeinerbaren Tätigkeitsbewertung. Dieses Anliegen ist Gegenstand des nächsten Abschnittes.

4.5. Psychologische Tätigkeitsanalysen nach experimentellen Ansätzen

4.5.1. Problembezogene Analyse spezieller Tätigkeitseigenschaften — Anlaß für Tätigkeitsanalysen nach experimentellen Ansätzen

Nicht nur umfassende Tätigkeitsbewertungen, sondern auch spezielle Fragen nach der Tätigkeitsgestaltung, den Arbeitsverfahren, den Arbeitsbedingungen usw. können Anlaß für psychologische Tätigkeitsanalysen sein. Solche Fragen können beispielsweise große Leistungsspannweiten bei Personen mit identischen oder analogen Arbeitsaufträgen betreffen, für die häufige Ursachen, z. B. in der Arbeitszeitausnutzung sichtbare Motivationsunterschiede oder Varianten in den Arbeitsmitteln oder Bedingungen nicht die Erklärung sind. Große Leistungsspannweiten zeugen immer von nicht erfolgreicher Auseinandersetzung mit den Arbeitsaufträgen bei einem Teil der Personen. Hilfe für diese mit dem Ziel ihres Heranführens an das Niveau erfolgreicher arbeitender Kollegen ist ein praktisches Anliegen sowohl der Arbeitenden selbst als auch der Betriebe. Analoge Bedürfnissen nach Antworten werfen deutliche Belastungsunterschiede mehrerer Personen bei gleichen Tätigkeiten auf. Sind Arbeitsmittel und Arbeitsaufträge gleich, so werden Ursachen für überdurchschnittliche Belastungen häufig in den persönlichen Arbeitsverfahren vermutet. Die Identifizierung uneffektiver und effektiver Arbeitstätigkeiten ist ein Weg, um Menschen bei der Entwicklung effektiver persönlicher Arbeitsverfahren zu helfen und damit Beiträge für eine gesundheitsfördernde Arbeitsgestaltung zu leisten. Aber auch spezielle Leistungs-, insbesondere Qualitätsprobleme nach der Einführung neuer Arbeitsmittel und/oder Technologien können solche Fragen aufwerfen, deren Beantwortung ohne Tätigkeitsanalysen für die Ableitung von Veränderungsmaßnahmen nicht genau genug erfolgen kann.

Methoden der Analyse betrieblicher Daten, Screening-Methoden der Tätigkeitsbewertung oder Befragungen können zwar solche Fragen präzisieren, indem sie von der Vielzahl einwirkender Bedingungen einige als irrelevant und einige als mögliche Ursachen identifizieren. Die Ableitung von Maßnahmen erfordert es jedoch, die Ursachen bestehender Mängel genauer zu begründen und benötigt nicht nur die Ermittlung von Mängelursachen, sondern auch die Kennzeichnung von Mechanismen der Mängelentstehung. Für letztere bieten psychologische Tätigkeitsanalysen häufig den einzigen Zugang.

4.5.2. Die Planung von Tätigkeitsanalysen nach experimentellen Ansätzen

Die Planung dieser Tätigkeitsanalysen benötigt eine Problemaufbereitung bis zur Benennung zu vergleichender Varianten und zu erfassender Daten. Das entspricht in der experimentellen Denkweise die Bestimmung der unabhängigen und der Festlegung der abhängigen Variablen. Das kann auf zweierlei Weise geschehen:

1. Spezielle Fragen der Tätigkeitsgestaltung bestehen, wobei diese Fragen durch Vorkenntnisse soweit präzisiert sind, daß Varianten benannt und hypothetische Voraussagen über deren Gestaltungsgüte gemacht werden können, die mit Hilfe von Tätigkeitsanalysen zu verifizieren bzw. zu falsifizieren sind.

Beispiele für solche Fragen sind Prüfungen der Verallgemeinerungswürdigkeit unterschiedlicher Arbeitsgestaltungen. Insbesondere bezüglich der Arbeitsteilung und -kombination gibt es bei vergleichbaren Technologien unterschiedliche Realisierungen. So haben beispielsweise einige Chemiebetriebe ihren Anlagenfahrern die Durchführung von Laboranalysen übertragen, andere Betriebe beschäftigen zwei Berufsgruppen für die gleichen Aufgaben, nämlich Anlagenfahrer und Laboranten.

Die Übertragung der aus psychologischer Sicht begrüßenswerten Form der Arbeitsbereicherung für die Anlagenfahrer durch die Hinzunahme der Laboranalysen erfordert jedoch nicht nur psychologisch plausible Erklärungen, sondern nachprüfbare Belege. Die Erklärungen berücksichtigen, daß die Aufgabenvielfalt durch Handlungen erhöht wird, die in begrenztem Umfang auch Entscheidungen verlangen, daß Erweiterungen für die Selbstkontrolle der eigenen Tätigkeit eintreten und eine Verminderung von Monotonie durch die Reduzierung der Bereitschaftszeiten, die nur mit Überwachungsaufgaben angefüllt sind, erreicht wird.

Die nachprüfbaren Belege müssen auch Aussagen dazu enthalten, ob betrieblicherseits vermutete oder gefürchtete negative Nebenwirkungen, wie z. B. eine aus der Beschäftigung mit Laboranalysen hervorgehende Vernachlässigung der Überwachungspflicht, zu Störungen führen könnten, ob eine Belastungserhöhung der Werktätigen oder organisatorische Probleme nicht nur nicht eintreten, sondern durch entsprechende Vorbereitung und Gestaltung positive Auswirkungen möglich sind. In einem solchen Fall sind die zu vergleichenden Varianten klar abzuleiten. Die Arbeitskombination von Anlagenfahrern und Laboranalysen ist mit der Arbeitsteilung dieser beiden Aufgaben zu vergleichen, wobei als Kovariable denkbare Einflüsse wie Alter und Qualifikation der Werktätigen zu kontrollieren und eventuell technologische Besonderheiten zu berücksichtigen sind. Auch die abhängigen Variablen sind aus einer solchen speziellen Gestaltungsfrage bestimmbar. Es interessieren Leistungs- und Beanspruchungsauswirkungen sowie die Beschreibung von Arbeitsstrategien, um gemessene Leistungen und Beanspruchungen erklären zu können. Zusätzlich sind Regeln für die Kombinierbarkeit, z. B. die Prioritäten zwischen verschiedenen Arbeitsaufgaben bei deren gleichzeitigem Anfall, und eventuell entstehende Qualifizierungserfordernisse anzugeben.

2. Ein globaler gestelltes Problem ist durch die Analyse betrieblicher Daten oder anderer Screening-Methoden soweit zu entwickeln und zu präzisieren, daß die Angabe und Begründung von Varianten und von hypothetischen Auswirkungen der einzelnen Varianten möglich wird, so daß mit Hilfe von Tätigkeitsanalysen diese Varianten überprüft und die hypothetischen Auswirkungen verifiziert oder falsifiziert werden können.

Spezielle Fragen oder die Differenzierung eines global gestellten Problems sind der Ausgangspunkt für Tätigkeitsanalysen nach experimentellen Ansätzen. Die folgenden Schritte sind allgemein bei ihrer Planung abzuarbeiten:

Eine Frage bzw. ein Problem der Tätigkeitsgestaltung führt

1. zu einer hypothetischen Analyse der Problemwurzeln. Dies ist eine von der Theorie der Regulation von Tätigkeiten geleitete Deduktion, bei der für die im Problem genannten Erscheinungen, z. B. Arbeitsunzufriedenheit, hohe Belastung, Qualitätsmängel, oder aber auch für nicht klar begründbare positive Auswirkungen, wie z. B. schnelle Einarbeitung, hohe Effektivität von Arbeitsverfahren, theoretisch mögliche Ursachen aufgelistet werden. Auf diese Weise wird eine *Problemdifferenzierung* erreicht.

2. Eine Trennung der hypothetischen Problemwurzeln in wahrscheinliche und irrelevante wird vorgenommen. Dies geschieht mit Screening-Methoden. Freie Befragungen, die Auswertung betrieblicher Daten oder auch Skalierungsverfahren, die sich auf spezielle Eigenschaften der Tätigkeiten oder ihrer Auswirkungen beziehen, können genutzt werden, um einige der theoretisch möglichen Ursachen für den speziellen Fall auszuschließen. Damit ist das ursprüngliche Problem eingegrenzt. Wahrscheinliche Ursachen sind genannt. Eine *Problempräzisierung* ist erreicht.

3. Eine Prüfung des Einflusses der wahrscheinlichen Problemwurzeln kann erfolgen. Dies geschieht, indem die wahrscheinlichen Problemwurzeln als *unabhängige Variable* betrachtet und mindestens alternativ gestuft werden, um ihren Einfluß prüfen zu können. Dazu bedarf es eines *Untersuchungsplanes*. Ein Weg zu ihm ist das Aufsuchen von Tätigkeitsbedingungen aus der Menge der existierenden Varianten, die Stufen dieser unabhängigen Variablen entsprechen. Arbeitstätigkeiten werden normalerweise bei einer Vielzahl varianter Bedingungen durchgeführt. Für den gleichen Arbeitsauftrag sind in unterschiedlichen Betriebsabteilungen oder Betrieben unterschiedliche Maschinen und Anlagengenerationen eingesetzt. Klein- und Mittelserien bedingen Variationen des Arbeitsauftrags. Unterschiedliche Betriebsgrößen und verschiedene territoriale Bedingungen führen zu modifizierten Voraussetzungen für die Kollektivbildung. Die Zusammensetzung der Arbeitskollektive kann sich nach vielerlei Gesichtspunkten unterscheiden. Diese und viele andere Varianten existieren bei gleichen und vergleichbaren Arbeitstätigkeiten, die somit auch einen großen Anteil konstanter Bedingungen aufweisen, so daß

es möglich ist, Stufen der unabhängigen Variablen durch die Auswahl und nicht wie im klassischen Experiment durch künstliches Erzeugen zu realisieren. Die Auswahl entsprechender Varianten aus der Menge der existierenden gestattet es, Untersuchungen unter natürlichen Bedingungen durchzuführen (Felduntersuchungen) und sichert damit eine hohe externe Validität. Wie im klassischen Experiment wird damit dem kausalkontitionalen Analyseprinzip gefolgt. Für das Vorgehen des Aufsuchens für eine Fragestellung relevanter existierender Varianten mit dem Ziel der Untersuchung ihres Einflusses wurde von STRAUB der Begriff „umgekehrtes Experiment" geprägt (vgl. HACKER und MATERN 1980).

4. Für die im Untersuchungsplan ausgewiesenen Stufen der unabhängigen Variablen sind Annahmen abzuleiten über problemrelevante unterschiedliche Auswirkungen in der Leistung, in den Arbeitsverfahren, in der Belastung usw. Einflüsse der unabhängigen Variablen sollen an ihren Auswirkungen gemessen werden. Das führt zur Planung der *abhängigen Variablen*. Sie erfordert neben der theoriegeleiteten Ableitung von Annahmen über Auswirkungsunterschiede auch die Erprobung der objektiven und zuverlässigen Erfassung dieser Daten (vgl. RICHTER 1981), was bei Daten zu Arbeitsverfahren nicht immer ganz leicht ist und die Begründung zuverlässig unterscheidbarer Beobachtungskategorien verlangt.

5. Die Durchführung von Tätigkeitsanalysen nach so vorbereiteten Plänen ermöglicht eine Beantwortung der mit dem Ausgangsproblem aufgeworfenen Fragen.

Ein Beispiel aus der für die experimentelle Planung und Durchführung von Tätigkeitsanalysen sehr instruktiven Arbeit von RÜHLE (1979) soll das allgemein beschriebene Vorgehen erläutern.

Große Leistungsspannweiten bei Tätigkeiten der Mehrmaschinenbedienung waren der Ausgang der Analyse. Die Frage nach den Ursachen ihr Anlaß. Ziel war es, Wege aufzuzeigen, Werktätige mit Minderleistungen an das Niveau der Besten heranzuführen bei gleichzeitiger Optimierung ihrer Beanspruchung. Das globale Problem der großen interindividuellen Leistungsdifferenzen ermöglicht noch keine tätigkeitsanalytische Ermittlung der Ursachen. Es muß präzisiert werden. RÜHLE konnte zunächst durch die Analyse betrieblicher Daten Varianten in den Arbeitsmitteln, der Technologie, dem Arbeitsgegenstand und den Umgebungsbedingungen als Ursache der Leistungsunterschiede ausschließen. Personelle Faktoren schienen als Ursache in Frage zu kommen. Sie sind jedoch ein Sammelbegriff für sehr unterschiedliche Ursachen. Eine Differenzierung in diesem Bereich muß geleistet werden. Der Autor nahm im ersten Schritt eine hypothetische Differenzierung in drei Komplexe vor und prüfte diese auf ihre Beteiligung an den Leistungsunterschieden. Diese Komplexe betrafen:

— Motivationsunterschiede als Ursachen der Leistungsdifferenzen,
— Unterschiede im Fertigkeitsniveau als Ursache der Leistungsdifferenzen,
— Unterschiede in den kognitiven Regulationsgrundlagen als Ursache der Leistungsdifferenz.

Die Planung von unabhängigen Variablen wird geleitet von der Frage nach der Begründung von personell bedingten Leistungsdifferenzen. Es müssen Personen mit hohen und geringen Leistungen identifiziert werden. Die Auswertung der Normerfüllung über einen längeren Zeitraum ist dabei eine Möglichkeit. Damit ist die unabhängige Variable in alternativer Stufung angegeben.

Die abhängigen Variablen sollen Differenzierungen zwischen den drei hypothetischen

Ursachenkomplexen ermöglichen. Folglich müssen Indikatoren für das Ausmaß der Motivation, Indikatoren für den Grad der Beherrschung von Fertigkeiten und Indikatoren für die Güte der kognitiven Regulationsgrundlagen gefunden werden. Dies geschieht mit Hilfe der Durchmusterung der zu untersuchenden Tätigkeiten daraufhin, wo es Freiheitsgrade gibt für das Wirksamwerden von Motivationsunterschieden, welche Teilleistungen ausschließlich fertigkeitsdeterminiert sind und welche Teilleistungen vorwiegend kognitiv determiniert sind.

Das Denkmodell der Auswertung beinhaltet, daß der Nachweis signifikanter Unterschiede zwischen leistungsstarken und leistungsschwachen Personen bei den Motivationsindikatoren auf eine ursächliche Beteiligung von Motivationsunterschieden schließen lassen würde, daß der Nachweis signifikanter Leistungsunterschiede in den fertigkeitsdeterminierten Teilleistungen auf eine ursächliche Beteiligung von Unterschieden im Fertigkeitsgrad hinweisen würde und daß signifikante Unterschiede in den kognitiv determinierten Teilleistungen qualitativ unterschiedliche kognitive Regulationsgrundlagen zwischen beiden Gruppen anzeigen. Ein solches Vorgehen ermöglicht über die Feststellung der Beteiligung oder Nichtbeteiligung der hypothetischen Ursachen an den Leistungsdifferenzen hinaus auch eine rechnerische Abschätzung des durch einzelne Faktoren bedingten Anteils an den Leistungsunterschieden (vgl. Rühle 1979).

Die Analyse führte zu dem Resultat, daß motivationale und auf einen unterschiedlichen Beherrschungsgrad von Fertigkeiten zurückgehende Leistungsdifferenzen verschwindend gering sind, daß qualitativ unterschiedliche kognitive Regulationsgrundlagen die Hauptursache der Leistungsdifferenzen sind. Für das angestrebte Lehrbarmachen der effektiven Arbeitsverfahren reichte dieses Ergebnis nicht aus. Die qualitativ besseren kognitiven Regulationsgrundlagen und Arbeitsverfahren mußten identifiziert werden. Eine für diese Frage speziell vorgenommene Problemdifferenzierung führte zu einer Sammlung von Merkmalen der Arbeitsverfahren, die auf die Stillstandszeiten der Maschinen und damit auf die Produktivität einen Einfluß haben könnten. Die folgenden Eigenschaften von Arbeitsverfahren waren als hypothetische Einflußfaktoren auf Stillstandszeiten anzunehmen:

a) der Umfang der Pflege der Maschinen,
b) der Zeitpunkt der Pflege der Maschinen im Hinblick auf eine Beeinflussung der Laufzeit der Maschinen,
c) die Organisation von Störungsbeseitigungen im Hinblick auf die damit verursachte Stillstandszeit der Maschinen und
d) die Art des Spulenwechsels (nach Anfall oder vorbeugend).

Die Prüfung, ob diese Eigenschaften von Arbeitsverfahren die Leistungsdifferenzen verursachen, erfordert generell, die Untersuchungen in Form von 2-Gruppenplänen durchzuführen, nämlich leistungsstarke und leistungsschwache Werktätige zu vergleichen. Für die Punkte a) bis c) muß die Analyse zusätzlich auf unterschiedliche technologische Zustände Bezug nehmen, Punkt d) verlangt den Vergleich verschiedener Zeitlagen in der Arbeitsschicht, nämlich den Vergleich der Arbeitsleistung vor und nach der Pause. Die Prüfung der hypothetischen Einflußfaktoren führte zu Untersuchungsplänen wie den folgenden. Tab. 21 gibt einen Plan an, mit dessen Hilfe geprüft werden kann, ob die unterschiedliche Leistungsfähigkeit verschiedener Personen auf eine unterschiedliche Berücksichtigung verschiedener technologischer Zustände zurückgeführt werden kann. Eine Gegenüberstellung extremer technologischer Zustände erleichtert den Zugang.

Deshalb wird der gleichzeitige Lauf aller Maschinen — der anzustrebende Idealzustand — und der gleichzeitige Stillstand mehrerer Maschinen — der möglichst zu vermeidende Effektivitätsverluste nach sich ziehende Zustand — gegenübergestellt. Die Planung der abhängigen Variablen ist geleitet von den hypothetischen Einflußfaktoren der Arbeitsverfahren auf die Stillstandszeiten und führt zu folgenden zu erfassenden Daten:

— Häufigkeit von Kontrollmaßnahmen über den Maschinenlauf,
— Zeitpunkt des Durchführens von Pflegemaßnahmen der Maschinen,
— die Art der Organisation von Störungsbeseitigungen,
— das Belastungserleben durch die Arbeit.

Damit ist gegenüber den bei Tätigkeitsanalysen für eine umfassende psychologische Tätigkeitsbewertung erforderlichen Daten nur eine Teilmenge benannt, und das weist auf eine wesentliche Besonderheit von Tätigkeitsanalysen nach experimentellen Ansätzen hin.

Tab. 21: *Plan zur Überprüfung hypothetischer Ursachen von Leistungsdifferenzen bei der Mehrmaschinenbedienung (vereinfacht nach* RÜHLE *1979)*

Technologischer Zustand	Personen	
	leistungsstark	leistungsschwach
aller Maschinen		
Gleichzeitiger Stillstand mehrerer Maschinen		

Tab. 22: *Plan zur Überprüfung hypothetischer Ursachen von Leistungsdifferenzen bei der Mehrmaschinenbedienung (vereinfacht nach* RÜHLE *1979)*

Zeitlage in der Arbeitsschicht	Personen	
	leistungsstark	leistungsschwach
Vor der Pause		
Nach der Pause		

Die Datenerhebung ist von den speziellen zu den entscheidenden Fragen geleitet und deshalb selektiv. Das bezieht sich nicht nur auf die Auswahl einiger aus der Menge der erhebbaren und für Tätigkeitsbewertungen auch relevanten Daten, sondern auch darauf, daß für bestimmte Fragen nur Daten von Tätigkeitsausschnitten und nicht Daten ganzer Arbeitsschichten relevant sind. Für letzteres ist der in Tab. 22 dargestellte Versuchsplan ein Beispiel. Er sollte über die Hypothese entscheiden, ob leistungsstarke Werktätige durch prophylaktischen Spulenwechsel vor Pausen eine geringere Häufigkeit von Maschinenstillständen während der Pause erreichen und dadurch einen Leistungsvorteil erlangen. Einige Ergebnisse sollen die Fruchtbarkeit dieser hypothesengeleiteten, experimentelle Planungsvorschriften berücksichtigenden Tätigkeitsanalysen demonstrieren. Abb. 52 zeigt, daß leistungsstarke Personen häufiger prophylaktische Säube-

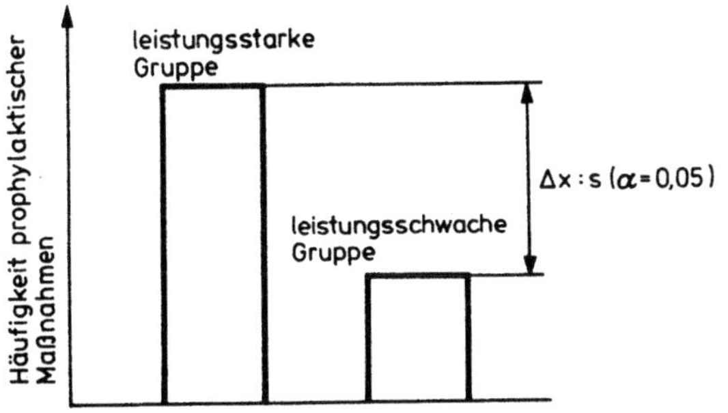

Abb. 52: Häufigkeit prophylaktischer Säuberungsmaßnahmen an Fadenleitorganen bei leistungsstarken und leistungsschwachen Schärerinnen (RÜHLE 1979).

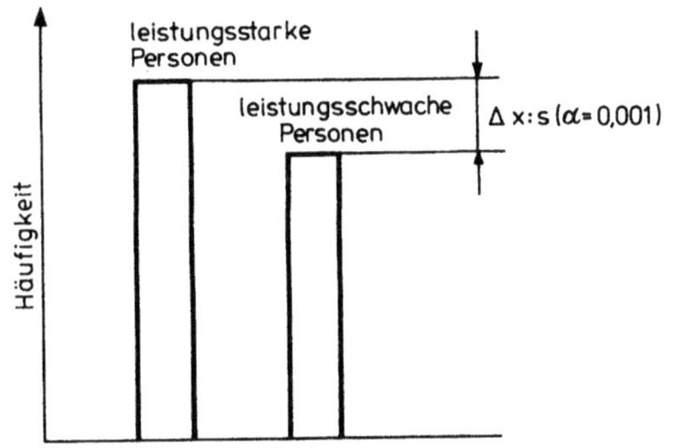

Abb. 53: Häufigkeiten genutzter Möglichkeiten des Einordnens von Hilfs- und Vorbereitungstätigkeiten in Phasen des gemeinsamen Laufs der Maschinen (RÜHLE 1979).

rungsmaßnahmen vornehmen und dadurch Maschinenstillständen vorbeugen. Abb. 53 demonstriert, daß es ihnen gleichzeitig gelingt, Hilfs- und Vorbereitungstätigkeiten in Phasen des gemeinsamen Laufs aller Maschinen einzuordnen. Abb. 54 belegt eine überlegene Organisation der Störungsbeseitigung durch leistungsstarke Personen. Sie unterbrechen die Beseitigung langdauernder Maschinenstillstände, um kurzfristig zu behebende Fehler abzustellen, und erreichen auch dadurch einen Laufzeitgewinn der Maschinen. Leistungsstarke Personen können auch besser anhand der Spulendicke deren voraussichtliche Laufdauer einschätzen, und auf der Grundlage dieser Kenntnis nehmen sie vor Pausen Wechsel der Spulen vor, die während der Pause zu Maschinenstillständen führen würden. Ihnen gelingt es dadurch, einen erheblich geringeren Anteil in der Pause leergelaufener Spulen zu haben (s. Abb. 55). Messungen der erlebten Belastung ergaben, daß leistungsstarke Werktätige ihre produktivere Arbeitsweise ohne höhere Belastung erreichten, also aufgrund angemessenerer Abbilder über die Eigenschaften der Arbeitsmittel, des Arbeitsgegenstandes und des technologischen Prozesses effektivere Arbeitsverfahren wählten.

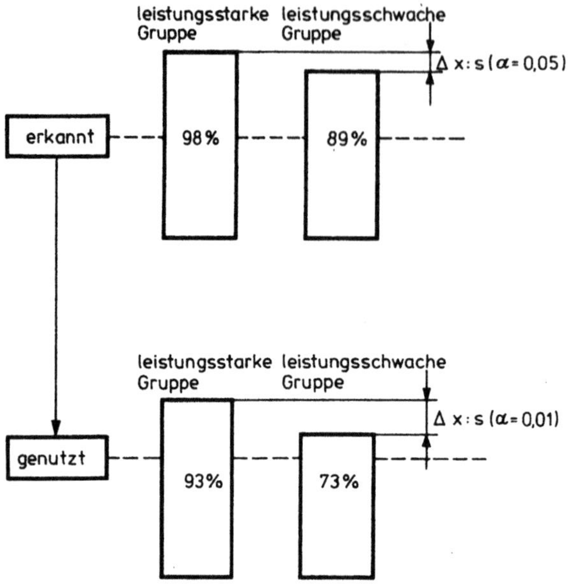

Abb. 54: Prozentualer Anteil von leistungsstarken und leistungsschwachen Werktätigen, die Möglichkeiten zur Anwendung der Unterbrechungsstrategie erkennen und nutzen (RÜHLE 1979).

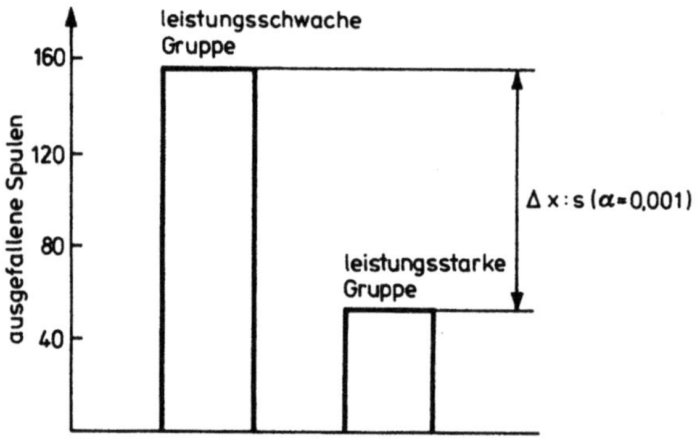

Abb. 55: Häufigkeiten der nach 20minütiger Pausenzeit leergelaufenen Spulen bei leistungsstarken und leistungsschwachen Werktätigen (RÜHLE 1979).

4.5.3. Psychologische Tätigkeitsanalysen als Methode der Effektkontrolle von Arbeitsgestaltungsmaßnahmen

4.5.3.1. Der Beitrag von psychologischen Tätigkeitsanalysen zur Effektkontrolle von Maßnahmen

Die Planung und Durchführung von Arbeitsgestaltungsmaßnahmen verlangt die Kontrolle darüber, ob die beabsichtigten Effekte, die in der Regel Beiträge sein sollen zum Schaffen persönlichkeitsfördernder, beanspruchungsoptimaler und produktivitätssteigernder Tätigkeiten, auch tatsächlich eingetreten sind. Diese Wirkungen sollen nicht kurzfristig, sondern möglichst langfristig sein, d. h. zu bleibenden Verbesserungen führen. Es ist eine Voraussetzung für die Verallgemeinerung von Arbeitsgestaltungsmaßnahmen und auch für die Entwicklung der psychologischen Arbeitsgestaltung, derartige Wirkungen nachzuweisen und auch zu erklären, warum eine Arbeitstätigkeit persönlichkeitsförderndер, beanspruchungsoptimaler und effektiver ist als eine andere.

Werden solche Kontrollen mit dem Anspruch auf eine theoretische Begründung der gemessenen Effekte durchgeführt, so dürfen sie sich nicht beschränken auf die Auswertung im Betrieb anfallender Daten wie beispielsweise Leistungsmenge, Anzahl von Fehlern und Störungen, Anzahl durch Krankheit ausgefallener Arbeitstage usw. Diese Kriterien sind unerläßlich. Sie reichen aber nicht aus, um die höhere Effektivität bestimmter Arbeitsverfahren zu begründen oder auch um zu erklären, warum erwartete und theoretisch vorhergesagte Belastungssenkungen und Leistungssteigerungen nicht eingetreten sind. Dafür werden Beschreibungen von Arbeitsverfahren einschließlich der für ihre Planung genutzten Signale und Regeln, der Bewertungen, die verschiedene Arbeitssituationen durch den Menschen erfahren, und der Art und der Qualität der genutzten Aktionsprogramme benötigt. Es muß angebbar sein, ob die durch die Gestaltungsmaßnahmen induzierten Veränderungen, z. B. Erweiterung des Handlungsspielraumes oder der Kooperationsmöglichkeiten, Reduzierungen einförmiger Routinetätigkeiten oder erweiterte Möglichkeiten zur Selbstkontrolle des Arbeitsresultats, von den Arbeitenden auch tatsächlich erkannt und genutzt werden. Es muß aussagbar sein, wie groß der Lernaufwand ist, der zum Umstellen auf diese Veränderungen benötigt wird und der unter Umständen die Ursache einer vorübergehenden Belastungserhöhung sein kann. Solche Angaben sind nicht durch Auswertung betrieblicher Daten gewinnbar und auch nicht in einer für die wissenschaftliche Beweisführung ausreichenden Differenziertheit und einem hinreichenden Bezug auf die objektiven Auftragsmerkmale durch Befragungen zu ermitteln. Dort, wo psychologische Arbeitsgestaltung betrieben wird zum Zwecke einer arbeitspsychologischen Grundlagenforschung, wo es darum geht, verallgemeinerbare Zusammenhänge oder gar Gesetze aufzudecken, müssen Effektkontrollen von Maßnahmen neben betrieblichen Daten und Befragungsdaten auch Tätigkeitsanalysen einbeziehen.

Es ist vom Wesen der Sache her selbstverständlich, daß Effektkontrollen von Arbeitsgestaltungsmaßnahmen unter normalen Bedingungen der industriellen Produktion durchgeführt werden müssen. Nur so ist eine hohe externe Validität zu sichern. Das führt allerdings gleichzeitig zu einer Reihe von Problemen, denn die Kontrolle der Bedingungen und das begründete Ausscheiden alternativer Erklärungsmöglichkeiten sind in der Industrie erheblich schwerer als bei einem vergleichbaren Anliegen im Labor.

Von den bei Labor- und Felduntersuchungen bekannten Störfaktoren (vgl. Campbell und Stanley 1966, Cook und Campbell 1976, Ettrich 1975, Reuter 1977, Nachreiner, Brand, Ernst und Rutenfranz 1977, Sprung 1982), die im Prinzip den Nachweis irgendwelcher Wirkungen von Behandlungen, Interventionen, Gestaltungsmaßnahmen erschweren, treffen viele auch für die Untersuchungen in der Industrie zu, und die für das Ausschalten bzw. Kontrollieren dieser Störeffekte bekannten methodischen Pläne gelten auch für die Durchführung von Effektkontrollen für Arbeitsgestaltungsmaßnahmen. Die bei den häufigsten Störquellen anwendbaren Pläne sollen im folgenden erläutert werden.

4.5.3.2. Zeitreihenuntersuchungen

Gegenstand der Effektkontrolle von Veränderungsmaßnahmen sind stochastische Prozesse. Viele Einflüsse wirken im Prinzip auf die zu messenden Indikatoren ein. Dabei kommt es darauf an, festzustellen, ob die von der getroffenen Maßnahme induzierten Veränderungen sich gegenüber den Zufallseinflüssen durchsetzen. Gleichzeitig ist es ein Ziel solcher Untersuchungen, zu prüfen, ob kurzfristige oder bleibende Veränderungen erzielt werden. Diese Anliegen verlangen mehrere Messungen und führen zum klassischen Zeitreihenplan für eine Gruppe oder Person. Das Wesentliche einer Zeitreihenanordnung ist, daß eine periodisch wiederkehrende Messung an einer Gruppe oder Person vorgenommen wird und daß eine experimentelle Veränderung in diese Serie von Messungen eingeschaltet wird (CAMPBELL 1963). Das Schema des Untersuchungsplanes sieht folgendermaßen aus:

$$M_1 \quad M_2 \quad M_3 \quad M_4 \quad I \quad M_5 \quad M_6 \quad M_7 \quad \text{und} \quad M_8 .$$

(M Messung, I Intervention)

Abb. 56 gibt Ergebnisvarianten an. Wenn ein Ansteigen der Kurven eine Verbesserung symbolisiert, so wäre der mit A bezeichnete Ausgang der erstrebenswerte Fall. Durch die Intervention werden Verbesserungen bewirkt und sie bleiben über alle Nachmessungen stabil erhalten. B symbolisiert kurzfristige Verbesserungen als Resultat einer Einwirkung. Die erste Nachmessung ergibt höhere Werte, dann ist wieder das Ausgangsniveau erreicht. Fall C zeigt ebenfalls Verbesserungen an, doch treten sie nicht wie in den beiden ersten Beispielen spontan nach der Einwirkung ein, sondern stellen sich erst allmählich ein. Dies ist ein für die Einführung von Arbeitsgestaltungsmaßnahmen häufiges Beispiel, nämlich immer dann, wenn mit einer Maßnahme Veränderungen in den Arbeitstätigkeiten bewirkt werden, die ein Lernen erfordern, z. B. weil neue Aufträge hinzugekommen sind oder für bestehende der Handlungsspielraum erweitert wurde, weil die projektierte Verbesserung erst wirksam, wenn der Mensch

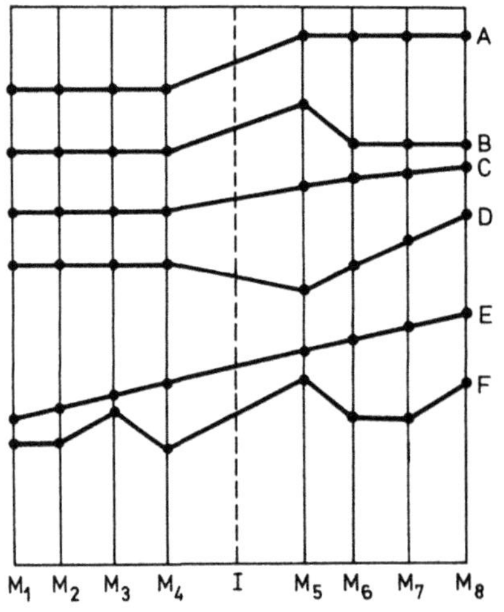

Abb. 56: Ergebnismöglichkeiten bei Zeitreihenuntersuchungen (vereinfacht und modifiziert nach CAMPBELL 1963).

gelernt hat, sie zu nutzen. Es ist sogar möglich, daß der erforderliche Lernaufwand eine vorübergehende Verschlechterung nach sich zieht, siehe Fall *D*.

Möglich sind aber auch Meßresultate wie bei *E*. Von Messung zu Messung wird eine kontinuierliche Verbesserung festgestellt, die von der Intervention im Ausmaß völlig unbeeinflußt bleibt. Derartige Ergebnisse können auftreten, wenn beispielsweise Messungen noch in die Einlaufphase neuer Technologien fallen. Schließlich kann es auch vorkommen, daß die Meßresultate von Messung zu Messung schwanken und daß die durch die Intervention bedingte Schwankung im Rahmen der allgemeinen Spielbreite der Indikatorvariation bleibt. Das ist durch *F* demonstriert.

Aus den ersten vier geschilderten Ergebnismöglichkeiten wird man den Schluß ziehen, die Intervention habe einen Einfluß auf die Meßergebnisse, die Fälle *E* und *F* werden nicht zu einer solchen Interpretation veranlassen, selbst wenn der Sprung von M_4 zu M_5 genauso groß wäre wie beispielsweise im Fall *A*.

Die Diskussion dieser Ergebnismöglichkeiten demonstriert, daß diese Interpretation auf der Grundlage nur einer Vor- und einer Nachmessung, nämlich M_4 und M_5, nicht möglich wäre, und unterstreicht damit die Bedeutsamkeit von Zeitreihenuntersuchungen.

Selbstverständlich ist die Auswertung von Tätigkeitsanalysen, die als Zeitreihenuntersuchungen geplant sind, komplizierter als das in Abb. 56 dargestellte Schema, weil sie nicht nur einen, sondern mehrere Indikatoren messen und in der Regel gemeinsam mit zusätzlichen betrieblichen Daten und Erhebungen zur Belastung durch die Arbeit ausgewertet und interpretiert werden. Ein polysymptomatisches Vorgehen ist für sie erforderlich, für das die in Abb. 56 dargestellten Ergebnismöglichkeiten Idealisierungen sind. Dennoch ist das Bewußtmachen dieser Ergebnis- und Interpretationsvarianten von großem heuristischen Wert auch für komplexere Auswertungsprobleme.

4.5.3.3. Effektkontrolle bei fehlenden Kontrollgruppen

Nicht immer werden Effektkontrollen von Arbeitsgestaltungsmaßnahmen als psychologische Begleitforschung in Form von Längsschnittuntersuchungen über einen begrenzten Zeitraum durchgeführt. Das wird schon dann nicht der Fall sein, wenn die endgültige Einführung der Gestaltungsmaßnahme vom Ausgang der Effektkontrolle abhängig gemacht wird und deshalb zunächst eine längere Einführung mit der Möglichkeit zu mehreren Messungen nicht garantiert ist. Für ein solches Problem sind Versuchs-Kontrollgruppenpläne geeignet, aber nicht in jedem Fall stehen unter Feldbedingungen in der Industrie Kontrollgruppen zur Verfügung. Effektivitätsvergleiche müssen partiell auch ohne Kontrollgruppen durchgeführt werden. Die Balancierungstechnik bietet dann einen Ausweg sowohl für die Untersuchung an einer einzelnen Person als auch an einer Gruppe. Balancierung bedeutet, daß ein und dieselbe Person oder Gruppe verschiedenen Behandlungen (Maßnahmen) unterworfen wird und daß verhindert werden soll, daß ein möglicher Effekt der Reihenfolge der Untersuchungsbedingungen mit dem Einfluß der Maßnahmen verwechselt wird (vgl. Maschewski 1977). Sie erfolgt, indem jede Person bzw. Gruppe beispielsweise unter verschiedenen Bedingungen der Arbeitsgestaltung in unterschiedlicher Reihenfolge arbeitet. Angenommen, es sei zu prüfen, ob die Effektivität des Schärens (einer Tätigkeit in der Textilindustrie, die der

Vorbereitung des Webens dient) von der Genauigkeit der Beurteilung der noch zu erwartenden Laufdauer nahezu leerer Spulen abhängt und durch ein Meßinstrument zur genaueren Bestimmung der Laufdauer verbessert werden kann. Für diesen Zweck kann die Untersuchung nach dem Prinzip der Balancierungstechnik auch an einer einzigen Gruppe erfolgen. Im Beispielsfall wäre folgender Plan bei einer vierwöchigen Erprobungszeit möglich:

1. Woche	2. Woche	3. Woche	4. Woche
Arbeit mit Hilfsmittel	Arbeit ohne Hilfsmittel	Arbeit ohne Hilfsmittel	Arbeit mit Hilfsmittel

Bei drei zu vergleichenden Bedingungen wäre ein solcher Plan entsprechend zu erweitern, so daß er formal folgende Form annähme:

$$A \quad B \quad C \quad C \quad B \quad A$$

(A, B, C sind die zu vergleichenden Bedingungen).

Bei der Auswertung werden die Meßergebnisse gleicher Bedingungen zusammengefaßt, dadurch wird der Einfluß der Reihenfolge ausgeschlossen.

4.5.3.4. Untersuchungsplan zur Kontrolle von reaktiven Effekten

Eine große Bedeutung haben reaktive Effekte, d. h. aus der Reflektion der Personen über den Tatbestand der Teilnahme an einer Untersuchung resultierende Veränderungen im Arbeitsverhalten und in den Arbeitsresultaten (vgl. Abschnitt 4.2.3.). Solche auch als „Versuchskaninchen-Effekt" bezeichnete Wirkungen sind sehr häufig. Selltiz et al. (1959, zitiert nach Reuter 1977) beschreiben das Phänomen folgendermaßen: „Der Meßprozeß, der bei dem Experiment angewandt wird, kann das Ergebnis selbst beeinflussen. Wenn die Leute fühlen, daß sie „Versuchskaninchen" sind, mit denen experimentiert wird, oder wenn sie fühlen, daß sie „getestet" werden und einen guten Eindruck machen müssen, oder wenn die Methode der Datenerhebung Antworten suggeriert oder ein Interesse stimuliert, das vorher nicht empfunden wurde, dann kann der Meßprozeß die Ergebnisse verzerren" (S. 97). Das bedeutet, hypothesenirrelevante Veränderungen treten ein. Für das Ziel, kausale Zusammenhänge nachzuweisen, wird eine Untersuchungsplanung benötigt, die eine eindeutige Zuordnung von Ursache und Wirkung erlaubt. In der Feldforschung sind reaktive Effekte durch eine gute Vorbereitung der Personen und durch Voruntersuchungen zu verkleinern, aber nicht vollständig zu eliminieren. Es ist deshalb am zweckmäßigsten, sie explizit neben der relevanten Bedingung in die Untersuchungsplanung mit aufzunehmen (vgl. Nachreiner, Brand, Ernst und Rutenfranz 1977). Es gibt mehrere Pläne, die von dieser Grundidee ausgehen. Sie basieren im wesentlichen auf der Solomon-Technik, die eine Erweiterung der klassischen Versuchs-Kontrollengruppenplanung mit Vor- und Nachmessung ist (vgl. Reuter 1977). Wird der klassische Plan um drei Gruppen ergänzt, so entsteht der in Abb. 57 dargestellte. Er erlaubt durch die erweiterten Vergleichsmöglichkeiten die Abschätzung der Wahrscheinlichkeit einer Wechselwirkung von Messen und Intervention.

	Prätest		Posttest
Gruppe 1	M_1	x	M_2
Gruppe 2	M_3		M_4
Gruppe 3		x	M_5
Gruppe 4			M_6

Abb. 57: Plan zur Kontrolle reaktiver Effekte (nach SOLOMON, zitiert nach REUTER 1977). (Die Personen sind den einzelnen Gruppen zufällig zugeordnet.) (M Messung; x Intervention)

Wirkt sich die experimentelle Bedingung, d. h. die getroffene Veränderungsmaßnahme, positiv aus, so wären die folgenden Relationen zwischen den verschiedenen Messungen zu erwarten:

$$M_2 > M_1 \quad M_2 > M_3 \quad M_2 > M_4$$
$$M_2 > M_6 \quad M_5 > M_4 \quad M_5 > M_6 .$$

Nun kann auch eine Vormessung selbst als eine im normalen Betriebsgeschehen unübliche Maßnahme einen Einfluß auf die Untersuchungsresultate ausüben. Die Erfassung der Wechselwirkung dieses Einflusses mit dem aus der Intervention resultierenden ist dann für eine Kontrolle wünschenswert. Für diesen Zweck schlagen NACHREINER, BRAND, ERNST und RUTENFRANZ (1977) in Erweiterung des SOLOMON-4-Gruppenplanes einen 6-Gruppenplan vor (vgl. Abb. 58).

	Prätest		Posttest
Gruppe 1	M_1	I_0	M_2
Gruppe 2		I_0	M_3
Gruppe 3	M_4	I_1	M_5
Gruppe 4		I_1	M_6
Gruppe 5	M_7	I_2	M_8
Gruppe 6		I_2	M_9

Abb. 58: Erweiterter SOLOMON-Plan zur Kontrolle reaktiver Effekte (NACHREINER, BRAND, ERNST und RUTENFRANZ 1977). M Messung; I_0 keine Intervention; I_1 Auslösen reaktiver Effekte (HAWTHORNE); I_2 hypothesenrelevante Intervention.

Für ihn ist die durch eine Zufallszuteilung der Personen zu den Gruppen gewährleistete annähernde Gleichwertigkeit nicht mehr eine unerläßliche Bedingung, wenngleich natürlich günstiger. Das ist ein Vorteil, denn diese Gleichwertigkeit ist in der Industrie sehr schwer zu realisieren.

Das Auslösen reaktiver Effekte ist nicht ganz einfach. Theoretisch günstig ist eine gegenüber der hypothesenrelevanten Veränderung umgekehrte Intervention (vgl. COOK und CAMPBELL 1976). Soll beispielsweise die Wirkung von Arbeitsbereicherungen überprüft werden, so würde formal die Einschränkung des Handlungsspielraums die Anforderung an eine solche Kontrollgruppe erfüllen. Das Beispiel macht aber bereits deutlich, daß sich die Realisierung dieses Vorgehens mitunter verbietet. Eine wenn auch vorübergehende Verschlechterung der Arbeitsbedingungen darf nicht die Folge psychologischer Untersuchungen sein (vgl. SCHNIRMAN 1954). Immer dann, wenn diese Gefahr bei der als „umgekehrte" Intervention gestalteten Auslösung reaktiver Effekte zu erwarten ist, sollten Maßnahmen gewählt werden, bei denen keine hypothesenrelevanten Veränderungen zu erwarten sind. Dies können z. B. Veränderungen in den äußeren Bedingungen sein wie die Ausstattung einer Abteilung mit neuen Stühlen. Es ist nicht zu erwarten, daß neue Sitzgelegenheiten die Arbeitsstrategie verändern, die Freude über neues Mobiliar wird sich bezogen auf die Arbeitstätigkeit eventuell eher in einer besseren Ausnutzung der Arbeitszeit äußern. Solche Auswirkungsunterschiede sind aber durch tätigkeitsanalytische Daten trennbar.

Für den erläuterten 6-Gruppen-Plan ist zunächst die Auswertung der Nachmeßwerte (Posttest) vorgesehen. Dies geschieht nach einem varianzanalytischen Analyseschema (vgl. Abb. 59).

Faktor *A* \ Faktor *B* Intervention		keine	reaktive Effekte	hypothesen-relevant
Vormessung	ja	M_2	M_5	M_8
	nein	M_3	M_6	M_9

Abb. 59: Zweifaktorielles Analyseschema für die Werte der Nachmessung (NACHREINER, BRAND, ERNST und RUTENFRANZ 1977).

Durch die zusätzliche Berücksichtigung der Vormeßwerte (Prätest) können auch Auswertungen im Sinne der Veränderungsmessung vorgenommen werden.

Die Abarbeitung eines solchen Planes wird im Normalfall über Betriebsabteilungen oder Betriebsgrenzen hinaus erfolgen. Sind bei bestimmten Arbeitstätigkeiten Gestaltungsmaßnahmen vorgenommen worden, deren Effektivität überprüft werden soll, so können in einem anderen Betrieb mit vergleichbarer Technologie, in dem solche Gestaltungsmaßnahmen noch nicht eingeführt sind, die Kontrollgruppen gewonnen werden, und es ist möglich, daß die Kontrollgruppen, bei denen reaktive Effekte ausgelöst werden, aus einem dritten Betrieb stammen.

4.5.3.5. Kontrolle von Auswahlverzerrungen

Sogenannte Auswahlverzerrungen bezeichnen eine Fehlermöglichkeit, die die interne Validität von Effektkontrollen beeinträchtigen kann. Sie bedeuten, daß die erreichten Wirkungen eher auf die untersuchte Stichprobe als auf die eingeleiteten Maßnahmen zurückzuführen sind. Zu einem solchen Fehler kann es kommen, wenn durch Zufall oder organisatorische Umstände Untersuchungen bei einer Gruppe von Werktätigen erfolgen, die hinsichtlich wesentlicher Merkmale und Eigenschaften nicht repräsentativ ist für die Werktätigen eines Industriezweiges, z. B. weil sie zu jung ist, weil die Werktätigen eine höhere Qualifikation haben, weil sie mehr als die meisten anderen in gesellschaftlichen Organisationen engagiert sind usw. Wird eine Arbeitsgestaltungsmaßnahme aus irgendwelchen Gründen bei befähigteren Personen eingeführt und werden deren Arbeitsmethoden, Leistungen und Beanspruchungen mit denen einer Kontrollgruppe verglichen, zu der nicht so qualifizierte Werktätige gehören, so sind ermittelte effektivere Arbeitsverfahren der ersten Gruppe kein Beweis für die Überlegenheit der neuen Arbeitsgestaltung, sondern sie können einfach Ausdruck unterschiedlicher Leistungsvoraussetzungen in den verglichenen Gruppen sein. Wird eine solche Stichprobenabhängigkeit der Ergebnisse nicht gesehen, so können falsche Verallgemeinerungen und Interpretationen die Konsequenz sein. Vorhersagen aus solchen Untersuchungen für andere Personengruppen sind nicht möglich.

Dieser Fehlermöglichkeit kann durch eine Parallelisierung von Versuchs- und Kontrollgruppe entgegengewirkt werden. Das bedeutet, daß bei der Planung von Untersuchungen zur Effektkontrolle von Maßnahmen Versuchs- und Kontrollgruppe hinsichtlich wesentlicher personeller Eigenschaften vergleichbar sein müssen. Das gelingt am besten, indem jedem Angehörigen der Versuchsgruppe ein „Testzwilling“ in der Kontrollgruppe zugeordnet wird (vgl. Reuter 1977). Dabei ist es stets von dem Untersuchungsanliegen abhängig, welche Variablen wesentlich sind und deshalb übereinstimmen müssen.

Eine weitere Kontrollmöglichkeit stellt die Zufallszuteilung von Angehörigen einer Grundgesamtheit zu der Versuchs- und Kontrollgruppe dar, so daß jeder bei der zufälligen Auswahl die gleiche Chance hat, der Versuchs- oder der Kontrollgruppe anzugehören. Dieser Weg kann bei Großversuchen beschritten werden, die Probleme einer großen Grundgesamtheit betreffen und in die Erprobung eine große Stichprobe einbeziehen.

Im Zusammenhang mit dem Problem der Auswahlfehler ist jedoch zu bedenken, daß die Stichprobenabhängigkeit von Untersuchungsergebnissen nicht generell als eine Fehlerkategorie betrachtet werden darf, sondern daß sie teilweise eine Eigenschaft von Gestaltungsmaßnahmen ist. Eine Personengruppenabhängigkeit gilt für viele Arbeitsgestaltungsmaßnahmen und ist in der Forderung nach deren zielgruppenspezifischer Planung ausgedrückt (vgl. Zink 1977). Je nach Qualifikation und auch in Abhängigkeit vom Alter sind beispielsweise unterschiedliche Erweiterungen des Handlungsspielraums optimal (vgl. z. B. Nachreiner, Wucherpfennig, Ernst und Rutenfranz 1976). Auch die Gestaltung von Trainingsmethoden wird auf die Vorkenntnisse von Personen, auf ihre Erfahrungen im selbständigen Wissens- und Fähigkeitserwerb Rücksicht nehmen müssen. Eine Methode ist nicht schlechthin optimal. Das ist bei der Planung von Effektkontrollen und der verallgemeinernden Interpretation der Ergebnisse zu berücksichtigen.

4.5.3.6. Die Untersuchungsplanung bei nicht äquivalenten Gruppen

Ein Problem bei der Effektkontrolle von Maßnahmen in der Industrie sind oft nicht äquivalente Gruppen. Wenn Veränderungen in einer Abteilung *A* geplant werden und im gleichen oder in einem anderen Betrieb eine Abteilung *B* mit analoger Technologie und mit Arbeitstätigkeiten existiert, die denen in der Abteilung *A* vor den Veränderungen entsprechen, so ist im Prinzip ein Vergleich der Werktätigen dieser Abteilung geeignet für eine Effektkontrolle der Veränderungsmaßnahme. Doch dabei wird der untersuchende Psychologe kaum die Möglichkeit haben, Einfluß auf die Zusammensetzung der Brigaden zu nehmen, so daß sie im Hinblick auf die Untersuchungsplanung als nicht äquivalent gelten müssen. Dennoch ist es oft erforderlich, mit ihnen zu arbeiten. Die Untersuchungsplanung kann trotzdem nach einem Versuchs-Kontrollgruppenplan erfolgen:

Versuchsgruppe:	Vormessung,	Maßnahme,	Nachmessung
Kontrollgruppe:	Vormessung,	—,	Nachmessung

Im günstigsten Fall ist es möglich, die Äquivalenz der Gruppen anzunehmen, nämlich dann, wenn die Vormessungen in beiden Gruppen zu analogen Resultaten führen. Aber auch bei unterschiedlichen Vormeßresultaten sind die Ergebnisse dieser Pläne interpretierbar. Mögliche Ergebniskategorien diskutieren Cook und Campbell (1976). Abb. 60 gibt sie an.

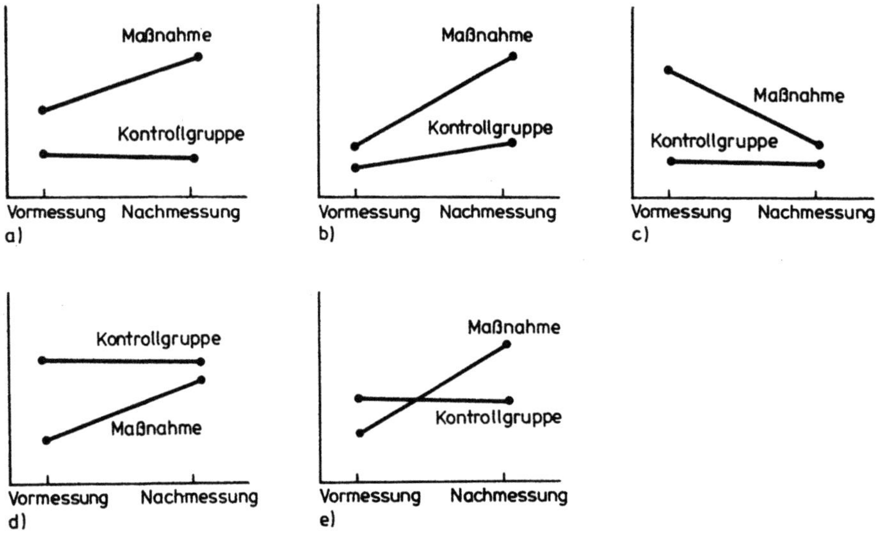

Abb. 60: Mögliche Typen von Versuchsresultaten bei der Verwendung von Versuchs-Kontrollgruppenplänen mit nicht äquivalenten Gruppen (nach Cook und Stanley 1976).

Der Teil a) demonstriert den Fall, daß das Niveau der Vormeßwerte zwischen Versuchs- und Kontrollgruppe deutlich unterschiedlich ist. Die Einführung einer Maßnahme führt bei der Versuchsgruppe zu einer Verbesserung der Meßwerte, während die Nachmessung der Kontrollgruppe, die unter den gleichen Bedingungen wie die Vormessung, nur mit dem entsprechenden zeitlichen Abstand erfolgte, keine Veränderungen zeigt. In diesem Fall ist die Maßnahme als Ursache für die Verbesserung der Meßwerte in der Versuchsgruppe zu interpretieren.

Es kann aber auch passieren, daß die Messung selbst die Meßwerte beeinflußt, d. h., die Durchführung von Datenerhebungen in einer Voruntersuchung kann die Menschen für den Untersuchungsgegenstand sensibilisieren, so daß sie bei einer zweiten oder Nachmessung allein auf Grund ihrer Erfahrungen bei der Erstmessung differenzierter oder auch anders reagieren, ohne daß zwischenzeitlich eine Gestaltungsmaßnahme eingeführt wurde. Dies ist eine als Testeinfluß (testing) bekannte Fehlerquelle. Das kann sich beispielsweise darin äußern, daß die Kontrollgruppe, obwohl sie keiner Veränderung ausgesetzt ist, dennoch in der Nachmessung höhere Werte erhält. Ist das Ausmaß der Veränderung zwischen Versuchs- und Kontrollgruppe von der Vor- zur Nachmessung differenzierbar, wie in dem Abbildungsteil b) schematisiert, so können auch hier die Resultate im Sinne des Nachweises einer Erhöhung der Meßwerte auf Grund der Veränderungsmaßnahmen interpretiert werden.

Möglich ist es auch, daß unterschiedliche Vormeßresultate im Laufe der Untersuchung ausgeglichen werden. Die Überlegenheit der Versuchsgruppe in der Vormessung kann bei der Nachmessung aufgehoben sein (s. Teil c).

Die Vormeßwerte können auch eine Unterlegenheit der Versuchsgruppe zum Ausdruck bringen, die durch die Einführung einer Maßnahme reduziert wird (s. Teil b), und es ist auch denkbar, daß sich die Relationen zwischen Versuchs- und Kontrollgruppe von der Vormessung bei der Nachmessung umkehren (vgl. Teil e). Im letzten Fall wäre die Maßnahme als hochwirksam zu interpretieren.

Versuchs-Kontrollgruppenpläne mit nicht äquivalenten Gruppen können für die Effektkontrolle von Maßnahmen herangezogen werden. Sie gestatten das Ausschließen bzw. die Kontrolle einer Reihe von Fehlern, wie Zeiteinflüssen, Veränderungen der Personen, von Meßeffekten oder von Veränderungen in den Meßinstrumenten (vgl. Campbell und Stanley 1966 und Cook und Campbell 1976).

Auch die Balancierungstechnik liefert Möglichkeiten, mit nicht äquivalenten Gruppen zu arbeiten. Ein häufig verwendeter Plan ist die Balancierungsanordnung nach dem lateinischen Quadrat (s. Abb. 61). Bei der Auswertung wird die Summe über gleiche S_i gebildet und dadurch der Einfluß von Gruppe und Zeit ausgeschlossen.

	Zeitpunkt		
	t_1	t_2	t_3
Versuchsgruppe *A*	S_1M_1	S_2M_2	S_3M_3
Versuchsgruppe *B*	S_2M_4	S_3M_5	S_1M_6
Versuchsgruppe *C*	S_3M_7	S_1M_8	S_2M_9

Abb. 61: Balancierung von Stufen der unabhängigen Variable (S_1, S_2, S_3) nach dem lateinischen Quadrat bei 3 nicht äquivalenten Gruppen (nach Campbell und Stanley 1966). M_1 ... M_9 = Messungen

Die erörterten methodischen Pläne bei der Durchführung von Effektkontrollen von Arbeitsgestaltungsmaßnahmen betreffen in der Industrie häufig vorkommende, und die vorgestellten quasiexperimentellen Untersuchungspläne kennzeichnen die am meisten anwendbaren Lösungswege. Die Auflistung sowohl der Probleme als auch der methodischen Auswege ist im Rahmen dieses Lehrtextes nicht vollständig möglich. Ausführliche Informationen dazu liefern das Lehrbuch von Sprung und Sprung (1983) sowie die Veröffentlichungen von Cook und Campbell (1976) und Campbell und Stanley (1966).

Die quasiexperimentellen Pläne enthalten Vorschriften für die Kombination der unabhängigen Variablen mit dem Ziel, für eingeführte Maßnahmen zu prüfen, ob meßbare Wirkungen durch sie bedingt sind oder ob alternative Erklärungsmöglichkeiten bestehen. Dadurch kann Fehlinterpretationen vorgebeugt werden.

Quasiexperimentelle Pläne geben an, unter welchen Bedingungen Daten erhoben werden müssen. Die Planung dieser Daten, d. h. die Planung der abhängigen Variablen, geschieht auf die gleiche Weise wie im Abschnitt 4.5.2. erläutert. Für Effektkontrollen von Arbeitsgestaltungsmaßnahmen ist die gleichzeitige Nutzung tätigkeitsanalytischer Daten einschließlich Leistungs- und Teilleistungswerten, von Erlebensdaten und für spezielle Fragen auch von physiologischen Daten erforderlich.

5. Experimentelle Analyse psychischer Regulationsgrundlagen

5.1. Ziel und Gegenstand von experimentellen Analysen psychischer Regulationsgrundlagen

Gegenstand experimenteller Analysen sind die Beschaffenheit psychischer Regulationsgrundlagen einzelner Arbeitsaufträge. Aus Tätigkeiten werden die Aufträge ausgewählt, durch die direkt auf das herzustellende Produkt bzw. auf den zu steuernden und zu überwachenden Produktionsprozeß Einfluß genommen wird und deren adäquate mentale Repräsentation die Voraussetzung einer effektiven Handlungsplanung ist.

Die mentale Repräsentation von Auftragseigenschaften, die Gewichtung der Signale, die Bedeutung einzelner Signale für die Handlungsplanung und der Umfang der Handlungsplanung sollen aufgedeckt werden. Diese Angaben sind aus Tätigkeitsanalysen nicht im einzelnen zugänglich, sondern häufig nur so weit, daß eine Differenzierung von Aufträgen, für die angemessene, und von solchen, für die lücken- oder fehlerhafte Regulationsgrundlagen bestehen, möglich wird. Die Aufklärung der vorhandenen Lücken oder Fehler erfordert eine systematische Variation der Eigenschaften von Arbeitsaufträgen, die der normale Arbeitsprozeß nicht bietet und die nur experimentell realisierbar ist.

Ein experimentelles Vorgehen bei der Analyse psychischer Regulationsgrundlagen wird darüber hinaus durch den Tatbestand begründet, daß die Ermittlung der Beschaffenheit mentaler Repräsentationen immer eine personenbezogene Analyse erfordert, in die Leistungsdaten und Angaben zur Vorgehensweise eingehen. Dieser sind im realen Arbeitsprozeß teilweise Grenzen gesetzt, weil Leistungsdaten nicht immer auftrags- und personenbezogen registriert werden können und Rückschlüsse auf die Verursachung von Leistungsmängeln nicht immer eindeutig möglich sind und einen Interpretationsspielraum enthalten, der präzise Aussagen verhindert. In solchen Fällen können experimentelle Feinanalysen die Tätigkeitsanalysen ergänzen.

Feinanalysen psychischer Regulationsgrundlagen werden notwendig, um Detailprobleme der Mensch-Maschine-Funktionsteilung zu lösen, um beispielsweise zu prüfen, ob und wodurch die kognitive Ausführbarkeit eingeschränkt ist, um aus solchen Erkenntnissen Korrekturen an Arbeitsmitteln oder eine veränderte Mensch-Maschine-Funktionsteilung vorzuschlagen. Auch spezielle Fragen der Trainingsgestaltung können Feinanalysen der psychischen Regulationsgrundlagen erfordern. Die Analysen möglicher Auftragsredefinition, der tätigkeitsleitenden mentalen Repräsentationen von Aufträgen, speziell die Ermittlung fehlerhafter oder unvollständiger, und das Operieren mit mentalen Operationen bei der Handlungsplanung sind für die Konzipierung von Trainingsverfahren wichtige Grundlagen. Durch sie sollen inadäquate mentale Repräsentationen und falsches Operieren mit diesen vermieden werden. Für die Konzipierung von Trainingsverfahren ist es deshalb hilfreich zu wissen, von welchem möglichen Resultat Trainingsergebnisse unbedingt abgegrenzt werden müssen. Beispielsweise wird dadurch eine differenzierte Gestaltung von Rückmeldungen möglich, durch die der Selbsterwerb der tätigkeitsleitenden mentalen Repräsentationen effektiver gestaltet werden kann.

Um Mißverständnissen vorzubeugen, sei angemerkt, daß die Analyse der Qualität der tätigkeitsleitenden mentalen Repräsentationen und das daraus folgende Ziel, durch Arbeitsgestaltungs- oder Trainingsmaßnahmen eine vollständige und zutreffende mentale Repräsentation zu erreichen, keine Einschränkung für die Entwicklung und Anwendung individueller Arbeitsverfahren bedeutet. Es ist vielmehr so, daß die angemessene mentale Repräsentation von Arbeitsaufträgen die Voraussetzung des Nutzens des objektiven Handlungsspielraumes und somit auch die Voraussetzung einer selbständigen Handlungsplanung ist. Mit tätigkeitsleitenden mentalen Repräsentationen bestimmter Qualität sind noch längst nicht die Arbeitsmethoden charakterisiert, sondern nur die Voraussetzungen für ihr mögliches Niveau.

Welche Arbeitsaufträge leistungsbestimmend und deshalb für experimentelle Analysen der tätigkeitsleitenden mentalen Repräsentationen auszuwählen sind bzw. bei welchen unvollständige oder fehlerhafte Repräsentationen wahrscheinlich sind, deren Ursachen aufgeklärt und durch Gestaltungsmaßnahmen beseitigt werden müssen, ist aus den Ergebnissen psychologischer Auftrags- und Tätigkeitsanalysen ablesbar. Experimentelle Analysen der psychischen Regulationsgrundlagen haben deshalb nie den Charakter von Massenerhebungen. Sie werden mit kleinen Gruppen von Werktätigen durchgeführt. Ihre inhaltliche Planung ist sehr konkret auf einzelne Arbeitsaufträge bezogen.

5.2. Durchführung von experimentellen Analysen psychischer Regulationsgrundlagen

Schon der Begriff der experimentellen Analyse macht deutlich, daß dieser Untersuchungsabschnitt nicht im Produktionsprozeß, sondern außerhalb von ihm durchgeführt wird, und zwar an vom Untersucher variierbaren Arbeitsaufträgen. Die gezielte Variation von Arbeitsaufträgen, insbesondere ihres informationellen Charakters, ist das Analysemittel, die Ermittlung der Kovariation der mentalen Repräsentationen, deren Qualität sich in angemessenen oder fehlerhaften Handlungen äußert, ihr Ziel.

Eine ideale Möglichkeit für die Durchführung experimenteller Analysen der psychischen Regulationsgrundlagen bieten frei programmierbare Simulationsanlagen, mit denen Aufträge und ihr Informationsangebot beliebig variiert werden können. Sie stehen jedoch in der Regel nur für hochautomatisierte Anlagen und hier meist in Form von Trainingsgeräten zur Verfügung. In der Mehrzahl der Fälle wird der untersuchende Psychologe Simulationen von Arbeitsaufträgen durch das Nachbilden der Informationen des Produktionsprozesses nach der Beratung von Zielen und Inhalten solcher Untersuchungen mit den Werktätigen selbst vornehmen. Dazu gibt es viele Möglichkeiten. Mit Hilfe von Schichtprotokollen, in die einem experimentellen Untersuchungsplan entsprechend Parameterwerte eingetragen werden, können informationelle Arbeitssituationen leicht simuliert werden. Auch Abbildungen von Anzeigen und Eingriffsmöglichkeiten mit beliebig veränderbarem Werteangebot können genutzt werden. Dies sind jedoch nur mögliche Hilfsmittel für die Durchführung solcher experimenteller Analysen. Für ihre Planung werden verschiedene methodische Prinzipien der Variation des Informationsangebots bei den zu untersuchenden Arbeitsaufträgen angewendet. Dadurch entstehen simulierte Arbeitssituationen. In der Untersuchung werden diese den Werktätigen vorgelegt und sie gebeten, den gegebenen Iststand zu beurteilen, mögliche Ursachen für einen nicht normgerechten Iststand anzugeben, eine Maßnahme zuzuordnen, die den geforderten Sollzustand wieder herstellt, sowie eine Prognose über die Wirksamkeit der gewählten Maßnahme vorzunehmen. Aus der Zuordnung der simulierten Aufträge zu der jeweils zu registrierenden Kette: Diagnose-Maßnahme-Prognose, die auf Grund technisch-technologischer Gesetzmäßigkeiten bewertet werden muß, ist es möglich, auf die Qualität der psychischen Regulationsgrundlagen zu schließen. Die Bewertung von Diagnose, Maßnahme und Prognose wird in der Regel nicht so aussehen, daß nur genau eine angemessen ist. Vielmehr kommt es bei solchen Untersuchungen darauf an, die Klasse der möglichen von der Klasse der noch zulässigen, aber ineffektiven, und diese von der Klasse der eindeutig falschen Maßnahmen abzugrenzen. Ein solcher kategorialer Bewertungsmaßstab wird auch deshalb notwendig, weil die aus dem Zusammenhang der Arbeitstätigkeit herausgelöste isolierte Auftragsbearbeitung nicht immer so eindeutig wie bei gegebener Kontextinformation im normalen Produktionsprozeß Entscheidungen zwischen mehreren Maßnahmen zuläßt.

Aber auch einzelne Eigenschaften der mentalen Repräsentationen können das Analyseziel sein. Dann ist es nicht immer notwendig, Arbeitsaufträge so zu simulieren, daß Maßnahmenzuordnungen zu leisten sind. Die Bearbeitung vorgegebener Arbeitssituationen oder Informationen kann bereits einen Zugang ermöglichen (vergleiche auch Rühle 1979). Bewährte methodische Prinzipien der experimentellen Analyse psychischer Regulationsgrundlagen sind in Abb. 62 benannt. Sie werden im folgenden erläutert (vgl. auch Hacker und Matern 1980):

1. Die systematische Variation des Informationsangebots bei Arbeitsaufträgen so, daß die Variationsbreite der Auftragsvarianten abgebildet wird und auch seltene und deshalb Tätigkeitsanalysen schwer zugängliche untersuchbar werden. Diese erfolgt mindestens in dreierlei Richtung

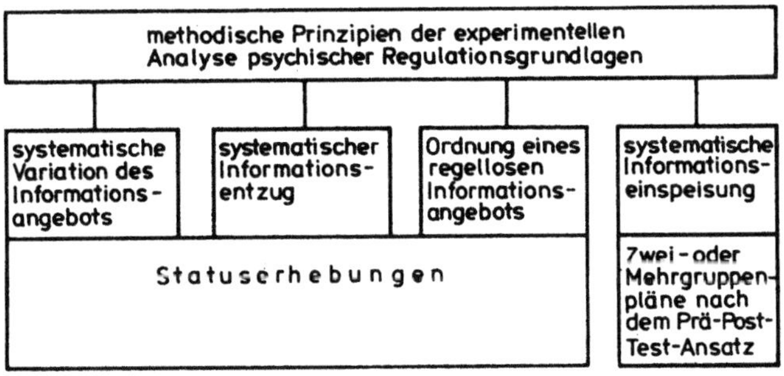

Abb. 62: Auf der Grundlage der informationellen Analyse der Arbeitsaufträge anwendbare methodische Prinzipien der Analyse der psychischen Regulationsgrundlagen.

— als Variation der quantitativen Ausprägung einzelner Signale. Geprüft werden kann, ob der objektiv vorhandene Variationsbereich der Signale subjektiv abgebildet wird.
— als Abbildung von Aufträgen mit der Variation mehrerer Signale und deren systematischer Kombination im Sinne einer repräsentativen Auswahl aus der Menge der möglichen. Damit kann geprüft werden, in welchem Umfang und in welcher Differenziertheit objektiv variierende Aufträge in der subjektiven Widerspiegelung differenziert werden.
— als Variation der Abfolge unterschiedlicher Arbeitsaufträge (zufällige Abfolge vs. systematische Abfolge). Es kann damit ermittelt werden, ob sich die Werktätigen schwerpunktmäßig an der Anfolge von Arbeitsaufträgen orientieren und Maßnahmen aus der Geschichte des Ist-Standes extrapolieren oder vorwiegend eine Situationsanalyse vornehmen.

Untersuchungen dieser Art haben den Charakter von Statuserhebungen und werden nach Eingruppenplänen mit einer anliegenspezifischen Anzahl und Abfolge einzelner Aufträge durchgeführt. Die individuelle Erfassung der abhängigen Variablen ist entscheidend. Deshalb erfolgt die Durchführung in der Regel in Form von Einzeluntersuchungen. Gruppenuntersuchungen setzen die personenbezogene Registrierung der zu messenden Werte voraus.

2. *Ein systematischer Informationsentzug bei simulierten Aufträgen*
Dieses methodische Vorgehen ist geeignet zur Ermittlung der subjektiven Bedeutsamkeit einzelner Informationen. Simulierte Aufträge werden vorgegeben, aber sie enthalten nicht alle im normalen Arbeitsprozeß zur Verfügung stehenden Informationen. Einige fehlen. Je nachdem, ob der untersuchte Werktätige dieses Fehlen bemerkt oder nicht, sind sie für ihn bedeutsam oder irrelevant. Auch daraus, welche Informationen er in welcher Reihenfolge anfordert, um seine Handlungen planen zu können, sind Aufschlüsse zu gewinnen.

Zwei Varianten eines systematischen Informationsentzugs sind denkbar:
a) Informationsentzug bezogen auf den gebotenen Iststand. Eine Variation der Menge der aktuell zur Maßnahmenfindung vorgelegten Signale wird so vorgenommen, daß eine systematische Variation eines Informationsdefizits entsteht.
b) Informationsentzug bezogen auf die Entstehungsgeschichte des Iststandes. Der Umfang der Informationen über die Entstehungsgeschichte des gebotenen Iststandes wird variiert. Dieses Vorgehen erlaubt Aussagen darüber, wie weit die Verlaufskenntnis des Arbeitsprozesses zum Ableiten von Maßnahmen benötigt wird.

Auch dieses methodische Vorgehen zielt auf eine personenbezogene Statuserhebung.

3. *Vorgabe eines regellosen Informationsangebots mit der Aufforderung zur Ordnung*
Dieses Vorgehen ermöglicht einen Zugang zur Strukturierung tätigkeitsleitender mentaler Repräsentationen. Die Informationen werden dabei in begrifflicher Form auf Kärtchen vorgegeben. Die Kärtchen sind nach verschiedenen Gesichtspunkten zu sortieren.

Die auftragsbezogene Ordnung regellos vorgegebener Handlungen und Teilhandlungen kann die interne Repräsentation von Handlungsprogrammen vergegenständlichen. Dabei muß nicht unbedingt ein Sortierergebnis das Resultat sein, bei Aufträgen mit Freiheitsgraden können es mehrere sein. Solche Untersuchungen können aufklären helfen, wieviele der möglichen Vorgehensweisen von den einzelnen Personen beherrscht werden. Skalierungen der subjektiven Sicherheit, mit der die in den Sortierresultaten ausgedrückten Handlungsprogramme als angemessen erlebt werden, können diese Erhebungen ergänzen.

In analoger Weise sind die subjektive Bedeutsamkeit von Signalen für die Voranzeige von Störungen, die von Vorbereitungshandlungen für die Störungsprophylaxe usw. zu ermitteln, indem auf Kärtchen geschriebene relevante und irrelevante Signale bzw. Vorbereitungshandlungen zu sortieren und im Hinblick auf ihre Relevanz für den Sortieraspekt zu beurteilen sind. Diese Untersuchungen zielen ebenfalls auf eine personenbezogene Statuserhebung.

4. *Eine systematische Informationseinspeisung*

Dieses methodische Vorgehen ist das Gegenstück zu dem unter 2. Erläuterten. Eine Trainingsphase ist erforderlich. Die Erfassung der Auswirkungen des Trainings erfolgt weitestgehend im normalen Arbeitsprozeß durch die Analyse seiner Ergebnisse und Auswirkungen.

Die Informationseinspeisung kann geschehen durch

— die zusätzliche Vorgabe von Inhalten der Orientierungsgrundlagen (Menge der Signale, Gewichtung der Signale). Dieses Vorgehen wird gewählt, wenn bei einem Extremgruppenvergleich leistungsstarker und leistungsschwacher Werktätiger unterschiedliche Orientierungsgrundlagen ermittelt werden. Die Vorgabe der Orientierungsgrundlagen der leistungsstarken Werktätigen an die leistungsschwächeren muß zu einer Leistungssteigerung führen, wenn damit wesentliche Bestandteile der psychischen Regulationsgrundlagen verändert wurden.

— Die Orientierung auf bestimmte Verarbeitungsstrategien bei der Bewältigung ausgewählter Aufträge.

Dieses Vorgehen kann im Vorfeld einer Trainingsgestaltung für die Klärung spezieller Fragen von Bedeutung sein.

Untersuchungen, die diesem vierten methodischen Prinzip folgen, werden als Zwei- oder Mehrgruppenpläne nach einem Prä-Post-Test-Ansatz durchgeführt. Die Gruppen unterscheiden sich in der zwischen dem Prä- und Post-Test liegenden Trainingsphase, in der die anliegenspezifische Vorgabe von Informationen oder Verarbeitungsstrategien erfolgt.

Diese methodischen Prinzipien werden je nach Anliegen differenziert, modifiziert und/oder kombiniert. Die inhaltliche Gestaltung der Auftragssimulationen, an denen die Analysen durchgeführt werden, erfordert eine detaillierte Kenntnis der jeweiligen Arbeitstätigkeit.

Das gilt gleichzeitig für die Festlegung der abhängigen Variablen, für die Frage, was in solchen experimentellen Analysen gemessen wird. Generell werden die folgenden Sachverhalte ermittelt bzw. protokolliert:

— Diagnosen, Maßnahmen und Prognosen einschließlich deren Begründung,
— Bitten um Zusatzinformationen,
— die Reihenfolge des Anforderns von Informationen,
— Abfolgen beim Herstellen von Sortierungen,
— Korrekturen,
— Skalierungen der subjektiv erlebten Schwierigkeit verschiedener simulierter Aufträge,
— Skalierungen der subjektiv erlebten Sicherheit angegebener Maßnahmen, Beurteilungen bzw. Ordnungen.

Die Auswertung der Leistungsdaten erfolgt dabei so, daß sie zunächst auf einen Bewertungsmaßstab oder ein Kategoriensystem für die Bewertung bezogen werden, das alle effektiven Lösungen bzw. Beurteilungen, die Voraussetzungen einer effektiven Lösung sind, beinhaltet. Es kann aus einer Auftragsanalyse abgeleitet werden. In der Regel wird der untersuchende Psychologe gemeinsam mit erfahrenen Werktätigen die für die Planung solcher Experimente erforderlichen Auftragsanalysen vornehmen und mit ihnen die Bewertungsmaßstäbe ermitteln und begründen. Die erhobenen Daten werden mit diesen verglichen, und so können angemessene von falschen Diagnosen, Maßnahmen, Sortierungen getrennt werden und es wird möglich, nach Fehlertypen zu klassifizieren. Der Abstand der erreichten Leistung von einer effektiven kann vielfach angegeben werden.

Abb. 63 enthält ein Beispiel für eine solche Auswertung. GRUNOW (1978) untersuchte mit experimentellen Methoden die mentalen Repräsentationen von Leitstandsmaschinisten in einem Heizkraftwerk, die die wesentlichen Parameter des Dampferzeugungsprozesses betrafen. Sie bezog diese auf die technisch-technologisch begründete optimale Beziehung und wertete darüber hinaus Tätigkeitsanalysen so aus, daß die bei regulierenden Eingriffen realisierten Beziehungen dargestellt werden konnten. In der Abbildung ist ein Ausschnitt ihrer Ergebnisse für die Abhängigkeit der Heißdampfmenge von O_2-Gehalt im Rauchgas dargestellt.

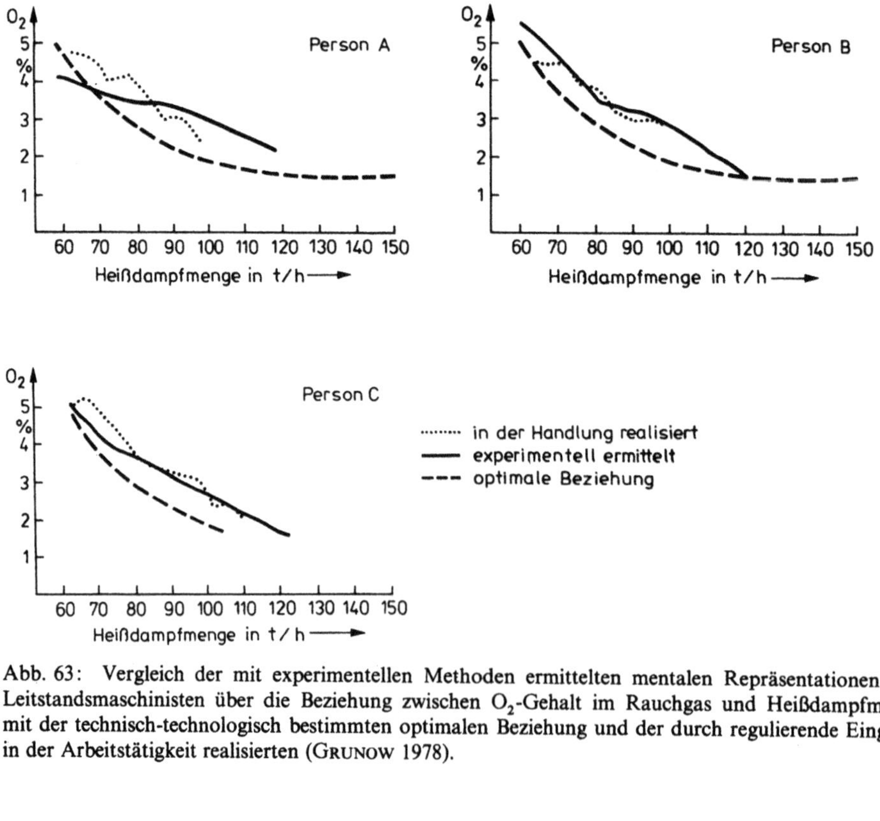

Abb. 63: Vergleich der mit experimentellen Methoden ermittelten mentalen Repräsentationen von Leitstandsmaschinisten über die Beziehung zwischen O_2-Gehalt im Rauchgas und Heißdampfmenge mit der technisch-technologisch bestimmten optimalen Beziehung und der durch regulierende Eingriffe in der Arbeitstätigkeit realisierten (GRUNOW 1978).

Einige exemplarische Erläuterungen sollen die Möglichkeiten und Vorgehensweisen experimenteller Analysen psychischer Regulationsgrundlagen illustrieren.

Eine systematische Variation des Informationsangebots bei simulierten Aufträgen wurde der Analyse mentaler Repräsentationen von Anlagenfahrern in einem Chemiebetrieb zugrunde gelegt (MATERN 1976 und MATERN u. a. 1978). Es interessierte, wie die Abhängigkeit der Dosierung von Eingriffen vom Ausmaß der Sollabweichungen einzelner Parameter widergespiegelt wird und ob unpräzise Eingriffsdosierungen, die in Tätigkeitsanalysen festgestellt werden, in fehlerhaften mentalen Repräsentationen der Beziehungen zwischen Sollwertabweichung und Eingriff ihre Ursache haben.

Zu diesem Zweck wurden Arbeitsaufträge der Prozeßregulation simuliert, indem verschiedene Parameter in unterschiedlich hoher Sollwertabweichung vorgegeben wurden. Die Anlagenfahrer hatten für solche mit Hilfe von Schichtprotokollen simulierten Aufträge die Dosierung des erforderlichen Eingriffs zu planen. Die Resultate dieser Experimente zeigt für drei verschiedene Arten von Parameterabweichungen, bei denen Eingriffe zu planen waren, Abb. 64. Sie verdeutlicht stark voneinander abweichende

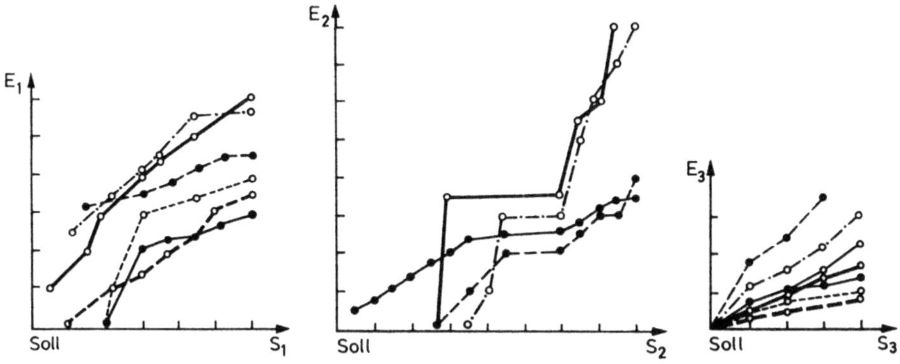

Abb. 64: Experimentell ermittelte mentale Repräsentationen der Beziehungen zwischen einer Parameterabweichung (S_1, S_2, S_3) und der Stärke des erforderlichen Eingriffs (E_1, E_2, E_3) bei verschiedenen Personen (unterschiedliche Strichführung).

Repräsentationen verschiedener Personen. Gleiche Sollwertabweichungen veranlassen unterschiedliche Personen zu unterschiedlichen Eingriffen. Mentale Repräsentationen der Beziehungen zwischen Parameterabweichungen und Eingriffsstärken, die verbal meist nur in qualitativer Form explizierbar sind, nämlich derart, daß höhere Parameterwerte stärkere oder geringere Eingriffe erfordern, können also durch experimentelle Analysen differenzierter und nachprüfbar ermittelt werden. Das Vorgehen der Orientierung auf Verarbeitungsstrategien wurde als Hilfsmittel der Gestaltung von Trainingsverfahren im Rahmen der praktischen Berufsausbildung für Chemiefacharbeiterlehrlinge gewählt (vgl. FECHNER 1976, MATERN 1976). Es bezog sich auf Arbeitsaufträge der Prozeßregulation. Für diese sollte geklärt werden, ob eine Maßnahmenplanung effektiver auf Grund eines Satzes von Beispielen erfolgt, die gedächtnismäßig als Zuordnungen von bestimmten Arten von Parameterabweichungen und zugehörigen Eingriffen repräsentiert sind, oder aufgrund von Regeln, nach denen bei beliebigen Abweichungen vom Sollzustand die Eingriffe selbständig abzuleiten waren. Verglichen wurden

— die Vermittlung von Regeln für die Ableitung von Maßnahmen,

— die Vermittlung von Gedächtnisbesitz, der ein Abrufen von Maßnahmen ermöglicht.

Das Verhältnis von generativen und mnestischen Leistungen bei der Maßnahmenplanung, auf das durch die Gestaltung von Trainingsverfahren Einfluß genommen werden kann, war das Untersuchungsproblem. Ein höherer mnestischer Anteil, der durch die Orientierung an gedächtnismäßig orientierten Beispielen erreicht werden kann, ließ geringere psychische Belastung erwarten als das mehr generative Leistungen fordernde regelgeleitete Vorgehen, das jedoch größere Flexibilität und Transferierbarkeit erwarten ließ (vgl. auch KASVIO 1978, HACKER und MATERN 1979). Die Untersuchung erfolgte nach dem in Abb. 65 angegebenen Plan.

	Prätest	Training	Posttest
Gruppe 1	Leistungen in praktischer und theoretischer Berufsausbildung	Vorgabe von Beispielen	Durchführen von Maßnahmeplanungen
Gruppe 2		Vorgabe von Regeln	

Abb. 65: Beispiel eines Zweigruppenplanes nach dem Prä-Post-Test-Ansatz für das Einspeisen von Informationen.

Lehrlinge wurden an Hand ihrer Noten in der praktischen und theoretischen Berufsausbildung in gleichwertige Gruppen geteilt. Diese Noten erfüllten somit die Funktion eines Prätests. In der Trainingsphase wurden die Gruppen auf unterschiedliche Strategien orientiert. Der Posttest beinhaltete Maßnahmenplanungen. An Hand der erreichten Leistungen wurden die vorgegebenen Strategien bewertet. Für den Anwendungsfall erwies sich das regelgeleitete Vorgehen als überlegen. Es ermöglichte ein selbständiges Bewältigen auch von solchen Aufträgen, die durch unterschiedliche, in der Trainingsphase nicht behandelte Parameterabweichungen gekennzeichnet waren. In der Gruppe der Beispiele vermittelt wurden, gelang das Transferieren auf modifizierte Situationen selbst schlecht. Ein Lernfortschritt war nicht festzustellen.

Eine Analyse der mentalen Repräsentationen von Handlungsprogrammen nahm UHMANN (1980) mit Hilfe eines Sortierexperiments bei Schaltmonteuren in der Energieversorgung vor. Die methodische Planung erfolgte so, daß die Bezeichnungen aller Teilhandlungen für alle Schalthandlungen, die an den unterschiedlichen Anlagen auszuführen waren, auf Kärtchen geschrieben wurden. Die Schaltmonteure hatten jeweils einzeln den Berg regellos vermischter Karten zu sortieren, und zwar so, daß, den verschiedenen Schaltanlagen zugeordnet, die Abfolge der Schalthandlungen durch die Reihenfolge der Kärtchen sichtbar wurde (vgl. Abb. 66). Die Bewertung berücksichtigte Freiheitsgrade, die sich bei dieser Tätigkeit auf solche der Abfolge von Teilhandlungen beschränkten.

Aus Unsicherheiten und Fehlern bei der Reproduktion der Handlungsprogramme wurden in diesem Fall Schwerpunkte für die Gestaltung von Einarbeitungs- und Arbeitshilfen abgeleitet.

Diese Beispiele verdeutlichen, daß der Planung experimenteller Analysen der psychischen Regulationsgrundlagen eine differenzierte Analyse der zu untersuchenden Aufträge und deren Funktion in der Arbeitstätigkeit vorausgehen muß. Die Vorbereitung

Situation zu Beginn des Experiments	geforderte Leistung
regellose Anordnung aller Teilhandlungen für Schalthandlungen an unterschiedlichen Anlagen	1) Sortierung nach Anlagentypen *A B C* .... *J* 2) Sortierung nach der Reihenfolge der Teilhandlungen 1 1 1 .... 1 2 2 2 .... 2 3 3 3 .... 3 . . . . *n m k* *q*

Abb. 66: Schema des Vorgehens der experimentellen Analyse von Handlungsprogrammen bei Schaltmonteuren (nach UHMANN 1980).

ist somit aufwendig. Solche experimentellen Analysen gehören aber nicht zu den Standardmethoden der psychologischen Arbeitsanalyse. Ihre Anwendung beschränkt sich auf die Klärung von Detailproblemen, die für spezielle Gestaltungsfragen wichtig sind. Die sorgfältige Planung beispielsweise von Überarbeitungen der bedienseitigen Gestaltung von Maschinen oder Anlagen oder die sorgfältige Planung von Einarbeitungshilfen oder Trainingsprogrammen, die jeweils für mehrere Jahre vorgenommen werden und in breiterem Umfang genutzt werden sollen, rechtfertigt nicht nur, sondern erfordert solche Analysen.

Literaturverzeichnis

ABERSPACH, H.: Die Arbeitskräftefluktuation und ihre volkswirtschaftlichen Folgen. In: G. BERNARD u. a. (Hrsg.), Fluktuation. Berlin 1965

ALIOTH, A., und I. UDRIS: Fragebogen zur subjektiven Arbeitsanalyse (SAA). ETH Zürich, Lehrstuhl für Arbeits- und Betriebspsychologie, 1978 (unveröffentl.)

Arbeitsgesetzbuch der DDR. Berlin 1978

Arbeitsklassifizierung: Einführung in die Grundmethodik; Teil A und B (Autorenkollektiv: E. MADER). Berlin 1980

ARENDT, M.: Methodik der komplexen Arbeitsplatz- und Beanspruchungsanalyse. Dresden, Zentrales Forschungsinstitut für Arbeit (als Manuskript gedruckt): Teil 1: Rahmenmethodik zur Analyse der Arbeitsanforderungen, 1978; Teil 4: Die Schlüsselliste zur Arbeitsplatzanalyse, 1979

ARLT, F.: Untersuchungen zur Wechselwirkung von arbeitsschutzgerechtem Verhalten und Arbeitsbedingungen mit dem Ziel der Ableitung psychologischer Grundsätze für die Arbeitsgestaltung. Diss. (A). Techn. Universität Dresden 1979

Autorenkollektiv: Grundsätze und Methoden der Arbeitsnormung. Berlin 1975

BAARSS, A., W. HACKER, W. HARTMANN, A. IWANOWA, P. RICHTER und S. WOLFF: Psychologische Arbeitsanalyse zur Erfassung der Persönlichkeitsförderlichkeit von Arbeitsinhalten. In: F. FREI und E. ULICH (Hrsg.), Beiträge zur psychologischen Arbeitsanalyse. Berlin 1980

BACHMANN, W.: Arbeitspsychologische Bewertungskriterien für die Arbeitsgestaltung. Soz. Arb.wiss. 22, 171—177, 1978

BAINBRIDGE, L.: The Process Controller. Vortragsmanuskript XXI. Int. Kongreß f. Psychologie, Paris 1976

BARTENWERFER, H. G.: Einige praktische Konsequenzen aus der Aktivierungstheorie. Z. exp. angew. Psychol. 16, 195—222, 1969

BASTIAN, J., S. GRUND und W. MÜLLER: Probleme der Beeinflussung der Fluktuation durch die Ämter für Arbeit. Soz. Arbeitswiss. 17, 190—197, 1973

BERNARD, G., G. ABERSPACH, O. PUTTRICH, K. SPIEGELBERG und H. WOLF (Hrsg.): Fluktuation. Berlin 1965

BRAUNREUTHER, K.: Aspekte der inneren Bindung an den Arbeitsplatz. Arbeit und Arbeitsrecht 21, 331—334, 1966

BRIGHAM, F. R., and L. LAIOS: Operator Performance in the Control of a Laboratory Process Plant. Ergonomics 18, 1, 53—66, 1975

BRUGGEMANN, A.: Zur Unterscheidung verschiedener Formen von „Arbeitszufriedenheit". Arbeit und Leistung 28, 11, 281—284, 1974

BRUNER, J. S., J. J. GOODNOW and G. A. AUSTIN: A Study of Shinking. New York 1956

BUNGARD, W. (Hrsg.): Die gute Versuchsperson denkt nicht — Artefakte in der Sozialpsychologie. München/Wien/Baltimore 1980

CAMPBELL, D. T.: From description to experimentation: Interpreting trends as quasi-experiments. In: C. W. HARRIS (Ed.), Problems in measurny change. Madison 1963, 212—254

CAMPBELL, D. T., and J. C. STANLEY: Experimental and quasiexperimental design for research. Chicago 1966

COOK, TH. D., and D. T. CAMPBELL: The design and conduct of quasiexperiments and true Experiments in field settings. In: M. D. DUNETLE (Ed.), Handbook of industrial and organisational psychology. Chicago 1976

COX, T.: Stress. London 1978

CRANACH, M. v., U. KALBERMATTEN, K. INDERMÜHLE und B. GUGLER: Zielgerichtetes Handeln. Bern/Stuttgart/Wien 1980

DÄHN, CHR., und R. SONNENBERG: Analyse und Bewertung von Anlagenfahrertätigkeiten in der chemischen Industrie. Praktikumsbericht Technische Universität Dresden, 1980 (unveröffentl.)

DÖRNER, D.: Die kognitive Organisation beim Problemlösen. Versuche zu einer kybernetischen Theorie der elementaren Informationsverarbeitungsprozesse beim Denken. Bern/Stuttgart/Wien 1974

DUNCAN, K. D., and A. SHEPHARD: A Simulator and Training Technique for Diagnosing Plant Failures form Control Panels. Ergonomics 18, 627—641, 1975

ECKE, CHR., und S. KRÖMKE: Fluktuationsprobleme aus der Sicht der Leitung und Planung sozialer Prozesse. Soz. Arbeitswiss. 3, 225—229, 1975

EHRICH, P.: Ergonomische Berichte, H. 4. Berlin 1970

ELSSNER, G.: Erlernen motorischer Arbeitshandlungen auf der Grundlage von Sprachimpulsen — dargestellt an einer Anlernmethodik für das Aufstecken von Knoxamseide in einem Kunstseidenwerk. In: W. SKELL (Hrsg.), Psychologische Analysen von Denkleistungen in der Produktion. Berlin 1972

EMERY, F. E., and M. EMERY: Participative Design: Work and Community Life. Centre for Continuing Education, Canberra 1974 (Reprinted in EMERY, F., und THERSUD, E.: Democracy at Work. Leiden 1976, 158—177)

ENDERLEIN, G., H. STACH und W. WIESNER-BALCKE: Theoretische und methodische Probleme bei Krankenstandsuntersuchungen. Z. ges. Hyg. 25, 194—302, 1979

ENGELS, F.: Anteil der Arbeit an der Menschwerdung des Affen. In: K. MARX und F. ENGELS, Werke Bd. 20. Berlin 1962

ETTRICH, K. U.: Versuchsplanung (Exkurs). In: W. FRIEDRICH und W. HENNIG (Hrsg.), Der sozialwissenschaftliche Forschungsprozeß. Berlin 1975

EULER, H. P.: Zur empirischen Kritik von Konzepten der Arbeitsstrukturierung. Fortschrittliche Betriebsführung und Industrial Engineering 26, 303—313, 1977

FECHNER, P.: Untersuchungen der Arbeitstätigkeit des Ammoniakfahrers in der Abteilung „Rückgewinnung" eines Chemiebetriebes mit dem Ziel der Erstellung und Erprobung einer Anlernmethodik. Dipl.-Arbeit, Technische Universität Dresden 1976 (unveröffentl.)

FEGER, H.: Zur Lage der Psychologie. Psychol. Rdsch. 28, 1—21, 1977

FIEDLER, W.: Zur Bestimmung von Abgrenzungskriterien für Arbeitshandlungen bei Produktionstätigkeiten an Werkzeugmaschinen. Dipl.-Arbeit, Technische Universität Dresden 1978 (unveröffentl.)

FISCHER, D. G., and J. A. SOBKOW: Worker's estimations of ability requirements of their jobs. Percept. and Motor skills 48, 519—531, 1979

FLEISHMAN, E. A., and R. W. STEPHENSON: Development of a taxonomy of human performance. A review of the third years progress. Washington 1970

FREI, F.: Handlungsorientierte Tätigkeitsanalysen mit dem „Fragebogen zur Arbeitsanalyse"? Eine Erwiderung auf den Beitrag von C. GRAF HOYOS. Angewandte Arbeitswissenschaftl. Mitteilungen des IfaA. Nr. 72, Köln 1977

FRENZ, H.-G., und S. FREY: Die Analyse menschlicher Tätigkeiten — Probleme der systematischen Verhaltensbeobachtung. In: F. FREI und E. ULICH (Hrsg.): Beiträge zur psychologischen Arbeitsanalyse. In: Schriften zur Arbeitspsychologie Nr. 31. Bern/Stuttgart/Wien 1981

FRESE, M.: Partialisierte Handlung und Kontrolle. Zwei Themen der industriellen Psychopathologie. In: M. FRESE, S. GREIF und N. SEMMER (Hrsg.), Industrielle Psychopathologie. Bern/Stuttgart/Wien 1978

FRESE, M., und S. GREIF: „Humanisierung der Arbeit" und Streßkontrolle. In: M. FRESE, S. GREIF und N. SEMMER (Hrsg.), Industrielle Psychopathologie. Bern/Stuttgart/Wien 1978

FRESE, M., und G. MOHR: Die psychologischen Folgen des Entzugs von Arbeit: Der Fall Arbeitslosigkeit. In: M. FRESE, S. GREIF und N. SEMMER (Hrsg.), Industrielle Psychopathologie. Bern/Stuttgart/Wien 1978

FRIEBEL, R., und K. THIEDE: Analyse und Bewertung von Anlagenfahrertätigkeiten in der chemischen Industrie. Praktikumsbericht Technische Universität Dresden, 1980 (unveröffentl.)

FRIELING, E.: Psychologische Probleme der Arbeitsanalyse — Dargestellt an Untersuchungen zum Position Analysis Questionnaire (PAQ). Diss. Technische Universität München, 1974

FRIELING, E.: Psychologische Arbeitsanalyse. Stuttgart/Berlin/Köln/Mainz 1975

FRIELING, E.: Fragebogen zur Arbeitsanalyse (FAA). Bern/Stuttgart/Wien 1978

FÜRSTENBERG, F.: Arbeitsstrukturen und Qualifikation. Z. Arbeitswiss. 4, 33, 200—203, 1979
GALPERIN, P. J.: Die Entwicklung der Untersuchung über die Bildung geistiger Operationen. In: H. HIEBSCH (Hrsg.), Ergebnisse der sowjetischen Psychologie. Berlin 1967
GARDELL, B.: Arbeitsgestaltung, intrinsische Arbeitszufriedenheit und Gesundheit. In: M. FRESE, S. GREIF und N. SEMMER (Hrsg.), Industrielle Psychopathologie. Bern/Stuttgart/Wien 1978
GAUGLER, E., U. KOLB und B. LING: Humanisiering der Arbeitswelt und Produktivität. Ludwigshafen 1977
GEBERT, D., und L. v. ROSENSTIEL: Organisationspsychologie. Stuttgart/Berlin/Köln/Mainz 1981
GNIZA, E.: Methoden der Unfallermittlung und Unfallstatistik. Berlin 1958
GOEDE, K.: Zur Informationsgewinnung beim Funktionslernen. In: F. KLIX (Hrsg.), Organismische Informationsverarbeitung. Berlin 1974
GOEDE, K., CHR. PAUL und J. RICHTER: Zum Lernen von Funktionsbeziehungen in der industriellen Praxis. Zentralinstitut für Arbeitsmedizin, Berlin 1975 (Manuskript)
GOTTSCHALCH, H.: Bedürfnisse und Motive der Produzenten. Frankfurt/New York 1981
GREENE, K. B. DE: Models of Man in Systems in Retrospect and Prospect. Ergonomics 17, 437—446, 1974
GRUNOW, C.: Analyse der Regulationsgrundlagen bei Leitstands-Maschinisten in Kraftwerken. Dipl.-Arbeit Technische Universität Dresden 1978 (unveröffentl.)
HACKER, W.: Psychologische Analyse von Krankenstandsdaten. Arbeitsökonomie und Arbeitsschutz 8, 447—456, 1964
HACKER, W.: Zur Entwicklung der Arbeitspsychologie in der wissenschaftlich-technischen Revolution. In: W. HACKER, W. SKELL und W. STRAUB (Hrsg.), Arbeitspsychologie und wissenschaftlich-technische Revolution. Berlin 1968a
HACKER, W.: Monotonie — Zustand — Entstehung, Wesen und Bekämpfung. In: H. KULKA (Hrsg.): Arbeitspsychologie für die industrielle Praxis. Berlin 1968b
HACKER, W.: Arbeits- und ingenieurpsychologische Beiträge zur sozialistischen Rationalisierung der Volkswirtschaft. In: W. HACKER, K.-P. TIMPE und M. VORWERG (Hrsg.), Arbeitsingenieur- und sozialpsychologische Beiträge zur sozialistischen Rationalisierung. Berlin 1973, S. 11—26
HACKER, W.: Zum gegenwärtigen Stand und zu Perspektiven der Bestimmung psychischer Beanspruchung im Arbeitsprozeß. Soz. Arbeitswiss. 1, 17—28, 1974a
HACKER, W.: Psychologische Grundlagen persönlichkeitsfördernder und produktionssteigender Arbeitsgestaltung. Soz. Arbeitswiss. 6, 447—455, 1974b
HACKER, W.: Zur Anforderungsabhängigkeit der Nutzung von hierarchischer Ordnung in Sequenzen. Z. Psychol. 185, 1—33, 1977
HACKER, W.: Allgemeine Arbeits- und Ingenieurpsychologie. Berlin 1978, 1980[2]
HACKER, W. (Hrsg.): Spezielle Arbeits- und Ingenieurpsychologie 1: Psychologische Bewertung von Arbeitsgestaltungsmaßnahmen. Berlin 1980a
HACKER, W. (Hrsg.): Spezielle Arbeits- und Ingenieurpsychologie 2: Psychische Fehlbeanspruchung. Berlin 1980b
HACKER, W., und R. JATZLAU: Ermittlung und Bewertung von Arbeitsinhalten — Studie zur Methodenproblematik, dargestellt am Drehen. Informationen der Technischen Universität Dresden 22-15-78
HACKER, W., und F. MACHER: Effektivitätssteigernde und persönlichkeitsfördernde projektierende und korrigierende Gestaltung von Arbeitstätigkeiten. 2. Arbeitswissenschaftliche Tagung, Dresden 1977
HACKER, W., und B. MATERN: Beschaffenheit und Wirkungsweise mentaler Repräsentationen in der Handlungsregulation. Z. Psychol. 187, 2, 141—156, 1979
HACKER, W., und B. MATERN: Methoden zum Ermitteln tätigkeitsregulierender kognitiver Prozesse und Repräsentationen bei industriellen Arbeitstätigkeiten. In: W. VOLPERT (Hrsg.), Beiträge zur psychologischen Handlungstheorie. Schriften zur Arbeitspsychologie 28. Bern/Stuttgart/Wien 1980
HACKER, W., und B. MATERN: O metodach isledovanija kognitivnich processov regulirujuscich dejatel'nost' v uslovijach proizvodstva. In: B. F. LOMOW und W. F. WENDA (vyp.): Metodologija inzernernoj psichologii, pchologii truda i upravlenija. Moskau 1981
HACKER, W., B. MATERN, P. RICHTER und G. STROHBACH: Progressive Arbeitsinhalte: Psychologische Gestaltungswege und ihre Wirkungen. Die Technik 33, 288—290, 1978
HACKER, W., W. QUAAS, H. RAUM, H.-J. SCHULZ (Hrsg.): Psychologische Arbeitsuntersuchung, Berlin 1973
HACKER, W., R. RÜHLE und N. SCHNEIDER: Psychologische Grundlagen von Arbeitsverfahren. Operative

Abbilder als Ursache inter-individueller Verfahrens- und Leistungsunterschiede bei Mehrmaschinenbedienung. 4. Kongr. Ges. f. Psychol. d. DDR, Leipzig 1975, S. 74 (Manuskriptdruck)

Hacker, W., R. Rühle und N. Schneider: Psychologische Grundlagen von Arbeitsverfahren. Soz. Arbeitswiss. 6, 428—437, 1976

Hacker, W., R. Rühle und N. Schneider: Effektivitätssteigerung durch neue Verfahren zum Erlernen leistungsbestimmender geistiger Tätigkeiten. Soz. Arbeitswiss. 5, 363—368, 1978

Hacker, W., und K. P. Timpe: Untersuchungen zur psychologischen Arbeitsgestaltung in der DDR. In: Beiträge zur Entwicklung der marxistisch-leninistischen Psychologie in der DDR. Manuskriptdruck d. Akademie der Pädagogischen Wissenschaften der DDR, Berlin 1978

Hacker, W., und H. Vaic: Psychologische Analyse interindividueller Leistungsdifferenzen als eine Grundlage von Rationalisierungsbeiträgen. In: W. Hacker u. a. (Hrsg.), Psychologische Arbeitsuntersuchung. Berlin 1973

Hackman, J. R.: Tasks and task performance in research on stress. In: J. E. McGrath (Ed.), Social and psychological factors in stress. New York 1970

Hackman, J. R.: Toward Understanding the Role of Tasks in Behavioral Research. Acta psychol. (Amst.) 31, 97—128, 1969

Hackman, J. R., and G. R. Oldham: The Job Diagnostic Survey: An instrument the diagnosis of Jobs and the evaluation of job redesign projects. Technical report No 4, Yale University 1974

Hackstein, R., und P. Ludemann: Arbeitsbedingungen und Fluktuation. Z. Arbeitswiss. 1, 37—41, 1978

Handbuch für den Gesundheits- und Arbeitsschutz, Bd. I. 1976, Bd. II. 1978

Harrison, R. van: Person-environment fit and job stress. In: C. L. Cooper and R. Payne (Ed.): Stress at work. Chichester/New York/Brisbane/Toronto 1978

Hepke, L., und M. Kaden: Untersuchung der Tätigkeit von Leitstandsmaschinisten. Berufspraktikumsarbeit Technische Universität Dresden, 1977 (unveröffentl.)

Herrmann, G., W. Naumann und W. Hacker: Studie zur Wirkung unterschiedlicher kognitiver Strategien auf Leistung und Belastung — dargestellt an Bedientätigkeiten. In: W. Hacker, K.-P. Timpe und M. Vorwerg (Hrsg.): Arbeits-, ingenieur- und sozialpsychologische Beiträge zur sozialistischen Rationalisierung. Berlin 1973, 115—120

Hiebsch, H.: Die Bedeutung des Menschenbildes für die Theoriebildung in der Psychologie. Probl. Erg. Psychol. I, 1960

Hiebsch, H., M. Vorwerg u. a.: Sozialpsychologie. Berlin 1980

Hoyos, C. Graf: Arbeitspsychologie. Stuttgart/Berlin/Köln/Mainz 1974

Hoyos, C. Graf: Handlungsorientierte Tätigkeitsanalysen mit dem „Fragebogen zur Arbeitsanalyse". Angewandte Arbeitswissenschaft, Mitteilungen des Ifa A, 68, 18—29, 1977

Hurrelmann, P., und H. Stach: Bewertung einiger Aspekte der Arbeitssituation durch Produktionsarbeiter. Forschungsbericht des WTZ für Arbeitsschutz beim Ministerium f. Bauwesen der DDR, Berlin 1973 (unveröffentl.)

ILO Introduction to work study. 3. (rev.) ed. geneva: International Labour Office 1979

Introduction to Work Study. International Labour Office Geneva 1979

Jauch, J.: Repräsentative Teilauswahlen. In: V. Stoljarow (Hrsg.), Zur Technik und Methodologie einiger quantifizierender Methoden der soziologischen Forschung. Berlin 1966

Jülisch, B., und W. Krause: Der Einfluß des Aufgabenkontextes einer Problemaufgabe auf das menschliche Problemlösungsverhalten. 4. Kongr. Ges. f. Psychol. d. DDR, Leipzig 1975 (Manuskriptdruck)

Jülisch, B., und W. Krause: Semantischer Kontext und Problemlösungsprozesse. In: F. Klix (Hrsg.), Psychologische Analysen kognitiver Prozesse. Berlin 1976

Kaminski, G.: Praktikum der Arbeitswissenschaft. München 1971

Kasielke, E.: Der Beschwerdenerfassungsbogen als neurosendiagnostisches Verfahren. In: J. Helm, E. Kasielke und J. Mehl (Hrsg.), Neurosendiagnostik. Berlin 1974

Kasvio, L.: Strategien beim Erlernen funktioneller Beziehungen. Diss. (A), Technische Universität Dresden 1978 (unveröffentl.)

Kaule, H., G. Kretzschmar und C.-D. Luda: Arbeitswissenschaftliche Beiträge für Wissenschaft und Praxis, H. 4, Zentralinstitut für Arbeitsmedizin Dresden 1978

Klaus, G.: Wörterbuch der Kybernetik. Berlin 1968

KLEINBECK, U., K.-H. SCHMIDT, G. ERNST und J. RUTENFRANZ: Motivationale Aspekte der Arbeitszufriedenheit. Z. f. Arbeitswiss. 4, 200—206, 1980

KLIX, F.: Information und Verhalten. Berlin 1971

KÖHLER, U.: Psychologische Arbeitsuntersuchung als Basis für psychologische Vergleiche von Arbeitstätigkeiten. In: F. KLIX und K.-P. TIMPE (Hrsg.), Arbeits- und Ingenieurpsychologie und Intensivierung. Berlin 1979

KÖHLER, U.: Zur psychologischen Analyse des Arbeitsauftrages vor Beobachtung von Produktionstätigkeiten. Soz. Arbeitswiss. 1, 16—23, 1980

KÖHLER, U.: Psychologische Arbeitsanalyse als Verfahren für Tätigkeitsvergleiche. In: F. FREI und E. ULICH (Hrsg.), Beiträge zur psychologischen Arbeitsanalyse. Schriften zur Arbeitspsychologie Nr. 31. Bern/Stuttgart/Wien 1981

KRATZER, H., und K. ZIMMER: Experimentelle Analyse von belastungsbedingten Veränderungen der Tätigkeitsstruktur, untersucht am Beispiel einer tätigkeitsrelevanten Beurteilungsleistung. Diss. (A). Technische Universität Dresden 1974 (unveröffentl.)

KÜNSTLER, B.: Der Belastungsverlaufs-Test (BLV). Entwicklungsmaterialien. Forschungsber. der Sektion Psychologie der Humboldt-Universität Berlin 1978 (unveröffentl.)

LANDA, L. N.: Algorithmisierung im Unterricht. Berlin 1969

LANDAU, K.: Das arbeitswissenschaftliche Erhebungsverfahren zur Tätigkeitsanalyse — AET —. Darmstadt, Technische Universität, Diss. 1978

LAZARUS, R. S., and R. LAMTIER: Stress-related transactions between person and environment. In: L. A. PERVIN and M. LEWIS (Eds.), Perspectives in interactional psychology. New York/London 1978

LEHMANN, G.: Praktische Arbeitsphysiologie. Stuttgart 1962

LEONTJEW, A. N.: Tätigkeit, Bewußtsein, Persönlichkeit. Berlin 1979

LEPLAT, J.: Die Beseitigung und Vermeidung von Störungen — ihre Rolle bei der Analyse von Abbildern. Probl. Erg. Psychol. 59, 73—82, 1976

Lexikon der Wirtschaft, Bd. Arbeit. Berlin 1968

LOMOW, B. F.: Entwicklungsstand und Perspektiven der Psychologie in der UdSSR unter dem Aspekt der Beschlüsse des XXIV. Parteitages der KPdSU. Z. Psychol. 179, 410—437, 1971

LOMOW, B. F.: Über Entwicklungsstand und Perspektiven der psychologischen Wissenschaft in der UdSSR. Z. Psychol. 186, 1—25, 1978

LUCZAK, H.: Untersuchung informatorischer Belastung und Beanspruchung des Menschen. Düsseldorf 1975

MACHER, F. (Hrsg.): Methoden und Verfahren des Arbeitsstudiums. Berlin 1974

MARSTEDT, G., und K. SCHAHN: Eine Analyse des Zusammenhangs von Arbeitsbedingungen und psychischen Störungen. Psychol. und Prax. 21, 1—12, 1977

MARX, K.: Das Kapital, Bd. 1. In: K. MARX und F. ENGELS, Werke Bd. 23. Berlin 1962

MASCHEWSKI, W.: Das Experiment in der Psychologie. Frankfurt/New York 1977

MATERN, B.: Über die Güteklassenzuordnung von Kunstseiden auf Grund von Wahrnehmungskriterien. Probl. Erg. Psychol. 15, 39—52, 1965

MATERN, B.: Mentale Repräsentationen funktioneller Beziehungen — Beschaffenheit, Wirkungsweise und Funktion. Diss (B), Technische Universität Dresden 1976

MATERN, B.: Verzögertes Wirksamwerden von Eingriffen in der automatisierten Industrie — Konsequenzen für die Arbeitsgestaltung. Soz. Arbeitswiss. 3, 224—229, 1979

MATERN, B.: Totzeitprobleme in Regelungssystemen — Konsequenzen für die Gestaltung von Steuer- und Überwachungstätigkeiten. Probl. Erg. Psychol. 74, 67—79, 1980

MATERN, B., u. a.: Zur Qualität psychischer Regulationsgrundlagen bei Tätigkeiten des Anlagenfahrens. Probl. Erg. Psychol. 65, 5—16, 1978

MATHESIUS, R.: Methoden zur Erfassung aktuell erlebter Zustände. In: P. KUNATH (Hrsg.), Beiträge zur Sportpsychologie 1. Berlin 1972

MCCORMICK, E. J., P. R. JEANNERET and R. C. MECHAM: A study of job characteristics and job dimensions as based on the Position Analysis Questionnaire (PAQ). Occupational Research Center. Purdue University 1969

MCGRATH, J. E.: Stress and Behavior in Organizations. In: M. O. DUNETTE (Ed.), Handbook of industrial an organizational psychology. Chicago 1976, pp. 651—696

McLeod, P. D., and I. R. Callum: Control Strategies of Expierenced and Novice Controllers with a Zero-Energy Nuclear Reactor. Ergonomics 18, 5, 547—554, 1975

Meister, W.: Arbeitspsychologische Methoden und Ergebnisse zur arbeitshygienischen Professiographie. Berlin 1976

Miller, R. B.: Task Description and Analysis. In: R. M. Gagné (Ed.), Psychological Principles in System Development. New York/Chicago/San Francisco/Toronto/London 1966

Miller, R. B.: Development of a Taxonomy of Human Performance: Design of a Systems Task Vocabulary. Techn. Report 11, 1971. American Institut of Research

Munipow, W. M., W. P. Sintschenko und G. L. Smoljan: Ergonomische Grundlagen der Arbeitsorganisation. Berlin 1976

Nachreiner, F., G. Brand, G. Ernst und J. Rutenfranz: Zur Kontrolle von Hawthorne-Effekten. Z. Arbeitswiss. 32, 3, 172—175, 1977

Nachreiner, R., und G. Ernst: Monotony and satiation as a person-situation interaction. Vortrag auf dem 19. Int. Congr. of Appl. Psychol., München 1978

Nachreiner, F., D. Wucherpfennig, G. Ernst und J. Rutenfranz: Zur Bevorzugung unterschiedlicher vorgegebener Arbeitsstrukturen durch Fließbandarbeiter. Z. Arbeits-wiss. 30, 193—203, 1976

Nehring, R.: Subjektive Tätigkeitsbewertung. Forschungsbericht Medizinische Akademie Magdeburg 1980 (unveröffentl.)

Neubert, J.: Intellektuelle Prozesse in ihrem Einfluß auf die Genese von Tätigkeitsstrukturen — dargestellt am Beispiel der Fertigung von Drehteilen. In: W. Skell (Hrsg.), Psychologische Analyse von Denkleistungen in der Produktion. Berlin 1972

Neubert, J.: Beziehungen zwischen Arbeitsanfall, Beanspruchung und Zuverlässigkeit — ein Beispiel. In: F. Klix und K. P. Timpe (Hrsg.), Arbeits- und Ingenieurpsychologie und Intensivierung. Berlin 1979

Neubert, J., und P. Tomczyk: Produktionsanforderung, Tätigkeitsregulation und Leistung bei einer Überwachungstätigkeit. Probl. Erg. Psychol. 58, 5—31, 1976a

Neubert, J., und R. Tomczyk: Mit regulationsorientiertem Handlungstraining zur Optimierung von Arbeitsverfahren. Soz. Arbeits-wiss. 20, 6, 438—445, 1976b

Neubert, J., und R. Tomczyk: Task-related information interchange (TII) in small groups as learning method. XXII. Int. Congress of Psychol. Leipzig 1980

Neubert, J., und R. Tomczyk: Aufgabenorientierter Informationsaustausch als Methode der Gestaltung rationeller Arbeitsverfahren — Psychologische Grundlagen und arbeitsingenieurwissenschaftliche Erprobung im Betrieb. Diss. (B) und Diss. (A), Technische Universität Dresden 1981 (unveröffentl.)

Neumann, J., und K. P. Timpe: Psychologische Arbeitsgestaltung. Berlin 1976

Nick, H.: Moderne Technik für oder wider menschliches Wohl. Einheit 3, 226—233, 1981

Nieder, P.: Zur Reduzierung von Fehlzeiten. Z. Arbeitswiss. 3, 186—190, 1978

Nitsch, J. R.: Die Eigenzustandsskala (EZ-Skala) — ein Verfahren zur hierarchischen mehrdimensionalen Befindlichkeitsskalierung. In: J. R. Nitsch und I. Udris (Hrsg.), Beanspruchung im Sport, Training und Beanspruchung. Bd. 4. Bad Homburg v. d. H. 1976

Oesterreich, R.: Handlungsregulation und Kontrolle. München/Wien/Baltimore 1981

Ökonomisches Lexikon. Berlin 1978

Orendi, B.: Fehlzeiten und Krankheitsverhalten. In: M. Frese, S. Greif und N. Semmer (Hrsg.), Industrielle Psychopathologie. Bern/Stuttgart/Wien 1978

Oschanin, D. A.: Dynamisches operatives Abbild und konzeptionelles Modell. Probl. Erg. Psychol. 59, 37—48, 1976

Plath, H.-E.: Möglichkeiten zur Erfassung von Belastungswirkungen mittels Analysen der Arbeitstätigkeit, deren Bedingungen und Auswirkungen. In: W. Hacker u. a. (Hrsg.), Psychologische Arbeitsuntersuchung. Berlin 1973a

Plath, H.-E.: Zur Indikation von Belastungswirkungen vorwiegend geistiger Tätigkeiten mittels Leistungsmerkmalen, psychophysiologischer Kriterien und Daten des Befindens. Diss (B), Technische Universität Dresden 1973 (unveröffentl.)

Plath, H.-E.: Zur tätigkeits- und anforderungsanalytischen Beurteilung der Veränderung des Inhalts der Arbeit. Soz. Arbeitswiss. 7, 1974

Plath, H.-E.: Zur Indikation von Belastungswirkungen kognitiver Tätigkeiten bei unterschiedlicher Schwierigkeit der Aufgabenbewältigung. In: W. Hacker (Hrsg.), Psychische Regulation von Arbeitstätigkeiten. Berlin 1976

PLATH, H.-E.: Analysemethoden, Ergebnisse und Ansätze zur Gestaltung progressiver Arbeitsinhalte aus arbeitspsychologischer Sicht. Soz. Arbeitswiss. 8, 561—584, 1977

PLATH, E., und P. RICHTER: Der BMS (I) — Erfassungsbogen — Ein Verfahren zur skalierten Erfassung erlebter Beanspruchungsfolgen. Probl. Erg. Psychol. 65, 45—85, 1978

POKORNEY, J. J., D. C. GILMORE and T. A. BEEHR: Job Diagnostic Survey Dimensions: Moderating Effect of Growth Needs and Corresondence with. Dimensions of Job Rating Form. Organisational Behaviour and Human Performance 26, 222—237, 1980

PUNGS, M., J. STEINBACH und A.-M. TAUSCH: Kommunikation, Befindlichkeit und Erleben von Arbeitern am Arbeitsplatz. Psychol. und Praxis 23, 1979

QUAAS, W.: Unterschiede der kognitiven Aufgabenbewältigung als Ursache für interindividuelle Leistungsdifferenzen bei Arbeitstätigkeiten. In: W. HACKER (Hrsg.), Psychische Regulation von Arbeitstätigkeiten. Berlin 1976

QUAAS, W., H.-J. GRAFF und G. POHL: Zur Verursachung und Auswirkung individueller Arbeitsweisen. 4. Kongr. Ges. f. Psychol. d. DDR, Leipzig 1975 (Manuskriptdruck)

REFA-Verband für Arbeitsstudien: Methodenlehre des Arbeitsstudiums, Teil I. München 1971

RESNICK, L. B., and D. P. RESNICK: Testing in America: The current challenge. International Review of Applied Psychology (SAGE, London and Beverly Hills), Vol. 31 (1982, 75—90)

REUTER, H.-J.: Einfluß- und Kontrollmöglichkeiten von Störeffekten bei Labor- und Feldexperimenten. Z. Arbeitswiss. 31, 3, 182—188, 1977

RICHTER, J., und A. SEEBER: Training von Operateuren durch Algorithmen zur Störerkennung. Z. Psychol. 182, 373—389, 1974

RICHTER, M.: Gesundheitszustand und Persönlichkeit von Werktätigen mit gehäufter Arbeitsunfähigkeit. Z. ges. Hyg. 24, 11, 881—885, 1978

RICHTER, P.: Entwicklung von Verfahren zur Feststellung von Belastungswirkungen (bzw. Überlastungserscheinungen) nach Merkmalen der Arbeitstätigkeit, deren Bedingungen und Auswirkungen sowie Erprobung dieser Verfahren an Arbeitsplätzen der Dosenspinnerei. Praktikumsbericht Technische Universität Dresden, 1966 (unveröffentl.)

RICHTER, P.: Untersuchung zur Wirksamkeit der Kompatibilitätsverbesserung auf die Leistungssteigerung beim Bestücken von Leiterplatten. Untersuchungsbericht der Arbeitshygienischen Untersuchungsstelle Dresden, 1973 (unveröffentl.)

RICHTER, P.: Bewertung des Einflusses sozialer und personaler Faktoren auf die Arbeitsunfähigkeit Soz. Arbeitswiss. 2, 122—129, 1976

RICHTER, P.: Handlungsstruktur und psychische Beanspruchung — Konzept einer Analyse- und Bewertungsmethodik. Diss. (B) Technische Universität Dresden 1981 (unveröffentl.)

RICHTER, P., H.-J. NAUMANN und G. LEUSCHNER: Analyse von Leistungs- und Beanspruchungskriterien bei der Verarbeitung redundanter Informationsangebote. In: W. HACKER, K.-P. TIMPE und M. VORWERG (Hrsg.), Arbeits-, ingenieur- und sozialpsychologische Beiträge zur sozialistischen Rationalisierung. Berlin 1973

RICHTER, P., und E. PLATH: Der BMS (T)-Erfassungsbogen, ein Verfahren zur skalierten Erfassung erlebter Beanspruchungsfolgen. Probl. Erg. Psychol. 65, 1978

RICHTER, P., und CH. RICHTER: Durchführung einer differenzierten Analyse der Anforderungen beim Arbeitsgang Drahtbonden in der FKS-Produktion mit Erarbeitung von Grundlagen für ein Anlern- und Trainingsprogramm. Dipl.-Arbeit, Technische Universität Dresden 1975 (unveröffentl.)

RICHTER, P., P.-G. RICHTER, CH. SCHMIDT und B. STRAUBE: Psychophysiologische Aufwandsbestimmung als Grundlage der Effektivitätsbeurteilung von Arbeitstätigkeiten. Z. Psychol. 188, 3, 275—291, 1980

RICHTER, P.-G.: Möglichkeiten der Beanspruchungsindikation in Feldsituationen unter besonderer Berücksichtigung tätigkeitsspezifischer Leistungs- und Verhaltensparameter. Diss (A), Technische Universität Dresden 1981 (unveröffentl.)

ROHMERT, W., H. LUCZAK und K. LANDAU: Arbeitswissenschaftlicher Erhebungsbogen zur Tätigkeitsanalyse AET. Z. Arbeitswiss. 4, 199—207, 1975

ROHMERT, W., und H. LUCZAK: Ergonomische Beurteilung informatorischer Arbeit. Int. Z. angew. Physiol. 31, 209—229, 1973

ROHMERT, W., J. RUTENFRANZ und K. LANDAU: Zur Beurteilung der Belastung und Beanspruchung an industriellen Arbeitsplätzen. Z. Arbeitswiss. 73—78, 1977

ROTHE, S.: Ziele und Teilziele in Arbeitstätigkeiten. Informationen der Technischen Universität Dresden 1978, 22-17-78

ROTHE, S.: Inhalt und Organisation der Tätigkeit und Möglichkeiten zur selbständigen Zielsetzung. Vortrag 11. Tagung zur Förderung des wiss. Nachwuchses auf dem Gebiet d. Psychologie. Greifswald 1979 (unveröffentl.)

RUBINSTEIN, S. L.: Grundlagen der Allgemeinen Psychologie. Berlin 1958

RÜHLE, R.: Inhalte, Methoden und Effekte der Analyse und Vermittlung operativer Abbilder bei Bedientätigkeiten der Mehrstellenarbeit. Diss. Technische Universität Dresden 1979 (unveröffentl.)

RÜHLE, R., N. SCHNEIDER und W. HACKER: Erwerb operativer Abbilder leistungsbestimmender Teiltätigkeiten. In: F. KLIX und K.-P. TIMPE (Hrsg.): Arbeits- und Ingenieurpsychologie und Intensivierung. Berlin 1979

SACHS, L.: Statistische Auswertungsmethoden. Berlin/Heidelberg/New York 1969

SAWALOWA, N. O., B. F. LOMOW und W. A. PONOMARENKO: Die Funktionsteilung zwischen Mensch und Automat und das Prinzip des aktiven Operateurs. Fragen der Psychologie 3, 1971 (russ.)

SCHEINERMANN, M.: Das unmittelbare Behalten im unermüdeten und ermüdeten Zustand unter besonderer Berücksichtigung der Aufmerksamkeitsprozesse. Arch. ges. Psychol. 33, 1/2, 1—134, 1915

SCHENK, S., und G. SCHMIDT: Psychologische Analyse einer auffälligen Verteilung von Straßenbahnunfällen in einer Großstadt. Probl. Erg. Psychol. 40, 49—68, 1972

SCHMIDT, G.: Analysen von Aufgabenlösungsprozessen bei vorwiegend kognitiven Tätigkeiten als Grundlage für die Ermittlung von Qualifizierungsinhalten. 4. Kongr. Ges. f. Psychol. d. DDR, Leipzig 1975, S. 32 (Manuskriptdruck)

SCHMIDT, G.: Über Möglichkeiten der Gestaltung der Arbeitstätigkeiten des Meßwartenpersonals an Produktionsanlagen in der Entwicklungs- und Projektierungsphase. In: F. KLIX und K.-P. TIMPE (Hrsg.), Arbeits- und Ingenieurpsychologie und Intensivierung. Berlin 1979

SCHMIDT, H.-D.: Der Einfluß des epochalen Menschenbildes auf die Grundvoraussetzungen der Psychodiagnostik. Probl. Erg. Psychol. I, 1960

SCHMIDT, H.-D.: Allgemeine Entwicklungspsychologie. Berlin 1970

SCHMIDT, K.-H., U. KLEINBECK und W. ROHMERT: Die Wirkung von Merkmalen der Arbeitssituation und Persönlichkeitsvariablen auf die Arbeitszufriedenheit und andere motivationsbezogene Einstellungsvariablen. Z. exp. angew. Psychol. XXVIII, 3, 465—485, 1981

SCHMIDT, M.: Zeitgliederung der Be- und Verarbeitungsprozesse Soz. Arbeitswiss. 24, 24—33, 1980

SCHMIDTKE, H.: Ergonomische Bewertung von Arbeitssystemen — Entwurf eines Verfahrens. Wien 1976

SCHMIDTKE, H.: Die Ermüdung. Bern/Stuttgart 1965

SCHMITT, N., M. COLLIGAN and M. FITZGERALD: Inexplained physical symptoms in light organisations. Individual and organisational analysis. J. occup. Psychol. 53, 305—317, 1980

SCHNIRMAN, A. L.: Die psychologischen Grundlagen bei der Erforschung der Schülerpersönlichkeiten. Beiträge aus der Sowjetpsychologie. Berlin 1952, 107—129

SCHÖNPFLUG, W.: Regulation und Fehlregulation im Verhalten. I. Verhaltensstruktur, Effizienz und Belastung — theoretische Grundlagen eines Untersuchungsprogramms. Psychol. Beitr. 21, 174—202, 1979

SCHOTTE, W.: Optimale Mikrofilmarbeitsplätze. Dipl.-Arbeit, Technische Universität Dresden 1977 (unveröffentl.)

SCHULZE, H.: Fluktuation und Betriebszugehörigkeit angelernter Arbeitskräfte. Arbeit und Arbeitsrecht 21, 306—308, 1966

SCHWIERZ, L.: Analyse der Wirkung äußerer Arbeitsbedingungen sowie sozialpsychologischer Faktoren auf den Krankenstand. Probl. Erg. Psychol. 60, 5—22, 1977

SÈVE, L.: Marxismus und Theorie der Persönlichkeit. Berlin 1973

SIMON, H. A.: The functional equivalence of problem solving skills. Cogn. Psychol. 7, 2, 268—280, 1975

SINGLETON, W. T.: Man-Machine Systems. London 1974

SINTSCHENKO, W. P., W. M. MUNIPOW und G. L. SMOLJAN: Ergonomische Grundlagen der Arbeitsorganisation. Berlin 1976

SKELL, W. (Hrsg.): Psychologische Analysen von Denkleistungen in der Produktion. Berlin 1972

SMOLJAN, G. L., und G. N. SOLNZEWA: Psychologische Faktoren der Optimierung der Arbeitstätigkeit. Ges.-wiss. Beitr. 2, 159—172, 1978

SPRUNG, L.: Zur Theorie und Methodik repräsentativerer Stichproben: Voraussetzungen, Aufbau und

Leistungseigenschaften gebräuchlicher Stichprobenpläne und Ausblick auf einige Entwicklungstendenzen der Stichprobentheorie und -methodik. Probl. Erg. Psychol. 50, 1976

SPRUNG, L., und H. SPRUNG: Zur Theorie und Methodik der Fragebogenkonstruktion — Anspruch, Leistung und Dilemma einer Standardmethodik. Teil I: Wesen und Konstruktionstechniken von Fragebogenmethodiken. Probl. Erg. Psychol. 66, 5—28, 1978

STARKE, K., und R. LUDWIG: Auswahlverfahren. In: W. FRIEDRICH und W. HENNIG (Hrsg.), Der Sozialwissenschaftliche Forschungsprozeß. Berlin 1975

Statistisches Jahrbuch der DDR, Berlin 1980

STEINBACH, R.: Arbeitswissenschaftliche Analyse der Überwachungstätigkeit des Anlagenpersonals in der chemischen Industrie als Grundlage für eine arbeitspsychologisch begründete aufgaben- und objektbezogene Qualifizierung. Diss. (A), Techn. Hochschule „Carl Schorlemmer" Leuna-Merseburg 1976 (unveröffentl.)

STOLLBERG, R.: Arbeitszufriedenheit. Berlin 1968

STRAUB, W.: Zur Methodik der Bestimmung von Wirkungen der Belastungen durch vorwiegend geistige Arbeit. In: W. HACKER, W. SKELL und W. STRAUB (Hrsg.), Arbeitspsychologie und wissenschaftlich-technische Revolution. Berlin 1968

STROHBACH, G.: Beziehungen zwischen Kooperationsstruktur und Kollektiventwicklung in Produktionsbrigaden. Diss (A), Friedrich-Schiller-Universität Jena 1975 (unveröffentl.)

SYDOW, H.: Strukturerkennung in kognitiven Prozessen. Diss. (B), Humboldt-Univ. Berlin 1975 (unveröffentl.)

THEOLOGUS, G. C., T. ROMASHKO and E. A. FLEISHMAN: Development of a taxonomy of human performance: A feasibility study of ability dimensions for classifying human tasks. American Inst. for Research. Washington 1970

TIMPE, K.-P.: Zuverlässigkeit in der menschlichen Arbeitstätigkeit. Z. Psychol. 184, 37—50, 1976

TOMACZEWSKI, T.: Die Struktur der menschlichen Tätigkeiten. Psychol. Prax. 8, 4, 1964

RURZA, M., und TH. VÖLKEL: Anforderungsanalyse und -bewertung der Tätigkeit des Kohledispatchers. Praktikumsbericht, Technische Universität Dresden 1979 (unveröffentl.)

TGL 22451 Informationsverarbeitung, Datenfluß- und Programmablaufpläne, Sinnbilder, 1967

TGL 22310/01

TGL 22315/01

TGL 32604/01 und 02

TGL 36987/02 und 03 und TGL 36988/03 Zeitgliederungen für Be- und Verarbeitungsprozesse

TGL 200-0817/07 Beleuchtung mit künstlichem Licht

TGL 22313 Klima am Arbeitsplatz

TGL 10087 Schallschutz

TGL 29432 Qualität industrieller Erzeugnisse

TGL 20610 Betriebliche Qualitätssicherung

UDRIS, I.: Stress in Organisationen. In: C. G. HOYOS, W. KROEBER-RIEL, L. v. ROSENSTIEL und B. STRÜMPEL (Hrsg.), Grundbegriffe der Wirtschaftspsychologie. München 1980

UDRIS, I.: Redefinition als Problem der Arbeitsanalyse. In: F. FREI und E. ULICH (Hrsg.), Beiträge zur psychologischen Arbeitsanalyse. Schriften zur Arbeitspsychologie, Bd. 31. Bern 1981

UHMANN, C.: Gestaltung von Arbeitsanweisungen und Einarbeitungshilfen für die Tätigkeit von Schaltmonteuren. Dipl.-Arbeit Technische Universität Dresden 1980 (unveröffentl.)

ULICH, E.: Fehlzeiten im Betrieb. Köln/Opladen 1965

ULICH, E.: Subjektive Tätigkeitsanalyse als Voraussetzung autonomieorientierter Arbeitsgestaltung. In: F. FREI und E. ULICH (Hrsg.), Beiträge zur psychologischen Arbeitsanalyse. Schriften zur Arbeitspsychologie, Bd. 31. Bern 1981

ULICH, E.: Subjektive Tätigkeitsanalyse als Mittel zur antriebsregulatorischen Stimulation. Bericht der III. Arbeitswissenschaftlichen Tagung, Heft 1, Dresden 1981

ULICH, E., und F. FREI: Persönlichkeitsförderliche Arbeitsgestaltung und Qualifizierungsprobleme. In: W. VOLPERT (Hrsg.), Beiträge zur Psychologischen Handlungstheorie. Bern/Stuttgart/Wien 1980

ULICH, E., P. GROSKURTH und A. BRUGGEMANN: Neue Formen der Arbeitsgestaltung. Frankfurt (Main) 1973

ULLMANN, A.: Einige Probleme der Messung der Einstellung zur Arbeit. Soz. Arbeitswiss. 2, 130—134, 1975

Verfügungen und Mitteilungen des Ministeriums für Gesundheitswesen 1974, Nr. 15. Methodische Hinweise für die Auswertung des Krankenstandes

VÖLKER, K.: Möglichkeiten der exakten Auswertung abgelaufener Einarbeitungsprozesse. Arbeitsökonomik 6, 497—508, 1965

VÖLKER, K.: Arbeitsnormung bei Einarbeitungsprozessen. Lehrbrief 31, Arbeitsstudium, Arbeitsgestaltung, Arbeitsnormung. Berlin 1967

VOLPERT, W.: Handlungsstrukturanalyse als Beitrag zur Qualifikationsforschung. Köln 1974

VOLPERT, W.: Die Lohnarbeitswissenschaft und die Psychologie der Arbeitskraft. In: P. GROSKURTH und W. VOLPERT (Hrsg.), Lohnarbeitspsychologie. Frankfurt/Main 1975

VOLPERT, W.: Der Zusammenhang von Arbeit und Persönlichkeit aus handlungspsychologischer Sicht. In: P. GROSKURTH (Hrsg.), Arbeit und Persönlichkeit. Reinbeck 1979

VOLPERT, W. (Hrsg.): Beiträge zur Psychologischen Handlungstheorie. Schriften zur Arbeitspsychologie Bd. 28. Bern 1980

VOLPERT, W., S. GABLENZ-KOLAKOVIC, T. KROGOLL und R. OESTERREICH: Entwicklung eines Verfahrens zur Identifizierung lernrelevanter Aspekte der Arbeitstätigkeit („VILA“). Workshop: Konzeptionen und Modelle zur Tätigkeitsanalyse. München 1981

VOLPERT, W., B. LUDBORZS und M. MUSTER: Lernrelevante Aspekte in der Aufgabenstruktur von Arbeitstätigkeiten — Probleme und Möglichkeiten der Analyse. In: F. FREI und E. ULICH (Hrsg.), Beiträge zur psychologischen Arbeitsanalyse. Schriften zur Arbeitspsychologie Nr. 31. Bern/Stuttgart/Wien 1981

VORWERG, M.: Sozialpsychologische Strukturanalysen des Kollektivs. Berlin 1969

VORWERG, M., und H. SCHRÖDER: Persönlichkeitspsychologische Grundlagen interpersonellen Verhaltens. Karl-Marx-Universität 1980 (Manuskriptdruck)

WEBER, E.: Grundriß der biologischen Statistik. Jena 1972

WEINER, B., und E. L. WALKER: Motivational Factor in Short-Term Retention. J. exp. Psychol. 71, 190—193, 1966

WENDRICH, P.: Methodische Probleme bei der Anwendung von Algorithmen zur Strukturanalyse von Arbeitshandlungen bei Belastungsuntersuchungen. In: W. HACKER u. a. (Hrsg.), Psychologische Arbeitsuntersuchung. Berlin 1973

WENDRICH, P.: Das Konzept der adaptiven Arbeitsgestaltung. XXII. ICP Leipzig 1980

WEYER, G., und V. HODAPP: Entwicklung von Fragebogenskalen zur Erfassung der subjektiven Belastung. Arch. ges. Psychol. 127, 161—188, 1975

WIESNER-BALCKE, W.: Darstellung einer Methode zur Erfassung der subjektiven Wertung (Einschätzung) des gesundheitlichen Befindens. Z. ges. Hyg. 21, 204—208, 1975

WIESNER-BALCKE, W., und G. ENDERLEIN: Der Krankenstand und seine Ursachen — eine Komplexstudie. Forschungsverband Arbeitsmedizin. ZAM Berlin, Forschungsbericht, Berlin 1975 (unveröffentl.)

WOLFF, S., und TH. WOLFF: Der TBS-K — ein Verfahren zur Bewertung und Gestaltung von progressiven Inhalten der Arbeit. Soz. Arbeitswiss. 1, 44—52, 1980

ZINK, K. J.: Notwendigkeit und Möglichkeiten einer „individualisierten“ Organisation. REFA — Nachrichten 30. Jahrg., 1977, 207—211

GPSR Compliance

The European Union's (EU) General Product Safety Regulation (GPSR) is a set of rules that requires consumer products to be safe and our obligations to ensure this.

If you have any concerns about our products, you can contact us on ProductSafety@springernature.com

In case Publisher is established outside the EU, the EU authorized representative is:

Springer Nature Customer Service Center GmbH
Europaplatz 3
69115 Heidelberg, Germany

Batch number: 10854269

Printed by Printforce, the Netherlands